上海市中小学德育研究协会 / 主编
上海市青少年学生校外活动联席会议办公室 / 支持

文化根 民族魂 中国梦

——第五届上海市中学生“进馆有益”微课题论文荟萃

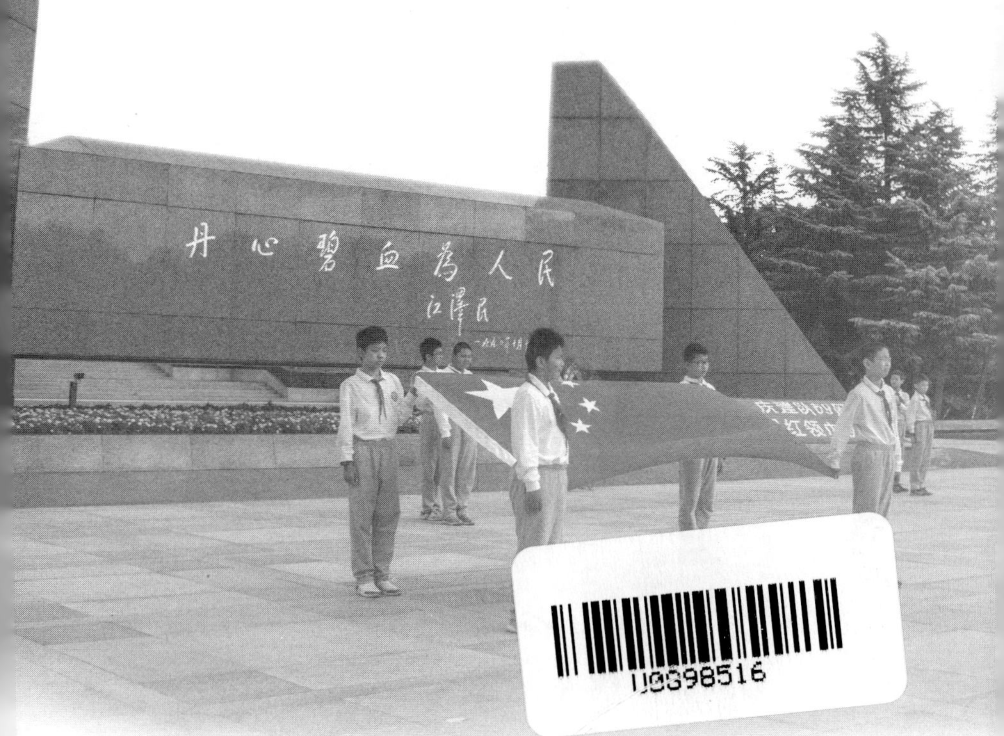

前言

为有源头活水来

自2014年上海市德育研究协会首次承办“文化根·民族魂·中国梦——‘进馆有益’微课题研究论文征集活动”，至2018年，活动走进了第五个年头。参加学生2万多名，提交论文5000余篇，前四届均已正式编辑出版论文集，发行6000余册。在某种程度上可以说，“进馆有益”微课题研究论文征集活动已经成为上海市德育研究协会的一个学生活动品牌，引导中学生积极参与社会实践，推进文博场馆等资源性学习实践探究活动的深入开展，把学习书本知识与服务社会结合起来，提高中学生协作能力、自主学习和解决问题的综合能力。在落实市委、市政府制定的《上海市教育改革和发展中长期规划纲要》“突出实践体验，完善德育实践体系”的要求中，该项活动发挥了积极作用。

2018年是中国改革开放40周年。回望历史，前瞻未来，为更好地改革开放，尽早实现民族复兴大业，社会各界均以多种形式纪念这个特殊的年份。因此，2018年“进馆有益”微课题研究论文征集活动的宗旨设定为：加强中华优秀传统文化教育，培育和践行社会主义核心价值观，全面贯彻党的教育方针，站在教育改革的时代高度，使教育与社会实践相结合，以体验教育为基本途径，让学生深入了解国情、民情，了解改革开放40年的发展，增进对社会主义制度、中华民族优秀文化的切身感受和认同，培养创新精神、实践能力和社会责任感。

“微课题”是引导学生解决较为微观的具体问题而设立的小课题。微论文写作，要求以小见大，贴近生活实际和社会实际，以场馆资源为任务驱动，开展有针对性的实践研究；要重视研究过程与研究证据，具有调查、观察、实验等解决问题的经历；要通过展品、事件、问题，讲好故事；以观点、事实、依据，提出解决问题的方法和建议，表达对社会的关注和责任。本届活动共收到814篇文章，经过38位专家的初评、复评，共282篇文章获奖，其中一等奖27篇，二等奖82篇，三等奖173篇。

综观本次活动应征论文，基本符合真实性、实践性、科学性的论文要求：真实性——通过材料收集、调研、分析，撰写成文。引用材料能注明出处。实践性——进馆（进基地、利用志愿者服务等），在社会实践（博物馆学习）的基础上形成认识和观点，提出解决问题的方法或有价值的建议或成果应用。科学性——观点正确，方法正确和逻辑推理科学。

上海市大同中学王亦欣等同学，选择高中学生志愿实践活动为研究对象，撰写了《对上海高中生“特殊的60学时”社会实践优化管理的建议》报告。2015年上海市政府颁布了《上海市普通高中学生综合素质评价实施办法（试行）》，规定高中阶段社会实践不少于90天，其中志愿者服务不少于60学时。课题组通过文献法、问卷法和访谈法了解到当前高中生志愿者服务的现状，对于“60学时”的社会实践提出了一些优化管理的建议，内容包括课内外的时间配比、岗位选择方式、岗位类型配置、实践前后的培训和评估等四个方面，期望让“60学时”更能体现出“学”的意义，提高学生自主性，能在社会实践中逐步明确今后择业方向。该报告聚焦教育核心问题，从实践和亲身体验入手，积极参与教育改革决策建议，具有现实意义。

上海市曹杨第二中学附属学校杨明谦等同学走进上海中国航海博物馆，通过“问卷星”设计问卷，并通过QQ、微信等网络社交渠道开展问卷调查，查阅课题的相关资料，最后撰写了《航海新时代，丝路再出发——感悟中国航海精神》的报告。他们通过调查进一步了解了中国的航海历史与当下“海上丝绸之路”政策面临的国际环境；通过古今海上丝绸之路贸易的对比，加深了对重开海上丝绸之路战略意义的理解；真正认识到“海上丝绸之路”的战略意义在于构建和平稳定的周边环境、深化改革开放，同时拓展经济发展空间、促进沿线国家共同繁荣。该课题研究反映了上海中学生的政治敏锐性和社会敏锐性，是对“一带一路”国家倡议的积极响应。

随着博物馆文化日益成为人们生活的一部分，如何让博物馆有效发挥它的功能，成为多位学生关注的课题。他们从展馆陈列、设计等角度展开了调查研究，并提出了一些切实的改良建议。华东师范大学第二附属中学的周立卓同学，在高一下半学期加入了毛泽东旧居陈列馆的讲解队，在这一过程中，他了解到毛泽东共有十一次来到上海。“我们对上海的这段早期革命历史却知之甚少。不仅仅是我们高中生，大多数来参观的游客事先也不了解。”通过调查研究，他们写出了《以静安区为例看上海早期革命历史的宣传》的报告，对相关场馆的设计、布展、教育引导提出了改进建议。上海市延安中学杨思越同学通过参观上海博物馆、上海历史博物馆、上海纺织博物馆，研究博物馆陈列中的序厅设计，再通过对比序厅的有无、序厅的发展及用途，从而对博物馆陈列中的序厅设计提出了一些优化建议。其论文《博物馆陈列中的序厅设计研究》，目的是让观众在参观时获得更好的参观体验，能充分地吸取博物馆内的精神文化。她提出，“进馆有益”要从展陈设计出发，促使参观者在博物馆中更新知识库，更好地利用时间、吸取精华、获得愉悦。

当然，学生的小课题也不仅限于“进馆”，本次活动依然收到许多其他类型的选题研究和论文报告等。如，上海中医药大学附属浦江高级中学丁逸豪等同学的《基于湿度传感器的家用智能无土栽培装置的设计和实验》、西南位育中学季小妍同学的《浅谈敦煌莫高窟维摩诘经变画在唐代的人物形象流变》等，都因为真实性、实践性、科学性的特征，被评选为一等奖。

“为有源头活水来”，从前的源头只限于稿子和课本上的白纸黑字，如今“进馆有益”引导学生通过“进馆”，自己去开发出另一片水域。

2018 年“进馆有益”微课题研究论文征集活动组委会

目　　录

历史回眸

上海印象

文化感悟

社会调查

科技之光

馆陈设计

活 动 指 导

历史回眸

浅谈敦煌莫高窟维摩诘经变画在唐代的人物形象流变

从隋朝至唐中期仕女俑探究多元女性审美

初探顾绣的盛衰

浅谈近现代中西服饰文化的碰撞与交流

在上海博物馆的物质文化中寻找“非遗”
——以土家族傩戏面具为例

浅谈敦煌莫高窟维摩诘经变画在唐代的人物形象流变

探究缘起

我很久前便对敦煌、西域文化感兴趣，正好借助暑假在徐汇艺术馆任“敦煌壁画乐舞专题展”讲解志愿者之机，我进行了相关课题研究。

该展览中有很多经变画，是将晦涩难懂的佛经转变为图画，以便向大众传播佛教的壁画艺术形式。我在查找资料的过程中，发现很多前人的研究都基于一铺经变画，而依据一个大的时代背景，探究经变画流变规律者相对较少。于是我选择维摩诘经变画，希望通过分析其在唐代各时期人物形象的流变，窥见那个时代社会思想风尚和文化习惯的变迁，丰富前人研究，更好地传播中国优秀传统文化和敦煌文化。

一、初　　唐

敦煌莫高窟第220窟维摩诘经变绘制在主室东壁。门南画维摩诘，其右上方绘有维摩诘用神通断取妙喜世界呈现给与会大众(《维摩诘经·见阿閦佛品第十二》)；门北画文殊，画面下部为前来问疾之帝王及其大臣，气势恢宏，人物形象鲜明逼真。

维摩诘坐在带帐胡床上，头裹软巾，上唇覆有胡须，朱唇方启，洁齿微露，目光炯炯，因激烈辩论而胡须奋张。他身披重裘，扶几而坐，微向前倾，手持麈尾，坐姿从容，颇有名士风度。维摩诘的形象很像一位庄严的中原老者，其手中的尘尾是魏晋文人清谈时常常持握之物，该元素在唐代莫高窟维摩诘经变中频繁出现。《维摩诘经》由印度传入中国，其中未具体描述维摩诘形象，只记载“毗耶离大城中有长者，名维摩诘……能思善量，住佛威仪”。中国古代画工通过想象，将超然无染、智慧无碍的维摩诘居士形象具象化，且更贴近当时的普遍审美。第 220 窟的维摩诘，仿佛一位正在清谈的魏晋名士，而无任何染疾之象。

文殊菩萨半跏趺坐在宝盖下，头戴宝冠，身披浅绿色袈裟，佩戴璎珞，手执如意，头后有佛光，相较维摩诘气势外张，其坐姿安详，显得沉静庄严。历代维摩诘经变中，文殊菩萨常与维摩诘一同出现，这是由于经变画以宣扬佛法为目的，而《文殊师利问疾品》集中阐述《维摩诘经》要义，相对更为重要。

维摩诘身旁有一组异域藩王形象。左起第三位人物，鼻子高高隆起，头戴高尖帽，身着绿色圆领袍，为西域人装束。其余外国人物装束也各不相同。文殊菩萨身边则有帝王、大臣和菩萨、比丘环绕。这是将《维摩诘经》方便品和文殊师利问疾品中记录问疾的画面联系到一起。

唐代敦煌壁画中，人物图像大小往往取决于其地位高低。第 220 窟维摩诘经变中，中原帝王的形象十分引人注目，其头戴冕旒，身穿衮衣，在众多大臣簇拥下显得气宇轩昂。与之对比，门南的西域诸王略输气势。笔者认为，这可能暗指唐太宗和西域诸国君主。据第 220 窟东壁门上中央的发愿文可知，石窟在贞观十六年左右开凿完成，且由一名担任昭武校尉的守将出资营建。据《旧唐书》卷二十记载：“贞观十四年，侯君集平高昌，置西州都护府，治在西州。”那时的大唐王朝已开始对西域作战，并取得多次胜利。帝国的强盛对远在边陲的官员和百姓而言是最好的保护，这样的消息无疑值得欣喜。壁画中的中原帝王气势之盛，或许反映了当时唐太宗文治武功之圣明及当时大唐国力之强盛，颇有横扫西域之势。

这铺帝王图的绘画风格与人物神韵，和阎立本《历代帝王图》相似，而其所画职贡图，描绘了来到长安的外国人形象。初唐莫高窟中绘有维摩诘经变的第 332 窟、335 窟都有帝王图与外国人物图。阎立本和其兄阎立德在长安备受推崇，他们的作品及绘画风格，也从中原传播到敦煌，影响了那里的绘画风格。

初唐维摩诘经变画中的人物，继承了魏晋文人画的神韵和风骨，但相较南北朝时期中原文人瘦骨清像的审美习惯，变得更为丰满结实，其写实手法、对人物性格的刻画、色彩的成熟运用，体现了画家对人物形态的掌握之精湛，表现出中原和敦煌交流的密集，也反映出初唐尚武的社会风俗，具有向上的生命力。

二、盛　　唐

盛唐时期，维摩诘经变的内容更加丰富。画面虽大多仍以“维摩示疾，文殊来问”为主体，却加入很多其他情节。

第 103 窟东壁绘维摩诘经变一铺中，维摩诘与文殊菩萨分别位于窟门两侧。窟门上方绘有佛说法图，窟门两侧是文殊师利与随行人员前往问疾、与维摩诘互相发问的场景，维摩诘北侧的天女与舍利弗，下方献香饭的菩萨与王子官属，这些不同的画面，以《维摩诘经》中“问疾品”为主体，同时涵盖经文中“佛国品”“香积佛品”“菩萨行品”“不思议品”“观众生品”“方便品”的内容。不同画面完美融合，具有和谐庄严的美。

《维摩诘经》是一部大乘经典，维摩诘慈悲普度、利生济世的大乘入世思想和儒家“修身齐家治国平天下”的传统思想相互渗透，所以在清谈之风不再盛行的唐代，士大夫阶层对维摩诘的崇拜热情不减反增，经变画中维摩诘常以文人形象出现。第103窟窟门南侧的维摩诘形象，衣着神情与初唐第220窟相似，不加赘述。与之相对的文殊菩萨右手持如意，左手伸出二指，显得安静从容，与维摩诘激烈辩论的形象形成对比。画者使用线描的笔法，勾勒出人物神韵，衣服上仅有赭色、黑色、绿色染出，身体大部分都不用色彩，突出线的韵味。这种以线描造型为主，在画面中造成完整气势、感染力强的人物画，类似吴道子的风格。这样流动的线条美和力量美，反映出盛唐时期的气韵和精神。而中原帝王和外国人物依旧存在于经变画之中，揭示了盛唐时期中外通过丝绸之路交往频繁的时代特征，盛唐多元开放的文化氛围、当时士大夫乐观自信的精神风貌也展露无遗。

三、中　　唐

公元781年，吐蕃占领并统治敦煌67年。此时的大唐王朝，尚陷于安史之乱带来的动荡中，元气尚未恢复，社会政治混乱，经济停滞不前。敦煌与中原联系减少，更多受到吐蕃文化影响。敦煌石窟艺术进入唐代后期阶段。

第159窟的维摩诘经变绘制在东壁，画面中（见图1）的吐蕃赞普，头戴朝霞冠，发中分束耳侧，身着褐色翻领的白色左衽翻领袍，露出绿色红缘的裤子，足穿黑色靴子，站在华盖下，与中国帝王分庭抗礼，其脚下的平台使其有隐高于中原帝王之势。吐蕃赞普身后的人物中，有几位身穿广袖长袍，似中原人打扮。第159窟的维摩诘经变中的帝王臣子图，其政治意义远大于宗教、艺术目的，似乎在暗示唐朝皇帝无能，曾效忠他的汉人臣子，如今已转投吐蕃赞普麾下。或许也可说明，吐蕃入主敦煌后被逐渐汉化的过程。

图 1　吐蕃赞普与臣子(图片来源:赵声高:《敦煌石窟艺术简史》,第 188－189 页)

画面中的维摩诘头戴白色冠帽,穿着白衣,身披重裘,手执麈尾,朱唇微启,微靠在胡床上,神情放松。维摩诘与文殊对谈的题材延续前人表现形式,但绘画笔法和人物神韵相较唐朝前期略输一筹。

胡床上饰有中原风格的团花,可见敦煌当时虽为吐蕃统治,但仍保持部分汉地文化。相较唐代前期以暖土红为底色,在黑白灰配合下形成的明快朴实的汉风样式,第 159 窟维摩诘经变多用石绿作为底色,蓝绿色为主的冷色调更偏向西域样式。这样的色彩相对显得忧郁,或许是敦煌的汉人画工在色彩使用中流露出对家乡被异族占领的悲伤。而同一时期中原流行的周昉雍容华贵的仕女图风格却没有出现在敦煌壁画中。吐蕃统治下,中原和敦煌交流大为受阻,壁画表现内容更多受吐蕃和西域民族文化的影响。

维摩诘面前的小几上有香炉等供佛用品,参考同时期经变画,主佛前大多出现此类供养物品(见图 2、3)。

图 2 榆林第 25 窟观无量寿经变（笔者所拍徐汇艺术馆展品）

图 3 法国吉美国立亚洲艺术博物馆藏品（局部）编号 MA6277，绘制于中唐，于藏经洞发现（图源：敦煌研究院公众号）

由此可见，维摩诘在中唐时期被更加神化，与佛祖几乎有同等地位。敦煌民间的佛教供奉行为愈发频繁，维摩诘信仰也变得更加世俗化，社会局势的动荡使得下层民众将更多精力用于乞求来世安宁。

四、晚　　唐

848 年，张议潮起义逐走吐蕃政权，归附唐朝，在敦煌建立归义军政权。

莫高窟第 12 窟建于晚唐咸通十年（869 年）前，主室东壁绘有维摩诘经变。

维摩诘与文殊菩萨对坐相谈，两人形象无太大改变。文殊菩萨身后有背光，上有花纹，人物形象更为细腻淡雅。下方中国帝王和外国王子图中，吐蕃赞普不再出现，表明敦煌当地百姓对吐蕃政权的厌恶。但西域人形象仍然出现，如画面右下方外族人物，左起第四位，便类似回鹘贵族装束。中原帝王及大臣均着广袖朝服，帝王双手合十，文官戴有幞头，手持笏板或双手合十礼佛，神态安详。帝王身后有两名身着铠甲的武将掌扇，右侧武将赤色袍服的袖子向上摆动，具有动态的力量感，与帝王和文官的宁静安详形成对比。唐代前期壁画中，帝王身边少见这样身着铠甲者。笔者推测，可能是张氏归义军时期混乱的周边局势使敦煌当地对武力较为重视。但这组人物表情略显僵硬，彼此间区别较小，已无唐朝前期的神韵。

壁画中出现城墙，表明维摩诘与文殊菩萨在毗耶离大城中对谈。城墙与城门作为一种防御型建筑抵御外敌入侵，出现城门，或是缘自敦煌百姓希望远离外族入侵，渴望安定生活的愿景。张议潮虽逐走吐蕃政权，并在多次与少数民族的作战中获胜，但归义军政权周围仍存在很多异族建立的政权，如于阗、回鹘、黠戛斯等。《张议潮变文》中曾记载，大中十年(856 年)，张议潮“遂乃朝朝秣马，日日练兵，以备凶奴，不曾暂暇”。可见当时河西地区时刻面临外族威胁。

相较初唐，第 12 窟的维摩诘经变画为竖构图，此洞窟中其他经变画也多如此。这个时期经变画总量增多，反映出供养人对现世及来世福报更为强烈的渴求。为防止人物过于密集，画面显得拥挤，画工通过城墙分隔空间，仅出现一部分的城墙为画面延伸留下想象空间。

据何剑平先生研究，中晚唐时期，人们常利用经变下部的屏风画，对佛教义理进行形象生动的表达，所以经变画中出现大量民俗画面。屏风画中的学堂、酒肆，印证了《维摩诘经·方便品第二》中维摩诘“入诸学堂，诱开童蒙”“入诸酒肆，能立其志”的游戏神通形象，也反映了敦煌百姓真实生活场景，体现出维摩诘信仰的世俗化。

五、结　论

维摩诘经变画中的人物展现出一个时代世俗文化的典型特征，从初唐到晚唐，敦煌受到中原和西域文化的影响，在不同时期影响各不相同。壁画内容寄托了敦煌当地的官员和百姓对美好生活的向往，这样的情感一直贯穿在敦煌石窟的营造过程中。

壁画内容的改变与经济发展程度及政权息息相关。初唐时期壁画形象继承魏晋文人画的风骨，也展露出这个新生帝国强烈的文化和军事自信。随着维摩诘信仰深入社会各阶层，维摩诘经变画寄寓了普通百姓对美好生活的愿景以及士大夫阶层对高尚雅趣的追求，内容日益丰富。大唐王朝日益强盛的国力确保了唐代前期敦煌与中原的文化交流，使得很多长安流行画派的笔法用色，不久便出现在千里之外的敦煌。丝绸之路上密集的文化交流，一起构成敦煌和大唐的多元文化。安史之乱爆发后，敦煌与中原的联系一度中断。吐蕃统治下，维摩诘经变画有了更多政治寓意，这时期吐蕃和西域各国对敦煌的影响更为显著。陷于异族统治的敦煌百姓，便把希望更多寄托在佛教信仰上。随着张议潮收复河西十一州，敦煌与中原来往逐渐增加。但由于周边政权众多，百姓生活仍面临威胁，维摩诘经变画中出现军事元素。屏风画中生活化的场景进一步体现出维摩诘信仰的世俗化。但唐代后期维摩诘经变画的人物形象，很难再达到唐前期的神韵，逐渐走向程式化，这也是敦煌壁画艺术表现力逐渐走向衰弱的体现。

维摩诘经变画不仅是一种艺术，更是那个时代人们的一种精神寄托，抑或是一种信仰。

参考文献

[1] 贺世哲:《敦煌莫高窟中的〈维摩诘经变〉》,《敦煌研究》,1982年第2期。

[2]《维摩诘经·方便品第二》,北京:东方出版社,2016年。

[3] 赵声良:《敦煌石窟艺术简史》,北京:中国青年出版社,2015年。

[4] 孟佳:《吐蕃时期敦煌壁画色彩比较研究》,西北民族大学硕士学位论文,2008年。

[5] 数字敦煌官网。

探究感想

通过研究,我得以窥见几分当时敦煌社会的思想文化风尚。由于敦煌文化复杂多元,笔者只能选取部分进行研究分析,尽力还原当时的社会风貌,其中仍留有众多值得研究之处有待他人发现。

作为中学生,我对历史研究的经验相对较少。这次课题研究于我而言是一次不断学习、不断探索的过程,感谢指导老师在其中为我提供的帮助。当然,本次研究中也有一些遗憾,留待未来的我继续探索。希望以后能够亲自前往敦煌实地考察,对整个敦煌石窟发展历程中出现的维摩诘经变进行深入探究。

课题作者:西南位育中学

季小妍

指导老师:李　镭(西南位育中学)

游霄月(徐汇艺术馆)

从隋朝至唐中期仕女俑探究多元女性审美

探究缘起

每当走进博物馆，细细端详隋唐时期的仕女俑时，我总是被她们那美丽而生动的形貌吸引。我有志于美术专业，具有较好的造型能力，能独立进行白描工笔和美术创作。隋唐仕女俑作为立体艺术，与平面艺术具有同一性，是我平时学习的对象。上海博物馆和震旦博物馆的隋唐仕女俑收藏多样且齐全，我也在初中时参加过上博小讲解员的活动，对唐仕女俑有一定了解。鉴于以上两点，我决定探究从隋朝至唐中期的仕女俑，而唐晚期仕女俑形象趋于单一、概念化，逐渐失去审美表达的作用。

国内外对隋唐仕女俑的研究很多，这些研究的角度主要集中于陶俑工艺和特征的研究。冯贺军在《冯贺军谈古代陶俑》中，整理归纳并介绍了历朝历代现已发掘墓葬中的各种类陶俑的大致工艺、发展趋势和时代特征。小林仁在《中国南北朝隋唐陶俑の研究》中针对南北朝至隋唐时期的陶俑的地域特征进行了研究，对陶俑形象作了类型划分。他在书中严谨地说明了各种陶俑的制作工艺（如白瓷俑、黄釉加彩俑等）、形成原因和意义。他认为，南北朝和隋唐的陶俑的形式变迁不仅具有时代性，而且主要的是具有地域性。

近年来，许多学者对于唐代女性“以胖为美”的审美观提出质疑，提出了不少有说服力的观点，但尚未能完全推翻原观点。邓天开《辨析唐代的“以胖为美”——唐代女性审美观的演变及其原因》从历史学角度提出了质疑，认为“以胖为美”是一种局部的丰满，是盛唐之风下女性地位提高的表现。他也分析了“以胖为美”观点有失偏颇的原因，但这一审美观点因何产生又当如何纠正，他并未着墨。

在前人的基础上，本文尝试探究并还原具体的隋唐女性形象，追溯当时的女性审美观。

一、隋唐仕女俑功能与身份界定

“仕女”一词，本义为官僚、贵族阶级的女性，后来成为一种泛指，用来指代衣饰精美、举止优雅、容貌端丽且生活富裕的女性，包括宫廷女子、贵妇和侍女。

隋唐仕女俑为陪葬使用，其第一种功能是作为侍女或女官侍奉身份尊贵的墓主人，为了让墓主人在阴间也能享受到与在人间一样的娱乐生活，为墓主人服务。

隋唐仕女俑第二种功能是作墓主人生前生活的记录者。笔者认为，这些乐伎女俑因其装扮华美、成队演奏之姿，代表精擅音律、身价不菲的一类高级乐伎或宫女(见图 1)。

图 1　唐代彩绘陶女乐俑

仕女俑的第三种功能，是通过再现隋唐时期贵族的生活场景，表现墓主人生前生活的延续，象征着墓主人的身份。它们并不具有特定的某种身份，仅仅是描述生活状态的工具。例如骑马仕女俑和打马球仕女俑。

二、隋唐仕女俑服饰特点与演变

隋唐仕女俑的服装特点可以概括总结为：窄袖高裙。唐朝女性还青睐胡服，毫不排斥集胡汉两种风格于一身。

隋朝仕女俑身着圆领或交领窄袖上襦，齐胸襦裙，两条襦裙系带相叠，头梳平髻（见图2C）。图2正中向左B、A依次为初唐—盛唐、中唐仕女俑，可见上襦领口变大，由圆领转变为交领，袖口逐渐变大（但未成为广袖），披帛渐宽渐长，襦裙系带分向两侧，齐胸襦裙裙幅变大、裙褶变多。图2中D、E，可见武周时期袒领襦裙与胡服并列，服装逐渐胡化，以方便女性生活运动。

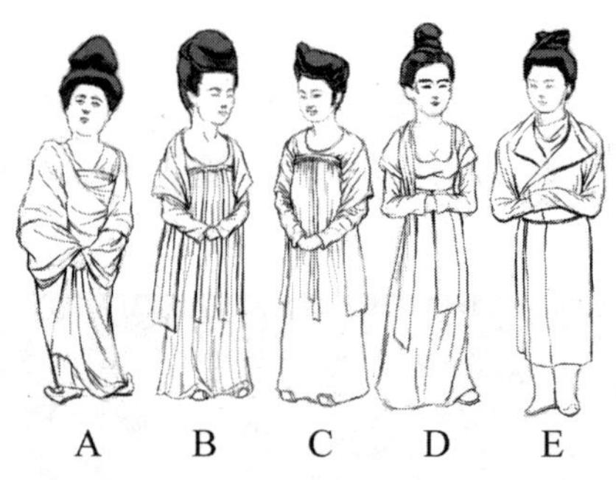

图2　不同时期的仕女俑服饰

在妆饰上，正如图2所展示，其发型从低髻到高髻、薄鬓到厚鬓。女子发式有双螺髻（图2E）、单刀与双刀半翻髻（图3与图4）等。图5所示骑马女俑头戴折檐帽。女性骑马出游的穿戴出现频繁，说明仕女骑马出行已成为当时生活常态。

隋唐女性敢于通过服装和容饰展示自己女性身体美，喜好追逐时尚为自己增添魅力。

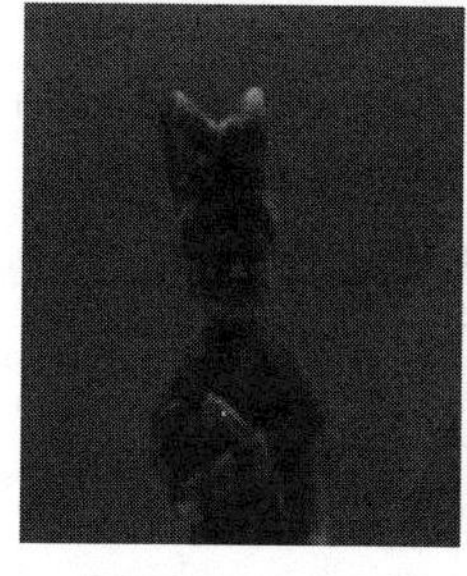

图 3　唐代仕女俑

图 4　唐代仕女俑

图 5　彩色釉陶骑马女俑

三、体型体态特征及其变化和解剖学角度形态分析

仕女俑表征上看,581—704 年的仕女俑体型细长,圆肩细腰,臀宽与肩宽几乎相等,颈部、四肢细长,五到六头身(如图 6);705—761 年的仕女俑肩宽度大,颈部较短,四到五头身,面部较阔(如图 7)。从隋朝初唐时期到盛唐中唐时期,仕女俑体型从瘦长型发展至中间型,有向肥胖型发展的趋势。隋唐仕女俑身体姿态用解剖语言描述如下:头部与下肢前倾,躯干后倾,背部微弯曲,无明显变化。

图 6　隋代仕女俑

图 7　唐代彩绘陶金彩乐俑

为了得到准确的隋唐仕女俑的体型体态特征，并测试“以胖为美”观点的正确性，笔者测量了隋唐仕女俑的典型面部表征和身体数据，如下表所示：

表 1　隋唐仕女俑的表征测量表①

对象/项目	口裂宽—两下颌角间宽比	口裂宽—鼻宽比	肩宽—臀宽比	头身比
隋唐仕女俑平均值	0.27	0.89	0.98	0.19
最大值	0.47	1.17	1.43	0.24
最小值	0.18	0.83	0.75	0.15

女性骨盆阔而低，臀部较阔而高耸（阔于肩部），且皮下脂肪较多，所以腰部以下较为发达，身体外表光滑圆润。上表中肩宽—臀宽比平均值符合解剖学描述。成年女性的头身比约为 0.14 至 0.17。对比表中数据可知，隋唐仕女俑形象头身比差异大，身高与体型存在夸张变形。

正常成年女性的口裂宽—两下颌角间宽比约为 0.33，口裂宽—鼻宽比在大于 1。表中数据偏小，说明隋唐仕女俑的面部形象也存在夸张。这两个指标通常决定对面部胖瘦的认知，从而影响对体形的认知。从现有的研究和资料看，仍不能确定隋唐女性面部形象能否以简单的胖瘦描述进行判定。其次，隋唐女子“以胖为美”的表述本身存在歧义。没有人能给出隋唐女性“胖”的定义标准，“以胖为美”究竟是要符合一定标准还是“越胖越美”也没

① 所有数据根据图片正面测量所得，精确到小数点后两位。各项目样本容量各为 20 组，口裂宽—两下颌角间宽比和口裂宽—鼻宽比来自 20 个仕女俑，肩宽—臀宽比和头身比数据取自另 20 个仕女俑，有部分重叠。这些仕女俑随机取自《中国南北朝隋唐陶俑の研究》《雕饰如生—故宫藏隋唐陶俑》和上海博物馆及震旦博物馆藏品。

有权威证据支持。

结合以上所有论述，从隋朝至唐中期女性体型体态审美的特征可以主要概括为“身长骨秀，体态健康优美，面容姣好且局部丰满”。

四、隋唐仕女俑的历史意义及艺术形式美探讨

隋唐仕女俑体现出墓主人的社会地位，同时也体现出当时社会流行厚葬的风俗特点。

它们向我们展示了隋唐女性社会生活场景，包括她们从事的活动、身着的服装。它们还是隋唐时期的陶釉工艺、雕塑彩绘艺术的生动写照。仕女俑的制作工艺虽然不在本文研究范围内，但隋唐仕女俑的艺术形式美值得探讨。

隋唐仕女俑的轮廓优美而简洁，立俑为多变的长方形或长梯形，骑马俑与坐俑外轮廓成不等边三角形和多边形。如图 7，圆弧状轮廓线前后穿插，勾画出前倾、侧坐等动态。

生动写实的动态姿势让仕女俑栩栩如生。如图 8 两个打马球的仕女俑双腿骑跨，身体前倾扭转，一手持缰，一手握棍，专注于马球运动的姿态活灵活现。静态仕女俑也强调律动感，如图 9、图 10 的胡服仕女俑，双足平稳站立，胯部微妙地进行扭转。图 11 的一组乐伎俑表现出的站立姿态各不相同，动用了全身肌肉入迷地弹琴奏曲。

五官的写实塑造与服装、肢体的线性雕塑相映成趣。头部之外的线性艺术处理松紧结合，与头部的细致有所区别。仕女俑的衣饰用线性表现，衣褶用类似中国画中的游丝描和长勾线、短勾线来展现。这与希腊罗马雕塑中立体、繁复的衣饰处理形成鲜明对比。

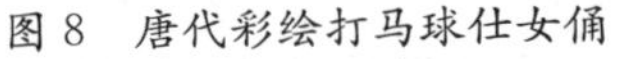

图 8　唐代彩绘打马球仕女俑

图 9　唐代胡服仕女俑

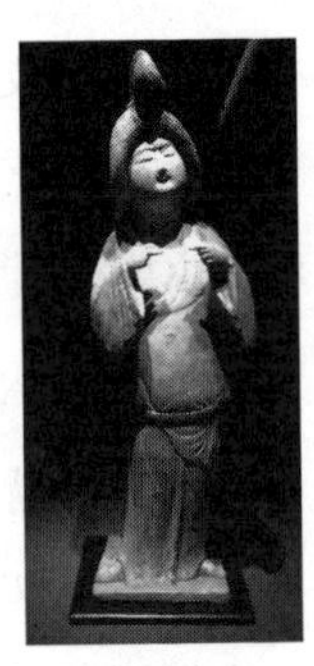

图 10　唐代胡服仕女俑

隋唐仕女俑的写实与夸张变形相结合。仕女俑的臀胯部位进行夸张处理，突出展现女性的身材起伏。身体部位与整体比例变形，可以表现或细长或丰腴的体形，体现或秀雅或雍容的气质。虽然隋唐仕女俑的体形体态带有作者主观创作的色彩，但是这也一定程度上反映出了创作者和订购仕女俑的顾客的喜好和审美，尽管它未必反映真实的女性本身。

隋唐仕女俑最终反映的是隋唐男性的女性审美认知和隋唐女性的审美认知。

图 11　唐代彩绘陶弹琴乐俑

五、隋唐女性审美认知和多元女性审美的讨论

隋唐女性的审美特征在表征细节上受历史环境影响而变化。

隋朝至初唐，人们偏向欣赏“身长骨秀”，盛唐到中唐，人们偏向欣赏“局部的丰满”。繁荣的经济、胡汉融合的生活习惯和皇族贵族中强大女性的积极影响使得女性地位得到一定提高。但女性一直是他者，是客体，这一情形至少在隋唐时期没有改变。隋唐女性审美形成了，但这不是完全属于女性自己的审美，男女地位依然不平等，统治阶级和官僚阶层男性相当程度上控制着女性审美认知。为了迎合统治阶级和官僚阶层男性的喜好，此时女性的审美认知就变得单一。女性外表审美正是男性价值观的产物。

隋唐时期，无论是男性还是女性的女性审美，可以说已经是中国历史上突出的开放、注重女性内在才智的审美，这一特点是值得当代人吸取的。当下是一个从女性角度提出多元女性审美的很好的时机。自男权社会建立以来，女性审美根本上是男性对女性的审美，女性只能在剩余空间内发挥。于审美而言，两性的权力天平直到近现代才开始摆脱严重失衡的状态，女性审美才被女性广泛审视和讨论。

笔者认为，女性的内在美在于自信和生命力，并且影响着她们的外在美。这才是女性审美应有的表现形式。而在男性审美价值观下，多变的服装、妆容和健美的身体成了她们自我审美的体现。康德认为美感判断虽然是主观的，但却具有普遍性，因为人心构造彼此相同。康德的观点符合对女性内在的审美。女性的内在美在于自信，顺从自己天性找寻人生意义。在女性主义的观点来看，女人首先是人，拥有独立的人格、自主的权利的生存价值。

女性的身体某一表征（既不损害健康也无伤大雅）如果和主流审美存在差异，这一表征不是超越主流审美就是低于它，会被认为就是应该被改变的，这一波折常常为女性带来身心上的困扰。这种现象没有随社会生产力进步而消亡，只是表现形式和程度有所变化。然而二元论不能满足一切，本文提出一种多元的女性审美观，对女性内在审美加以肯定，而在外表与细节上，应尊重女性身体、尊重个体差异，提倡以健康为基础的美，并且探索“不完美”中的美感。这一观点其实与隋唐女性审美具有相似之处，即由内在影响外在。但这是以女性为主体的审美，不是对任何一个时代的审美特征的概括，而是一种群体的期望。

多元女性审美摒除偏见和歧视，用开放包容的态度对待女性个体和自身境况。现代社会中人们在固有偏见、媒体和商业广告耳濡目染的影响下，对于美的欣赏已经不纯粹。当女性主体性增强，外在审美就不再是一道枷锁。同样，这一观点可以扩充至全性别，在审美与审美认知的问题上，多元观念的本质是向尊重个体、解放束缚前进。

参考文献

[1] 冯贺军:《冯贺军谈古代陶俑》,长春:吉林科学技术出版社,1998 年。

[2] 余敏洁:《唐代仕女雕塑形象特征研究》,景德镇陶瓷学院硕士学位论文,2014 年。

[3] 小林仁:《中国南北朝隋唐陶俑の研究》,思文阁出版,2015 年。

[4] 邵象清:《人体测量手册》,上海:上海辞书出版社,1985 年。

[5] 李景凯:《人体造型解剖学》,天津:天津美术出版社,1987 年。

[6] 王蕾蕾:《论女性审美文化的社会控制》,《中华女子学院山东分院学报》,2003 年第 4 期。

[7] 朱光潜:《朱光潜谈美・陶冶》,天津:天津教育出版社,2012 年。

[8] 西蒙娜·德·波伏娃:《第二性》上部,上海:上海译文出版社,2011 年。

探究感想

我这一年来常常参观博物馆,尤其是上海博物馆,我几乎每个月都去。在熟悉的众多展品门类中,我选择了隋唐仕女俑。它们见证过中国历史的一个片段,我见过它们,我为此感到激动和庆幸。

在和指导老师吴笛交流了课题研究的方向后,他推荐我去震旦博物馆。震旦博物馆为我的课题提供了很多有效的研究资料。吴笛老师在平时的教学中让我学习历史的思维,在研究过程中,我从"小讲解员"逐渐成为正在学习的研究者。

我隔三岔五前往上海图书馆查阅资料。当遇到小林仁的日文著作时,我决定自己寻找途径进行翻译。虽然还无法阅读这样的日文著作,但是我了解一些日文的基本知识和单词。筛选书中内容后,我利用翻译软件得到我想要的信息。

由于我具有一定绘画基础,平时很重视艺用解剖学和美术理论的学习,所以我利用这些基础从解剖学角度探索隋唐女性审美、从形式美研究隋唐仕女俑,将形式和实质作对比。参考阅读《人体测量手册》和《人体造型解剖学》让我获得更科学的解剖学知识,了解到实际测量可以对抗不准确的感性认知,也学着迁移书中的语言表述来描述仕女俑形象。

我要感谢震旦博物馆和上海博物馆及其工作人员对我的帮助,更要感谢吴笛老师对我的教诲和指导。

课题作者:上海市延安中学

赵益宁

指导老师:吴　笛

初探顾绣的盛衰

探究缘起

古建筑的榫卯结构、简约大气的明代家具、色彩明丽的年画……丰富的中国传统工艺在我们现代生活中的运用无处不在。有什么工艺是我们上海自己的、独一无二的吗？我们小组怀着这样的疑惑探访了上海工艺美术博物馆，馆内展示了绒绣、灯彩、面塑等多种工艺美术作品，绒绣源于欧洲，灯彩、面塑分别曾在广东、山东等地盛行。最终，我们在博物馆三楼的织绣区找到了发源于上海松江的顾绣。顾绣作为上海工艺品的瑰宝，有着“无绣不姓顾”的美称，却一度面临失传的危险。作为上海高中生，顾绣艺术的没落使得我们心情沉重，便萌生了走近它，并试着去保护与传承它的想法。于是我们以此为契机，展开了以“初探顾绣的盛衰”为主题的课题研究。

一、顾绣的诞生与发展

顾绣是以上海顾名世一家的刺绣技法和风格为代表的刺绣品，诞生于明朝嘉靖年间，因源于松江府顾名世家而得名，曾在明清时期风靡全国。

顾绣是宋代宫廷绣技法的一种民间绣法。相传顾绣的创始人是上海顾名世家的儿媳缪瑞云，她自幼擅长宋绣，来到露香园后接触到许多名家字画，又受来往顾家的文人雅士指点，在种种艺术熏陶下，她的画、绣水平都日臻精湛。她将自己对艺术的感悟和宋绣的劈丝、配色、针法等手法相融合，在不断创新完善的过程中形成了自己独特的刺绣风格，于是便有了“上海顾绣始于缪氏”的说法。清朝姜绍书《无声诗史》中，称缪氏刺绣人物“气韵生动”，且“字亦有法，得其手制者，无不珍袭之”。

上海顾绣的集大成者，是与缪氏同为顾家女眷的韩希孟。她出身书香门第，擅长工笔画，所绘山水花卉笔墨清丽，有才女之名。韩希孟嫁入顾家后，与同样擅长书画的丈夫琴瑟和鸣，一画一绣共同完成作品。他们在绣法中加入丝线以丰富绣品的色彩和质感，同时又通过补色的技巧凸显画的神韵，力求令所绣的人物、山水、花鸟达到“不是写生画，胜似写生画”的意境。至此，顾绣成为与琴棋书画齐列的一种艺术形式，成了当时士大夫阶层相互鉴赏馈赠的奢侈礼品。

图 1　顾绣作品

然而，在当时，露香园顾绣属于观赏性的画绣艺术品，并无实用功能。同时，成就一幅好作品不仅要有钱，对绣娘的艺术修养也有较高要求。晚清的动荡使顾绣走向衰落，鸦片战争更使士大夫阶层生存的社会基础被彻底打碎，代表闲情雅致的顾绣退出“江湖”。

顾绣的新生始于20世纪20年代，松江慈善机构“全节堂”创立“松筠女子职业学校”，在“男耕女织”的时代背景下设“女子刺绣班”，只可惜学校的建设止于侵华日军的炮火。其后，顾绣的复兴又因多次政治运动举步维艰。

改革开放后，松江工艺厂成立顾绣组，恢复对顾绣的研究、授艺与生产。松江顾绣艺人不断创作出一批批精美绝伦的顾绣新作。松江顾绣文化有如旱苗沐雨、枯木逢春，重新显露出勃勃生机。这门在明朝兴盛的手艺才重新完整地向世人展现光彩。

在2005年中国丝织艺术品拍卖会上，一件八开《韩希孟花鸟册页》成交价达165万元人民币，一帧《群仙祝寿图》拍出77万元。同年，上海鲁克龄先生集25年发掘所得，建立了“露香园顾绣研究院”。2006年6月，国务院公布第一批国家级非物质文化遗产名录，顾绣名列其中。2007年6月5日，经国家文化部确定，上海市松江区的戴明教成为该文化遗产项目代表性传承人。

二、顾绣的艺术特点

（一）半绣半绘，画绣结合

在露香园顾绣研究院，我们有幸观赏了绣娘的刺绣过程。顾绣工艺的复杂在于过程的精密。首先要用毛笔在丝绸上作画。工笔画讲究一笔成型、从一而终，而丝绸又易晕开笔墨，因此作画时的力度十分讲究。然后，再用丝线勾勒绘好的轮廓。由于丝线细滑，并且在刺绣前采用了劈线的手法，一根丝线劈成四根、八根甚至更多，所以绣线时更需要耐心。如此又层层叠叠绣上二到六层不等，才能达到最终作品立体逼真的效果。

图 2　半绣半绘

通过对绣娘的采访，我们了解到，从前顾绣都由两人完成，一人画，一人绣，顾绣创始人韩希孟与她的丈夫便是这样配合完成作品。但现在对绣娘的要求更严格，需要一个人完成画和绣两个部分，对美术功底的要求提高了许多。

（二）针法多变，追求新意

顾绣的针法复杂多变，除了基础的齐针、铺针外，还有打籽针、接针、单套针、刻鳞针、钉金绣等十余种针法，对于初学的绣娘而言是一项挑战。这些针法很难用机器完成，即使机器真能做到一两种，但要在一幅顾绣作品中变换使用多种针法却难如登天。

(三) 间色晕色,补色套色

顾绣的生动传神与其独特的色彩搭配和间色晕色的绣法是离不开的。它的色彩不似宋绣色块分明,而是在不同颜色中采用中间色进行调和,更自然地展现景物的原貌。

顾绣借用了宋绣中的手法,与国画相结合,以针代笔,以线代墨,少色则补色,多色则套色,勾画晕染,浑然天成。

三、顾绣发展的现状

中国刺绣工艺源远流长,是千年来人们为装饰和丰富自己的日常生活而形成的一种手工艺术。明代晚期诞生于上海的顾绣,是介于绘画和刺绣之间的一种“两绣”艺术。顾绣从诞生至衰落仅数百年,存留的作品也较少,但产生了很大的影响。

为了进一步了解顾绣,我们参观了露香园顾绣研究院。我们通过欣赏馆内顾绣作品,体会其雅韵欲流的文化内涵。随后,我们设计并开展问卷调查,大致了解了目前人们对顾绣的认识程度和态度。展馆参观、文献资料查询结合调查问卷的数据分析,让我们更深入地了解了顾绣文化的现状。我们通过研究,希望能让更多的人了解、学习、传承顾绣文化,感受顾绣中的上海情怀。

就我们的问卷调查发现,200 人中仅有 14.5%的人对顾绣的保护和传承表示认可,31.5%的人都持悲观态度,认为这门传统艺术即将失传,而多达 54%的人对顾绣根本不了解。不难看到,顾绣文化在民间的普及依然远远不够。哪怕在顾绣被列为国家级非物质文化遗产之后,顾绣的发展状况依然难称乐观。

四、顾绣的传承

（一）难以传承与发展的原因

1. 实用价值低，行业不景气

由于顾绣从底稿到刺绣都要手工完成，所以成品价格不菲，一幅小作品的价格大多在 1000 元左右，大的作品更是上万元，对艺术品爱好者的消费水平有一定要求。大多数对顾绣感兴趣的人都没有足够资金购买，顾绣售卖行情并不理想，绣娘的收入也有限。顾绣制品制作工期长，做工要求细，以工艺品为主，观赏性高于实用性。如果将顾绣投入实用性制品的市场，例如将画绣在围巾、抱枕上，可能面临供货周期长以及在价格上让人难以接受等问题。若是与苏绣等其他绣品一样走机绣的道路，那便失去了顾绣的特点，这是绣娘和所有喜爱顾绣的人不愿看到的。因此，目前顾绣在商业方面应用价值不高，买的人少，传播的人少，知道的人少，自然也就难以流传。

2. 工艺复杂，传承困难

顾绣的制作讲究半绣半绘，画绣结合，早期的顾绣是由一名画师作画，一名绣娘按照画稿将其绣在丝绸上，顾绣创始人韩希孟夫妇便是如此。但是在现在的绣娘群体中，几乎没有两人搭配制作顾绣的情况。我们所采访的露香园顾绣研究院的绣娘在大学学习美术专业，有美术功底，并且对刺绣有着浓厚的兴趣，才从家乡来到上海的研究院工作。她从 2013 年开始学刺绣，2016 年来到上海学习顾绣，由于工期长且工作量大，做成的作品只有三四幅。她目前在绣的作品约有三四米长，在动针之前，绘制底稿便用去了半年的时间。她每天至少用四五个小时在安静的环境中创作作品。如今像她这样有着专业基础，又愿意静下心来将自己的未来投入顾绣事业的年轻人越来越少。可顾绣产业需要的正是这样热爱顾绣，不厌倦繁复的工艺，也不畏惧日复一日一针一线工作的人。

（二）对顾绣传承与发展的未来展望

通过此次研究调查，我们对顾绣有了更深入的了解。在今后的生活中，我们计划可以从以下方面着手，做好宣传工作。

1. 将顾绣相关展馆纳入学校组织社会实践场所的范围，带领学生进入博物馆参观考察。

2. 可以在各社区报刊栏、公交车站的广告牌或地铁电视里宣传顾绣这一“非遗”，让人们了解有关顾绣的知识。

3. 在社区定期开办顾绣体验课，在各个年龄层中寻找感兴趣的人参与并交流学习。在小学、中学、大学开设兴趣班，给顾绣爱好者专业学习的机会，拓宽学习群体。

4. 举办免费的展览，在知名博物馆展出顾绣作品。据我们调查，上海尚未有专门展出顾绣的场所。

5. 借助名人的力量，在综艺节目中宣传顾绣文化。

6. 借助互联网媒体，运用互联网信息传播快速广泛的特点对顾绣进行传播，如果有机会可以拍摄纪录片和宣传片，让更多人了解其历史底蕴和文化内涵。

7. 游戏已经成为许多人生活中的一部分，可以在游戏中融入顾绣的元素，或是开设科普一栏。

8. 在不破坏文化的基础上，寻求顾绣的商业化前景。由于顾绣工艺繁复、耗时长且价格高，故应与有一定基础的文化产业达成长期合作，这样一来既保证了宣传力度，也提高了绣娘的生活水平。

参考文献

[1] 唐雅敏:《浅析顾绣之兴衰》,《视觉艺术史研究》,2009 年第 4 期。

[2] 汤兆基、周南:《“顾绣”针法解析》,《上海工艺美术》,2006 年第 1 期。

探究感想

通过对“浅谈顾绣的盛衰”这一课题的探索，我们不仅更深入地了解了顾绣，并且在整个调查研究与探索的过程中，每个人的研究能力、整个团队的凝聚力也得到了提升。

在对绣娘的采访中，我们感受到了一种源自内心深处、支持着绣娘一路走来的匠人精神。我们定会将这种求真、务实、创新的精神运用到今后的学习生活中。

最后，感谢课题组成员的辛勤付出，感谢指导老师的辛苦指导，感谢“进馆有益”微课题论文的主办方给予我们的机会，感谢专家老师们的指导及建议。

课题组成员：上海市风华中学

季　莹　洪诗瑜　王佳婧

指导老师：唐华真

采访露香园顾绣研究院绣娘

浅谈近现代中西服饰文化的碰撞与交流

探究缘起

一直以来，我对服饰文化都有着浓厚的兴趣。从影视作品中的古人装束，到家中保存的老照片与杂志，我都会十分好奇地研究它们，了解不同时期的服饰特点。在摸索过程中，我发现在20世纪“西风东渐”浪潮的影响下，中国服饰变革史上出现了一段特殊的转型期，即中国与西方、传统文化与新兴时尚的碰撞和融合时期，我希望能深入研究这段历史，去发掘其背后的特殊内涵与价值。本文将在前人研究的基础上，以“对外开放与文化交流”这一全新视角去深入探究，从而探索中西服饰文化融合背后反映的社会思潮演变以及对当下的影响。

同时，2018年是中国改革开放40周年，我也希望能通过此次课题研究，剖析近现代中西文化交流的历史意义，从而对如今中国的对外开放与文化交流有更深一步的学习与体会。

一、中西服饰文化交流的历程

中国近代以来，有三个重要的历史阶段，分别是：中华民国建立时期、中华人民共和国成立后的社会主义建设时期、改革开放后社会经济迅速发展的时期。而中西服饰文化的交流，也在这三个时期中受到影响，呈现出不同的发展趋势，可以分别概括为“发轫期”“冰河期”“辉煌期”。

（一）发轫期

1911年辛亥革命的爆发推翻了君主专制制度，中华民国创建，冲破封建思想的牢笼，极大地推动了中华民族思想解放。在这个历史性的大变革中，教会学校的设立、租界的华洋杂居、欧美电影的风靡等种种变化，都促进了中国服装史上大规模的对外交流。

这一时期的服饰变化，首先是受西方教会影响，对妇女缠足陋习的禁止。当时，许多在沪传教士成立了“天足会”，通过编印读物聚众宣传反对缠足，提倡放足的理念，引起巨大反响。而后，民国政府在1916年颁布了相关“禁缠足令”，使得延续了几千年的“三寸金莲”逐渐走下历史的舞台。

当时社会出现了大量中西合璧的装束。清末的旗袍为“旗人所穿之袍”，大多是宽大肥直的直筒式。由于受到租界洋人穿着的影响，上海率先出现了“改良旗袍”，即在服装中加入西方元素，使衣长剪短、衣身收紧。从刻意保守的遮掩到女性的体态美的呈现，我认为，这样的转变与当时西方人本思想的涌入有着密切的关系。

另外，中山装也是由外来服装改造的。《中华文化习俗辞典》中记载：“孙中山参照中国原有的衣裤特点，吸收南洋华侨的‘企领文装’和‘西装样式’，本着‘适于卫生，便于动作，易于经济，壮于观瞻’的原则，亲自主持设计，由黄隆生裁制出一种服装式样。”孙中山设计了中山装的雏形，并委托荣昌祥创始人王才运进行生产。中山装就这样在荣昌祥西服店诞生了。中山装将西服的方形轮廓和中国服饰的封闭立领相结合，其简便、实用的特点体现当时的中国服饰受到西风影响，出现了由繁化简的改变。

图 1　红色龙纹妆花缎大襟女袍（19 世纪后期）

图 2　湖绿绸刺绣缘饰单旗袍（20 世纪 30 年代）

（二）冰河期

1949 年，中华人民共和国成立，开辟了中国历史的新纪元。由于政治原因，以美国为首的资本主义国家都孤立和打压中国，对我国采取经济封锁等手段，中国服饰的对外交流也因而受到限制，与欧美国家的来往几乎断绝，进入了服饰文化交流的冰河期。

在这个时期中，中西方都经历了社会动荡与内部矛盾，但双方的服饰文化却趋向两极发展，呈现出截然不同的风貌。

该时期的欧美正处于服饰的黄金时期。在越南战争、巴黎五月风暴的动荡背景下，人们的思想活跃且开放，于乱世中碰撞交融，西方服饰文化也因此变得更加缤纷多彩，尤其表现在女装的改革上，服装以裙装为主，款式极其多样，并表现为轻便化、年轻化，展现了女性的自我个性与独特气质。

该时期的中国则处于服饰的波澜不兴期，服装趋向统一保守。此时的服装崇尚朴实，在造型、衣料和色彩上都格外单一，人们的着装都以朴实为荣。男性服装主要以中山装、旧制军装为主，而女性服装趋向中性化，以军装为主，式样回归到直筒型，色彩以蓝、灰、黑为主。

（三）辉煌期

1978 年中国实行改革开放，在这社会经济文化蓬勃发展的时期，中西交流的桥梁重新筑建，服饰文化交流也在迅速地发展，走向历史的辉煌期。

这一时期的服饰变化，首先表现为服装衣料的多样化。起源于美国西部的牛仔服进入中国，它的耐穿性、实用性使这种布料受到时尚青年的广泛推崇。而用于西方人冬季运动的羽绒服也紧随其后，这种以高密度尼龙布为面料，内部填充羽绒的衣服有极好的御寒功能，很快替代了中国过去的传统棉袄，流行开来。

另外，服饰变化还体现在中国风在海外盛行。此阶段的服饰交流呈现出平等、双向的特点，许多西方设计师，例如圣・罗朗、皮尔・卡丹等人都从古老的中国民间艺术中获取灵感，加入刺绣、扎染、蜡染等中国传统工艺，设计了一系列中国风服饰。可以说，中国国门的敞开不仅使其得以吸纳来自西方的先进文化技术，也向世界展现了来自神秘东方的独特魅力。

二、近现代中西服饰文化交流背后反映的社会思潮之演变

中国服饰史上曾有一段非常漫长的相对独立、自成体系的时期。在这种体系下，中国具有代表性的传统服装——上下连体的袍装和上衣下裳的袄装曾绵延了数千年。而进入 20 世纪后，中国服装经历了天翻地覆的变化，从传统服饰体系的分崩离析，到多元文化的碰撞融合，其背后不仅象征着服饰史的巨大转折，更折射出人们观念与社会思潮的转变。

（一）对繁缛礼节的摒弃

民国时期，女子缠足等陋习被废除，原本穿着繁冗的清朝旗袍也受到西方裙装影响，被改良为简约化、便于行动的民国旗袍，这些都能体现当时的人们在推翻千年帝制后对封建礼教的摒弃。

而纵观中国的近现代史，除去短暂的自我封闭和约束时期外，服装方面表现出的等级差异总体上正在日趋减弱，人们从服装的礼节束缚中解放出来，穿着方式也相对自由、不受约束，多元文化的流入使得人们的思想趋向开放。

（二）对个性独立的探求

《袁氏世范》有云："妇女衣饰，惟务洁净，尤不可异众。且如十数人同处，而一人之衣饰独异，众所指目，其行坐能自安否?"从中可见，在中国古代，传统道德的规范使人们对衣着打扮不主张个性、张扬，而中国古代传统服饰"长宽大"的特点更是遮盖了人的体态美。

自从西风吹入我国后，衣服开始变短、变修身，紧衣窄袖的式样更讲究人体曲线美的体现，展现了个人的体态特点。改革开放后，喇叭裤、运动装进入中国，社会上涌现了风格各异的穿着打扮，这一切都体现出了当时的人们根据自己的需求与审美喜好，打造自我个性的思想意识。在中西方元素大交融的背景下，当"求个性"大于"求共性"，中国人迈出了对自我个性探求与展示的第一步，服饰文化也因此朝着这个方向蓬勃发展着。

三、近现代中西服饰文化融合在当下的影响与意义

随着当今中国国力的大幅度提高，国民的民族自尊心与自信心觉醒，社会上许多群体发起了以复兴华夏文化为目标的文

化复兴运动。汉服运动则是其中最积极的一部分，汉服春晚、汉服文化节的先后举办，可见人们对传统文化复兴的重视。传统服饰沉寂多年后的复兴崛起，是否意味着西方服饰在我国的发展将会受阻呢？而当下的人们对中西方服饰交流又有怎样的看法呢？

于是，带着种种问题，我利用一些软件进行了网络调查，了解当下人们对于中西方服饰文化交流的认识。

问卷以不记名方式进行，共收回 125 份有效答卷，参与者男性 63 人，女性 62 人。年龄分布较为均衡，参与者中以 36—50 岁的中年人群为主，占总人数的 41.6%，20—35 岁和 20 岁及 20 岁以下分别占总人数的 28.8%和 27.2%，50 岁及 50 岁以上占总人数的 2.4%。

从问卷统计结果不难看出，人们更倾向于穿着起源于西方的牛仔、夹克等服装或是欧美品牌的衣服；在调查中有 73.6%的人赞同西方服饰对如今的中国服饰产生了巨大影响（见图 3）。由此可见，目前西方服饰在中国非常普及，占有很大的市场，而西方服饰文化深入人们的日常生活也成为难以撼动的事实。

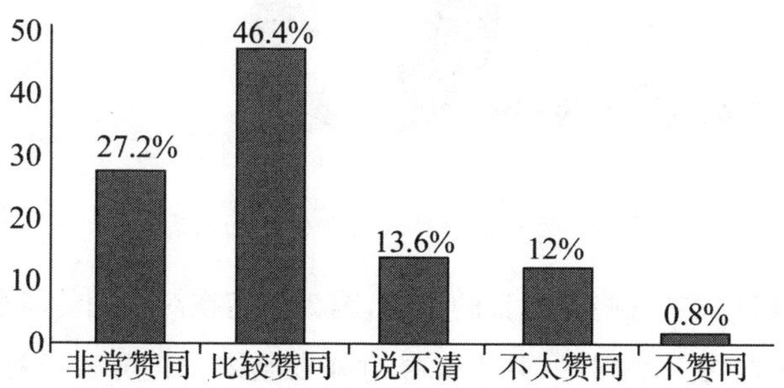

图 3 “西方服饰对中国服饰产生了巨大的影响”的认可度

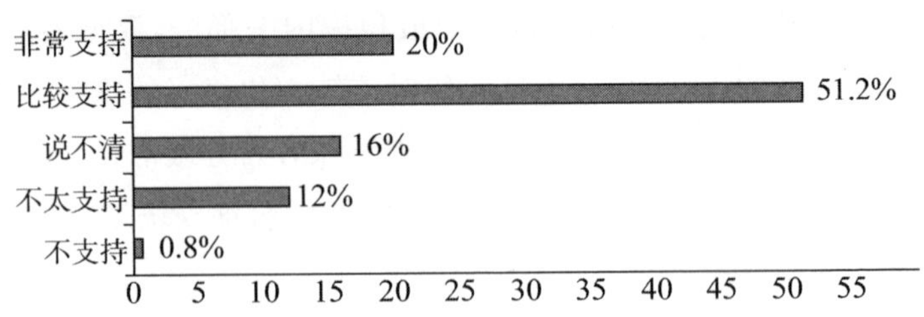

图 4　对当下西方服饰在中国的发展的支持度

从统计数据中可以看出，大多数人都支持西方服饰在中国的发展；有超过九成的问卷参与者认同西方服饰文化的流入对中国服饰产业和国人的生活产生了促进发展的正面影响。

而从正面影响的分条具体列举中可以看出，人们所认为的中西方服饰文化交流象征着多样的选择、开放的观念与个性便捷化的生活态度，并非是所谓的崇洋媚外（见图 5）。另外，有超过八成的问卷参与者认同中西方文化相结合、取长补短是非常必要且合理的发展方式。

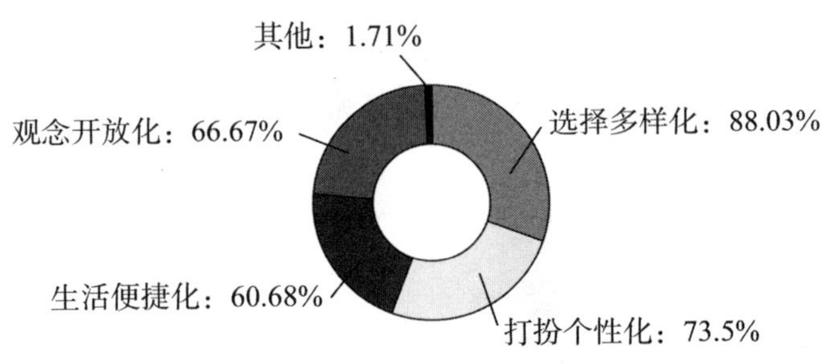

图 5　西方服饰对我国服饰正面的影响

调查结果有些出乎我的预料，因为人们在对中国传统服饰文化保护与捍卫的同时，并未选择对外来服饰文化屏蔽或抵制，而是认同并积极吸纳外来文化所带来的意义与价值。中西方服饰文化的碰撞与交流，在当今许多人看来，仍然是不可或缺的。

在现如今经济全球化的大背景下，全球性的文化大交流已成为必然的趋势。在我看来，国人对外来文化的吸纳与对传统文化的传承复兴是并行不悖的。对于一个国家来说，传统文化是一个非常重要的元素，它体现着一个民族的特性，也是人民的精神支柱。但文化是在不断变化的，继承传统并不等于全盘接受，我们应对其进行选择，去除一些过时的、腐朽的成分，吸纳一些适应当下的先进的文化。我们只有勇于学习外来先进文化，提高自身文化素质，使不同国家、不同民族的文化不断碰撞和交流，从其他文化中吸收营养，中华传统才能紧跟时代、生生不息。

参考文献

[1] 张竞琼:《西“服”东渐——20世纪中外服饰交流史》，合肥:安徽美术出版社，2001年。

[2] 张竞琼、蔡毅:《中外服装史对览》，上海:中国纺织大学出版社，2000年。

[3] 郭树清:《经济全球化与中国对外开放》，《国际经济评论》，1999年第23期。

[4] 曹伯韩:《中国近代史》，北京:国际文化出版公司，2017年。

[5] 陈会颖:《大国崛起的文化解读》，南京:凤凰出版社，2009年。

[6] 史仲文，胡晓林:《中华文化习俗词典·文化习俗》，北京:中国国际广播出版社，1999年。

探究感想

从选择研究方向到多次探访博物馆进行考察，从问卷调查到论文撰写，此次微课题探究使我受益匪浅，这离不开多方面的支持与帮助。因此，感谢主办方给予我这样的平台，让我有机会深入探索博大精深的中华文化；感谢上海博物馆、上海纺织博物馆和上海纺织服饰博物馆为本课题开展提供的帮助；感谢张竞琼、蔡毅教授等前人的研究为本论文撰写提供史料参考；也感谢吴笛老师对我论文的悉心指导与建议。

课题作者：上海市延安中学

沈嘉慧

指导老师：吴　笛

拍摄于上海纺织服饰博物馆

在上海博物馆的物质文化中寻找"非遗"

——以土家族傩戏面具为例

探究缘起

在参观上海博物馆时,我们偶然看到了少数民族藏馆中的土家族傩戏面具。对其稍有了解的我们认为这种物质文化与很多艺术或文化方面的非物质文化遗产有关联,课题由此诞生。我们翻阅了大量的文献资料,经过更深层次的研究后,发现傩文化与图腾文化是本源与延伸的关系。

希望这篇微论文能帮助更多与我们同龄的中学生走近傩文化,对中华民族的传统文化产生更大的兴趣。

傩文化是中华民族的传统文化之一,在傩文化影响之下,行傩活动逐渐成为"礼"的一部分。它始终以艺术形式为载体,且容纳了巫、道、佛、儒等宗教的哲学思想,形态之多样与内涵之复杂令人惊叹。

行傩活动起先依凭着舞蹈、音乐,后来借着戏剧,还运用了服饰、书法、绘画、杂技、武术等方式。傩戏就是傩文化的艺术表现形式之一,表演傩戏时所使用的各色面具也成为其特色。那么,什么原因让艺术成为傩文化的载体的呢?是因为人们认为艺术可以乐神娱人:神像接受贡品一样接纳这些歌舞和戏剧等,然后赐福给人类;而人们同样从这些活动中收获快乐,为乏味单调的日子添上鲜艳的色彩,享受生活的美好,排解忧伤,慰藉精神上的痛苦。

国际萨满学会副主席白庚胜先生曾在《追根问傩》一文中说:

“傩之起源极古，当是我国各民族先民史前信仰之集大成。其原初形态以巫术信仰为内核，属人类最早收获的精神成果之一。”关于傩的起源，现在依旧没有定论。主要观点有这样几种，有的说傩起源于熊图腾崇拜，是从神话传说入手。有的说傩源于鸟图腾崇拜，是从“儺”的字形与读音衍释而来。还有的认为起源于虎图腾崇拜或猴图腾崇拜等。各种观点虽然内容及形式大都不一致，却不难发现，共通点全都指向了“图腾”二字。

一、土家族傩戏面具及其背后的傩文化

傩，乃人避其难之谓，意为“惊驱疫疠之鬼”。它作为古代驱鬼逐疫的仪式，至今仍遗存在江西乡村，尤以南丰等地为甚。因为南丰傩文化比较具有代表性，且土家族的傩文化与南丰的傩文化可以互通，所以以下均以南丰傩文化为例。

面具是傩的主要特征之一，在南丰，更是傩的象征。所以，我们将傩戏面具作为起点，开始我们的探索历程。

（一）土家族傩戏面具

南丰傩面具角色众多、数量庞大。面具可归为驱疫神祇、民间俗神、道释神仙传奇英雄、精怪动物、世俗人物六大类，共 184 种角色。

图 1

傩公(图 1)。傩的生殖崇拜之神。唐代李倬《秦中岁时记》曰：“岁除日进傩，皆作鬼神状，内二老儿，其名曰傩公、傩母。”大傩班多此面具，都为老者造型：疏眉笑眼，白须皓然，微笑露齿，嘴角左翘，或束布缁撮，或戴四方平定巾。

傩婆(图 2)。即傩母，傩公的配偶神。大傩班多此面具，有两种造型，一为老年形象：头戴额

折，慈眉善目，张嘴微笑，嘴角右翘；一为少妇形象：头顶盘髻，眉清目秀，面白唇红，笑不露齿，嘴角右翘。

图 2

傩面具制作流程大致为：选材取料、初坯定型、精雕细刻、刮灰上漆、装饰附件。而这些完成后，还少不了开光这道工序。每当面具雕成后或面具重漆后，傩班还要择吉日举行开光仪式，通气显灵，以便供奉。开光仪式隆重，围观群众不能随意讲话，气氛庄严肃穆。

面具在驱傩仪式中是神祇的载体，是傩戏或傩舞表演中角色的装扮。南丰两千多枚的面具，集合了多种文化基因与要素，体现了傩人的世俗信仰和乡傩的丰富多彩，表现了艺术的多样化以及古人对艺术的鉴赏力。

（二）傩文化

前文反复提及了“傩”与“傩文化”，那么傩文化究竟是什么？

追溯傩文化的根源，可以将其视作一种原始文化，是古代中国原始社会农耕阶段多元宗教、多种民俗以及多种艺术相融合的文化形态，不断融入自然崇拜、图腾崇拜、鬼神崇拜等内容，是中国口头与非物质文化遗产。其内涵是通过各种仪式活动达到阴阳调和、风调雨顺、五谷丰登、人寿年丰、国富民强和天下太平。

傩文化由“傩意识”演变发展而来。这种意识根源于人类“鬼魂信仰”中的“邪祟”和“驱除邪祟”理念。由此产生了相应的巫术仪式。《傩礼》一书的作者认为，所谓“鬼神信念”的本质仍是“巫术”，鬼神作祟实际上就是“巫术”在作祟。所以傩文化又时常被称之为巫傩文化，因为“傩意识”的产生有巫术因素的作用。

中国傩作为一种完整的文化现象，有其孕育、发展的不同阶段与不同类型。在漫长的历史长河里，傩文化悠久而灿烂，可谓是传统文化中的一个宠儿。

二、图腾文化——图腾的概念与实质

初步了解了傩文化，那么这种多民俗文化的起源又是什么？图腾崇拜作为某种意义上原始人类拥有宗教意识和巫术活动的证明，与傩文化究竟有何关联，还有待我们进一步的探究。

（一）图腾的概念

要研究图腾相关的文化，首先必须明确的是图腾的概念。

“图腾”为“totem”一词的译名。关于图腾所表达含义的学术观点有许多，我们并不能简单地认为其中的某一种是正确的。只能给它一个比较广泛的定义，即：图腾是某种社会组织或个人的象征物，它或是亲属的象征，或是祖先、保护神的象征，或是作为相互区分的象征。实体可以是动植物、无生物或自然现象。

（二）图腾的实质

关于图腾的实质，人们对它也争议颇多，主要可以归纳为以下几种：

1. 图腾是一种宗教信仰。
2. 图腾是一种半社会半宗教的制度。
3. 图腾是一种社会组织制度或文化制度。
4. 图腾是一种社会意识形态。

综合来看，图腾的实质尚未得到一个公认准确的定义。它既是一种社会文化，也是一种宗教文化。它包含了宗教、艺术、法律、社会制度等多种元素。图腾文化产生的禁打、禁杀、禁食、禁止通婚等逐渐演变为早期的禁忌系统并与法律的起源关系密切；图腾中产生的艺术、神话、舞蹈音乐亦对后世产生了极大的影响……因此，我们只能姑且认为它是人类社会早期一种混沌未分的文化现象。

三、傩文化与图腾文化

图腾的形成时间早于人类文明社会的形成时间，它在人类文明的形成过程中的的确确起到了不可磨灭的作用。

图腾意识是人类最早存在的社会意识形态。无论是动物还是早期人类，都具有一定的思维能力，但个体的思维能力还没有形成共同的意识形态。图腾意识是人类群体成员首次认识到群体成员具有共同性的意识。它就像黏合剂一般，将一个个独立的思维个体联合到一起。在原始社会恶劣的环境下，只有有了团结意识的群体才能得以生存，并进一步向之后的文明社会演化。

图腾崇拜是至今为止发现的最早存在的宗教信仰形式。纵观世界上的各大文明，它们几乎都有一个共同点，即都是以某种宗教信仰为基础而形成的，图腾圣物、图腾圣地，还有同一部族内共同的图腾神话与图腾仪式——图腾崇拜可谓是人类最早的宗教信仰形式。

图腾制度是人类早期自成一体的社会制度。图腾制度，包括了图腾标志、图腾名称、图腾禁忌等。在图腾产生之前，原始群体尚且处于自然状态下，各群体之间没有太多联系，自然也不会有组织原则。但图腾制度形成之后，它逐渐成为一种社会组织原则。它同样可以被认为是法律的“起源”，或是说“习惯法”。在原始时代，图腾制度的禁忌非常严格，违反者将被严厉惩罚，所以图腾禁忌具有法的职能。因此，图腾制度在文明制度的形成过程中具有十分重要的历史意义。

傩文化是一种底蕴极深厚的文化，它以艺术形式为载体，表现形式多样,容纳了多种宗教学派的哲学思想。而这种文化的出现与昌盛,是因为人类开始具有了乐神娱人的思想。他们相信通过与天交互,可以祈求赐福,为人们平淡朴实的生活增添一抹亮色,傩文化就此发扬。

傩文化与图腾文化有一定的联系。傩文化起源有一说是神雀崇拜。“傩”字的繁体字由“亻”“堇”“隹”三字合成,“亻”字表示它与人事有关,“堇”是时间,而“隹”就是雀。野鸟在田间觅食时起到对土地的耕耘作用,南方稻作民族感恩神雀对他们的耕作带来的利处,便将它奉为图腾。

四、傩文化现状及其未来传承

傩文化正像其他“非遗”一样,面临着生存空间狭窄、政府保护力度小、缺乏年轻的传承人才等问题。

我们认为傩戏会消失,很大程度上是因为它不符合现代人的审美标准,更何况这种职业利润低而要求高。关于傩文化的传承,我们认为可以在保留其传统文化的基础上,改变其表现形式,通过类似于故宫文创这样更加新颖、更符合年轻人心理和习惯的形式提高其接受度。

每当我们提及非物质文化遗产,总会带有说不尽的遗憾。的确,“非遗”传承很困难,可即便如此,我们也要大力传承并弘扬“非遗”。这些文化增添了中国文化的多样性,增强了我们的民族自豪感与认同感。

有人说,有物质文化留存下来不就够了吗?其余的只要有文献,总是能了解的。可是看看那些面具,虽然它们陈列在博物馆中,傩文化的消失却没有停下脚步。傩戏、傩舞这些“非遗”,展现的是人处在逆境中,对未来依旧抱有的一份期许。若是有一天,最后一个傩戏戏班散了,我们难道仅凭文献,就能够复原这种生命力、这种人们寄托在艺术中的美好向往吗?传承,没有那么遥远,“非遗”本就是身口相传的东西。当我们能够接受这样一种形式,并且愿意让它成为我们日常生活的一部分,那么这种文化遗产自然而然就得以传承了。传承,不是只有匠人才能做到,我们这些普通人,也能成为传承人。所以,让遗产不再是遗产,传承“非遗”,从我们开始,从现在开始!

参考文献

[1] 曾志巩:《民俗江西丛书　江西南丰傩文化》,南昌:江西人民出版社,2014 年。

[2] 杨絮飞、杨蕴菁:《中国汉画造型艺术图典　祥瑞》,郑州:大象出版社,2014 年。

[3] 王勇等:《中国世界图腾文化》,北京:时事出版社,2007 年。

[4] 刘昇:《失落的华夏文明》,北京:光明日报出版社,2017 年。

[5] 何星亮:《图腾与中国文化》,南京:江苏人民出版社,2008 年。

[6] 许慎:《说文解字》。

[7] 章军华:《傩礼乐歌研究》,上海:上海大学出版社,2016 年。

[8] 刘华:《我们的假面》,武汉:长江文艺出版社,2015 年。

探究感想

在这篇微论文结束之际,要先感谢曾志巩、何星亮等学者们的著述为我们接触傩文化提供参考,以及在上海博物馆参观考察时工作人员对我们的帮助。在课题研究的过程中,我们沉醉于那一张张瑰丽奇特的面具,被它们荒诞又滑稽的表情所吸引。这一张张面具在现代人看来,似乎有说不尽的怪异与僵硬。但当你真正愿意走近这些面具时，你会发觉它们让脆弱的生命有了精神的重量。那些平凡普通的百姓，他们可能面临着人生的坎坷与悲痛，而面具给了他们第二个生命，他们成为神，成为英雄，为家族祈福，给自己乏味的生活带来一丝光芒。傩舞、傩戏看似仅仅是与神明的交互，但其中无不透露着强烈的生命意识，那是一种借超自然力的信仰崇拜体现出的生命尊严。

课题组成员：上海市大同中学

李迟琳　郭雅婷

指导老师：陈天琦

上海印象

上海弄堂的未来发展模式探究

从“老北站”的变迁探寻上海城市建设与铁路车站选址变化间的联系

上海废弃火车站的后续情况
——以上海“老北站”遗址为例

以静安区为例看上海早期革命历史的宣传

上海弄堂的未来发展模式探究

探究缘起

在当今社会，尤其在中国一线城市上海，经济的发展显得尤为重要，每一寸土地都应被充分利用。而弄堂作为老式民居代表，占地面积较大，相比可以入住更多住户的公寓或是摩天商务楼，其土地利用率并不高；现存的上海弄堂又大多处于繁华的中心城区，加之各方面居住条件显得有些落后，很多人开始质疑这些建筑存在的必要性。

就此，笔者将从弄堂本身入手，走进相关场馆来熟知弄堂的方方面面，并实地走访老弄堂居民，了解他们对弄堂的态度以及老弄堂现存的问题，同时参考社会意见，最终归纳出三组弄堂的未来发展路径。

一、弄堂的发展历史

弄堂，通常指出现于19世纪五六十年代，在20世纪30年代成为典型的一种上海主要民居形式。弄堂随着时代的演变，也出现了很多种类。

最早的叫作老式石库门房，是一个庞大的房屋群体。受租界的影响，这类弄堂建筑融入了很多西方元素。源自英国的联排住宅形式的引进，是迫于节约土地的要求而采用的一种移植形式。石库门建筑之间的间隙，形成了一条条小道，这种通道便是上海人所谓的“弄堂”。

随后，弄堂的种类开始有了一定程度的分化：新式石库门与广式弄堂。新式石库门是从原有的老式石库门发展而来的一种弄堂建筑,它相比老式采光通风更加好,也有了更多不同特点的房间以供不同身份地位的人居住。而广式弄堂因弄堂建成之初广东籍居民较多而得名,这类弄堂也采用了西方设计并使用了钢筋混凝土建材,在房屋结构上也有所不同。

公寓这样的居住建筑为社会上不同的人群设计(多为社会上层人士居住),房屋采用了砖木或者混合结构,房间格局也已与现代公寓房有几分类似。公寓弄堂也就随之出现了。

到了 20 世纪 30 年代,弄堂的发展迎来了鼎盛期——新式弄堂。新式弄堂的问世逐渐淘汰了石库门,它继承了石库门的一些传统,但更多的是新技术、新设计。为顺应时代的需求,弄堂还特意采用了拓宽车道,加设停车间等人性化设计。

以后,弄堂还出现了一种名为花园弄堂的形式。顾名思义,是在窗前可以看见类似花园等优美景色的一类弄堂。

弄堂,就这样,顺应着时代的发展,顺应着住户的需求,不断改变,不断改进。

承载了千千万万普通上海人生活的弄堂,曾经是上海的特色文化名片。但是,随着近些年上海的城市改造建设,弄堂正在一步步减少,弄堂文化也一步步消失。很多弄堂生活的场景,若干年后也许只能从照片中找寻它们的踪迹。

近代上海经济发达,弄堂的狭小区域内有着形形色色的交易、小商贩的叫卖、物美价廉的商品,养成了上海人识货明理的眼光。区别于北京的胡同居民喝茶、听戏、遛鸟之类的闲散生活,对于上海弄堂的居民来说,做工、谋生、求利才是生活核心。商业繁荣下形成的一些价值观,是上海弄堂文化不可分割的一部分。走入弄堂口,往往会产生别有洞天之感,弄堂里好比一个小小的社会，与居民们衣、食、住、行相关的行当几乎一应俱全。柴米油盐等日常用品自不用说，仓栈、报馆、学校以及公共厕所都曾经是弄堂间最常见的配套场所。最热闹的要数弄堂的早晨，一个个简易的馄饨铺、早面店陆续开张，各种小吃点心的流动摊贩也开始在弄堂里游走开来，形形色色的叫卖声在弄堂中回荡。

生活在弄堂的大家庭里，邻居们往往共用一个灶间，几家人包一顿馄饨；谁家有什么事吆喝一声，邻居们总能热心帮忙；孩子们在弄堂里玩累了便吃百家饭，父母从不担心安全问题。晚饭过后，家家户户将长凳、躺椅、竹榻搬到自己家门口，怡然自得地乘凉、扯老挖、打牌斗棋。如同弄堂盘根错节的建筑结构一般，人与人之间的感情在这里也亲密相连，结成了不是亲情却远胜于亲情的密切关系。

二、弄堂的现状

在魔都高楼大厦不断兴建的过程中，那些得以保留的弄堂存在的问题却愈来愈大。

随着时光的飞逝，弄堂老房子的“年龄”也越来越大，很多设施开始老化，原本不会引起注意的问题也逐渐凸显出来：电线裸露；房柱被白蚁侵蚀，致使房屋可能有坍塌的危险；建筑的室内墙面普遍出现起壳、剥落、开裂、发霉等现象。

就在 2017 年的 8 月，倒马桶的现象才从静安寺 144 所住户所处的弄堂中彻底消失。而直到现在，公用厨房、居住面积小等问题依然比比皆是，且随着弄堂主体住户一代年龄增大，一些 2 到 3 层的无电梯房让他们出行不方便。此外，由于居住面积普遍很小，居民们均无法自主进行小改造，有牵一发而动全身之感。

即使弄堂已经出现了以上种种问题，还是有部分得以保留，并有很多被列入了《上海市风貌保护街坊公示名单》。“随着时代发展，弄堂日益凸显配套落后、设施老化、人满为患等问题，但邻里间的和睦乡情却是都市中日益缺失、令人怀念的宝贵情感。”笔者也采访了现居住在瑞金一路长乐路地块高福里的居民A，其表示“虽然现在居住是有点问题，但是从小生在这里长在这里的情怀还在”。

而对于整个社会而言，弄堂记载了城市发展变迁的历史和一系列人文文化：中西结合、邻里真情，这是今人已无法拥有的体验，也因此是上海的一笔宝贵财富，更是中华民族传统文化的一笔宝贵财富。

三、弄堂的未来

中国传统文化作为中华民族的精神之根和文化之魂，是一座丰富的精神宝库。党的十八大报告指出：“优秀传统文化凝聚着中华民族自强不息的精神追求和历久弥新的精神财富，是发展社会主义先进文化的深厚基础，是建设中华民族共有精神家园的重要支撑。”在全球化和市场经济冲击导致世界各民族精神家园日渐荒芜的当下，传承中国优秀传统文化，繁荣社会主义文化，树立文化自信、制度自信、理论自信和道路自信，建设中国特色社会主义先进文化，对最终实现中华民族的伟大复兴意义重大。

在弄堂的未来模式中，考虑到弄堂的文化历史价值以及当下面临不容乐观的现状，并结合已有改造案例和调查问卷的结果，笔者大致归纳出三种弄堂改造方案供参考。

表1　三种弄堂改造方案

改造方案	方案适用大致范围	优点	缺点
弄堂建筑设施微改造	居住人口较多的弄堂	保留弄堂原本的历史风貌，使弄堂居民获得更舒适、安全的生活	对社会经济效益较小
弄堂商业化改造	处于闹市，交通便捷，周边人口稠密的弄堂	保留弄堂原本的历史风貌，向更多人展现弄堂文化特色，促进弄堂周边经济的发展	工程量巨大
文化基地改造	建造历史尤为悠久，文化底蕴浓厚的弄堂	保留弄堂原本的历史风貌，向更多人展示弄堂的发展历史与生活文化	适用范围过于狭窄，城市中对于弄堂文化基地的需求数量不大

（一）弄堂建筑设施微改造

维持现有建筑格局基本不变，通过局部修缮恢复或改进建筑功能。

如“南京东路街道承兴里里弄社区新里房屋改造方案”展区案例，设计师为弄堂主要做出了修补危墙、安装防护措施以及拓宽楼梯宽度以防止摔倒等一系列微改造。这样的改造并未大动墙体或是更改室内房间分割，是基于房屋本身做出的一些表面装修。

（二）弄堂商业化改造

另外一种改造方案即为商业化改造，典型案例为田子坊。它利用工业厂房形成了创意产业集聚区，不仅以现有的建筑物创造了一个自由和创意产业发展的平台，而且保护了历史建筑，使它们不必面临被拆除的威胁。

如此进行类似的商业化改造，不仅可以保护珍贵的历史建筑，也可以打消社会上部分人认为弄堂经济效益不够高的想法，还可以在一定程度上向所有前来消费的消费者展现老弄堂的历史风采。

（三）文化基地改造

弄堂也可以改造为文化基地，如西王小区内的西王花园弄堂博物馆。这样的一个博物馆改造自原来的花园弄堂建筑，相比单纯的建筑更能体现其文化底蕴，改造成文化基地后可以为人们普及弄堂的文化与历史，讲述弄堂的前世今生。

参考文献

[1] 刘思朔：《近代上海弄堂演变及其价值文化研究》，浙江师范大学硕士学位论文，2011 年。

[2] 赵梓吟、朱晓光：《城市记忆视野中的弄堂及弄堂文化》，《城建档案》，2015 年第 6 期。

[3] 李培：《历史建筑保护与更新研究——以上海田子坊改造项目为例》，《建筑工程技术与设计》，2015 年第 12 期。

探究感想

在本次微课题探究过程中，我们深刻地了解到上海弄堂所承载的文化底蕴，也深切感受到了居住在上海弄堂的人们的邻里真情。同时，我们还意识到弄堂的存在必不可少，尤其在经济高速发展的大都市上海，这样有着上海文化底蕴的建筑应当被保留、被传承。因此，我们尽自己最大的努力去研究本课题，希望最终的三种改造方案能够得到实践，使上海的弄堂能被继续传承下去。最后，也感谢指导老师王凡老师，以及各场馆与主办方为我们的微课题提供的帮助与支持。

课题组成员：上海市西南位育中学

毛华铭　欧　舟

指导老师：王　凡

从“老北站”的变迁探寻上海城市建设与铁路车站选址变化间的联系

探究缘起

初次想到研究这个课题，其实主要还是出于个人爱好。自初中开始我就对上海的城市建设和交通运输方面有浓厚的兴趣。铁路作为一种近代出现的交通工具，它的布线和设站与城市发展密不可分。因此，在本次课题研究中，我从铁路车站设站与上海城市建设两个方面入手。

一、上海铁路的早期时代

19 世纪 40 年代，有关铁路的信息和知识开始传入中国。西方列强为了谋取利益，擅自修筑了上海（今址河南北路塘沽路口）至吴淞镇的吴淞铁路。线路长 14.5 公里，1876 年 12 月 1 日全线通车营业。但在线路试运营和正式运行期间，火车多次发生事故，经地方官吏交涉后，停止铁路续建工程。1877 年 10 月，清政府用 28.5 万两白银赎回该铁路并予以拆除。

甲午战败后，在湖广总督兼理两江总督张之洞的极力建议下，清政府用官款又修筑了淞沪铁路。线路大体循原吴淞铁路走向，自上海（今东华路虬江路附近）至吴淞炮台湾，全长 16.09 公里，建路初期设上海、江湾、张华浜、蕰藻浜、吴淞炮台等 5 个车站，1898 年 8 月 5 日竣工。这条线路南段（上海至江湾段）在 1997 年停用并在原线建设轨道交通 3 号线。

早期上海铁路主要是满足上海城区与当时江苏省管辖的宝

山县城之间的往来。由于当时整个上海建成区范围并不大，车站的选址便选在既有的小型城镇附近。虽然经历了拆除、重建、延伸等一系列过程，但总体的车站选址格局并没有发生太大的改变。

二、上海城市与铁路发展（1870—1949 年）

（一）“大上海计划”中的铁路选址

1929 年，国民政府制定“大上海计划”。在该规划中明确提出：“市中心区域的北部临近未来的吴淞港，并靠近铁路总站，商业区设立于此。铁路方面，货运总站和客运总站必须分离，计划客运总站设在市中心区域西境外，江湾镇东北的中山北路旁。货运总站设在真如，两站之间增辟新的线路以相联系。”这也就意味着，规划中除了对现有城区外缘的老北站予以保留，另外还将在江湾市中心外缘新建一座铁路车站，其具体位置约在淞沪铁路高境庙站，今逸仙路殷高西路路口。

但由于当时外患日重、社会动荡，建站成本巨大而难以为继，“大上海计划”在 1937 年后被迫中断。在之后几十年的规划中，铁路车站的选址依旧沿用布局在城区外围的思路，虽然减少了对上海城区布局的割裂，但也客观上造成了前往车站的路途不便。

（二）被战争打乱的城市及铁路发展

在 1932 年“一·二八”会战、1937 年淞沪会战期间，由于日本侵略者的大肆轰炸，致使上海的铁路不但没有得到有效发展，反而出现了倒退。

除了被两次轰炸重建的老北站，位于南市地区的上海南站，在 1937 年 8 月 28 日遭到日机轰炸后损毁也较大。而上海沦陷后，日本占领当局将上海南站至日晖港之间被炸断的1.5公里长铁路拆除，货运业务迁址日晖港站，旅客运输由上海北站承担。

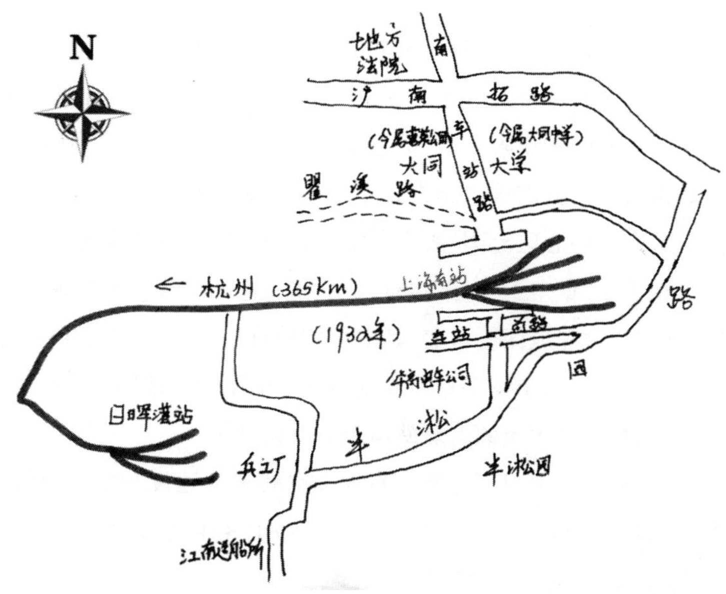

图1　1932年上海南站周边街区示意图（手绘）

从此，上海南站及站前一段铁路不复存在，也打乱了原有上海铁路车站布局一南一北与城区建设相得益彰的关系，并直接导致了数十年后老北站的不堪重负。

三、由辉煌走向落寞的老北站

（一）1949年后的复兴

1949年后，经铁道部批准，上海北站正式更名为上海站，随后核定为特等站，办理客运和零担货运，1950年进行改造扩建。

由于上海南站被炸毁，其原有的客运服务均移至城区北部的上海北站，使得整个上海市区的市民乘车均须前往北站。1960年，该站旅客发送量已快速增长至695万人次，达到了1949年的整整一倍。

（二）从城区边缘融入城市中央

随着上海城市人口导入及建设需求不断扩大，前往北站乘车的人群来源已不仅限于南部，东部、北部新式居民新村的居民也有非常大的出行需求。原先处于上海租界北缘的老北站开始逐渐融入城市中心区范围，成为城市中心一个重要的客流集散点。

从1958年至1993年，老北站所在的地区已从原先的城区边缘，到完全被建成区所覆盖，其发展的速度已经远远超过了1959年所制定的上海市城市总体规划所显示的主城区范围。

（三）不堪重负的老北站与新车站的选址

20世纪80年代，随着上海城市空间拓展速度加快，市民出行需求日益增加。但全市仍只有北站一个客运站，其吸引半径长达11公里，超过了合理范围。

表1　1978年至1987年上海铁路旅客发送量变化

年份	旅客发送量(单位:万人次)
1978	1763
1980	2047
1983	2825
1986	3434
1987	4138

分析客流数据可以发现，1978年至1987年的短短10年间，

上海铁路旅客的旅客发送量增加了 2375 万人次，对铁路车站的承载力提出了较大的考验。

尽管此时的上海北站早已进行了多次改建、扩建，但终因受地理环境限制，站场和设备无法得到很大改善，而且客流进出极其不便，尤其节假日的客运量超过平日的一倍，难以应付快速增长的客流。因此，1981 年 3 月，规划部门开始着手考虑新铁路车站的建设，并最终决定在上海东站原址的基础上建设新上海火车站。

1987 年 12 月 28 日，随着老北站送走最后一列开往宁波的 97 次列车，它就此退出了铁路正线的运营，同时新上海火车站投入运行。随后，老北站改建成为上海铁路客车技术整备站，主要用作客车整备。

老北站从辉煌跌入落寞，很大程度上是因为城市建设的飞速发展。建成区的包围和大量人口导入，致使原先的铁路车站无法进行拓展，被迫转往更为成熟、更为宽敞的空间。现在的上海火车站距离老北站仅 1 公里，能以相对较小的影响，在当时颇具规模的上海市区划出一块专属铁路的场地，实属不易。

四、走向枢纽化的新思路

（一）城区交通集散点

1. 上海火车站

1987 年 12 月 28 日，随着老北站退出历史舞台，上海火车站（又称新客站）正式投入运行。规划部门开始积极尝试将其由一个单一客运车站，扩展到多种交通方式集聚的交通枢纽。上海火车站凭借位于市中心得天独厚的选址优势，反过来影响了城市的交通布局，为市民的出行提供更多便利。像这样新颖的规划理念，在后续铁路车站建设中都有运用，并收获了十分不错的效果。

2. 新上海南站

上海南站选址于徐汇区龙华地区南部，于2006年7月1日正式启用。这片区域在近20年来刚刚起步，发展前景无限。与上海火车站相比，其适应了城市人口向外围疏散的发展，同时避免了对市内道路交通的影响。此外，新上海南站的设立，弥补了70年来上海铁路车站选址偏北的不足之处，有效地分担了上海站的客流压力。二者的功能定位明确：上海站主要发前往北方地区的旅客列车，而上海南站主要发前往上海以南的南方地区旅客列车。

(二) 城区外围多功能枢纽

1. 虹桥火车站

2008年，为建设上海面向全国、面向长三角区域的门户，上海对内对外交通的重大枢纽，虹桥综合交通枢纽正式开工。而位于枢纽中央的虹桥火车站，打通了沪杭、京沪(沪宁)两条重要的铁路干线，成为上海市高铁到发的重要枢纽站点。抵达该站的旅客可以在30分钟内方便地转乘飞机、长途汽车、轨道交通、城市公交、出租车及磁悬浮(该规划目前修改为铁路机场联络线)，大大缩短了旅客因转乘所耗费的时间，提高运行效率，减少市内交通流量。除此之外，它还为空铁联运提供了可能，有利于进一步延伸上海机场的服务，加强上海机场的枢纽建设。

与此同时，一大批商业广场、企业总部、国家会展中心等借助客流效应，在其周边拔地而起，铁路车站的选址开始主导城市建设。

上海的城市形态具有空间规模巨大、空间结构复杂的特点。

在圈层拓展和轴向延伸的发展过程中，与周边区域以及城镇的关系越来越紧密。在新的 2040 规划中，一批重大基础设施、重大功能性项目、重大产业基地均布局在郊区。下文所提到的新上海北站与新上海东站，就是这种理念的最好代表。

2. 新上海北站

新上海北站的选址至今都没有明确的说明。不过，根据《宝山区 2035 总体规划(草案)》，杨行枢纽站计划被打造为北上海交通门户。

在 20 世纪 30 年代，杨行地区是上海北部公路交通的一个枢纽站，但在战火中被毁。之后该地区逐渐成为工业区，存在大量集装箱堆场，也丧失了其原有的功能。

由于城际铁路和高速铁路设施近百年来始终集中于沪宁、沪杭两个传统通道内，并且随着区域衔接上海的需求进一步增大，沪宁、沪杭通道承载力已明显不足，如沪宁通道平均客流密度已超过上亿人次，高于全网约 6 倍，建造新铁路的需求十分迫切。2016 年修订的《中长期铁路网规划》中，作为我国“八纵八横”高速铁路中沿海通道的重要组成部分，沪通铁路被提上了议事日程。

与此同时，上海提出在郊区建设通勤铁路的理念、市域枢纽节点转换功能，位于沪通铁路与规划“宝嘉线”的交汇节点的杨行自然就成为新铁路车站的可能选址。加之宝山区现有一座国际邮轮码头，在海陆之间建立快速的交通转换，也有利于加强既有枢纽的辐射效应。

至于杨行地区自身，原有工业用地会逐渐优化升级为居住和生活用地，铁路车站的选址将进一步助推宝山的城市建设。

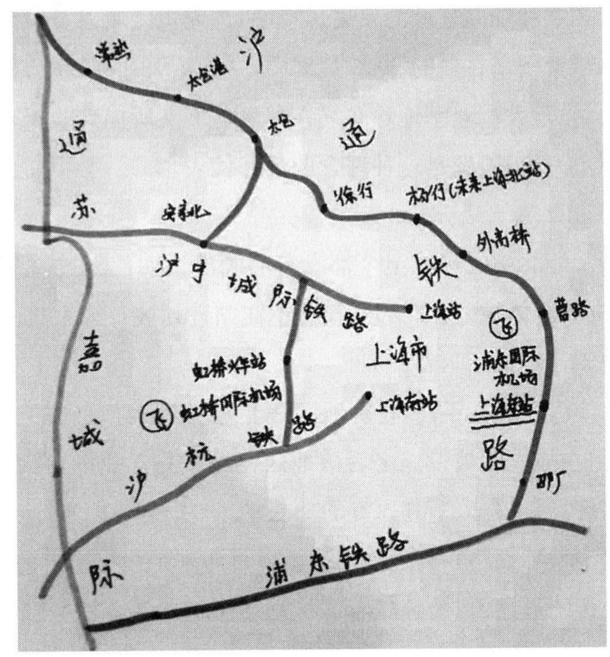

图 2　沪通铁路规划示意图(手绘)

3. 新上海东站

百年来,上海的铁路车站选址一直位于浦西地区,浦东的市民要乘坐铁路列车,必须穿过黄浦江,甚至穿城而过。1999 年的规划中出现了浦东火车站的身影,其位于现龙阳路综合交通枢纽附近。但由于浦东地区的建设速度过快,这片区域很快就融入了城市化,加之磁悬浮和 16 号线对预留土地的切割,该规划最终取消,原预留地块被用于建设商业设施。

近年的规划中,上海开始着重突出交通枢纽对城市功能布局的优化作用,引导枢纽地区功能聚集和复合开发,其中就提到了新增铁路东站。而随着沪通铁路的设计出炉,新上海东站的选址也最终确定。

与先前建设的铁路车站不同的是，新上海东站位于上海浦东祝桥镇，距上海主城区直线距离约 12 公里，周边没有任何的大型居住区。它的设计理念，是实现空港（浦东国际机场）与铁路的紧密衔接，确保上海城市东西向均衡发展。

而在上海城市总体规划（2016—2040）中，规划部门还提出了建设 1000km＋市域线（含城际铁路、市域铁路、轨道快线）的新设想，旨在服务于主城区与新城区及近沪城镇、新城之间的快速、中长距离联系，并兼顾主要新市镇，带动沿线城镇一体化发展。

由此，上海铁路车站的选址迈入了新阶段，即通过铁路建设带动城市建设，并通过与航空、航运等其他交通方式的联动，增强铁路枢纽辐射服务能力，强化上海铁路枢纽作为国家铁路网主枢纽的地位。

五、结　　语

自建设第一条吴淞铁路的 1876 年开始算起，上海铁路的发展已经经历了 140 多年。最开始，上海的铁路车站选址跟着城市建设，多集中在既有城镇的周边。其中最具代表性的，便是于 1908 年建设的老北站。

而后，经历了战争的破坏，上海的铁路车站布局在社会主义建设事业蓬勃发展的最初几十年内并没有发生太大的变化。这样的情况一直维持到 20 世纪 80 年代，上海城区的范围和居住其中的人口远远超过了北站所能承受的极限，致使规划部门不得不另觅新址承接如此大的客流量，直接导致了北站最终的落寞。与此同时，日晖港站、长宁站等铁路车站由于城市建设与空间发展的需要，也一并退出了历史舞台。

迈入新世纪，新上海南站和虹桥火车站的建设，重新为上海铁路车站的选址拓展了思路。其位于城区外缘的设计，不仅减少了对市内交通的影响，更带动了周边地区的蓬勃发展，大量的商业设施、办公楼、会展设施在车站附近兴建，进一步推动上海城市建设。

而在近年来的新规划中，铁路车站选址对于城市建设的主导作用变得尤为突出。新上海东站、新上海北站的选址，已不再拘泥于围绕现有的建成区，而是另辟蹊径，选择大型的航运枢纽、航空枢纽附近，借此强化外围地区的联动发展，并通过上海的龙头效应，使得整个长三角的综合交通体系进一步提升。

在上海城市总体规划(2016—2040)中，对于铁路建设还有以下相关表述："完善位于沪宁、沪杭、沿江等廊道的区域级枢纽，突出服务跨城市群的长距离客货联系的重要功能，设置深入主城区和城镇圈的城市级客运枢纽，强化外围地区的联动发展，利用沪通、沪乍铁路发挥市域铁路功能。"这些内容，指明了上海铁路的未来发展方向。或许随着上海新一批市域线的建设，将来铁路车站的选址与城市发展之间，将不会再存在明显的先后顺序，而是齐头并进，为上海成为卓越的全球城市助力。

参考文献

[1]《上海铁路志》编纂委员会编:《上海铁路志》，上海:上海社会科学院出版社，1999 年。

[2] 唐振常:《上海史》，上海:上海人民出版社，1989 年。

[3] 上海市统计局、国家统计局上海调查总队编:《辉煌的三十年——上海改革开放以来经济和社会发展历史资料汇编》，2008 年。

[4]《建设卓越的全球城市 2017/2018 年上海发展报告》，上海:格致出版社，2018 年。

探究感想

由于我的研究历史跨度长达164年，故将整个研究细分为过去、现在和将来三个部分。但在具体的操作中，对于早期的铁路历史及发展不甚熟悉成为论文研究过程中比较主要的问题。因此，在2018年的7月，我前往上海图书馆进行了大量的文献查阅，主要以《上海史》《上海铁路局年鉴》等为参考进行专项研究。除此之外，我还询问了一些长辈，并参观了上海铁路博物馆、上海城市规划展示馆、上海市档案馆，对相关内容有了更深的感性认识。

至此，有关铁路部分的研究告一段落。8月，我开始着手第二部分，也就是城市发展方面的研究，主要对我收藏的1978—2017年这40年的上海城市地图进行研究。后期我还进行了一定的实地走访，如徐汇滨江、南翔编组站、“老北站”、中山公园地铁站(即原上海西站)、上海西站，更好地理清百年来整个城市的发展脉络。但由于论文的篇幅所限，在最后的成稿中，对于其他铁路车站的一些具体翔实的研究(即原文的第四章)，只能有所取舍，还是比较可惜的。

我还记得参观铁路博物馆那一次，是在忙完学校里的事情以后直接乘66路过去的，全程恰好半个小时。在馆里参观的时候，我突然发现原先的上海南站旧址其实就位于我们学校旁边。仅仅半个小时，我居然由南向北穿过了80年前的整个上海市区，这个奇妙的发现使我大为惊奇。而若是以现在的眼光来看，整个路途甚至都没有出内环线，对于偌大的城市而言这点距离实在是微不足道。

现在的铁路博物馆是当时位于城区北缘的老北站，仅仅在1949年后的几十年就被完全融入了城区中央。现在的虹桥综合交通枢纽开建时不过是外环外的边缘地带，十年里，随着周边临空经济园区、虹桥商务区、国家会展中心的建设，也基本实现城市化。不难设想，现在规划中位于远郊的新上海北站、新上海东站，随着铁路车站的建设，周边地区也会很快发展起来，真真切切地形成“站城一体化发展的新型TOD模式”。通过对以往发展理念的研究，相信这篇论文也会对未来的规划有一定的借鉴意义。

论文中的部分文字及图片，参考了上海铁路博物馆以及上海城市规划展示馆的相关馆藏资料，在此一并表示感谢。最后，特别感谢上海市大同中学语文教研组陈天琦老师和地理教研组席雅娟老师在本课题的完成过程中的悉心指导和帮助。

课题作者：上海市大同中学　高二(2)班

沈　元

指导老师：席雅娟　陈天琦

上海废弃火车站的后续情况

——以上海“老北站”遗址为例

探究缘起

随着科技日新月异，现代交通也越来越发达，老式的火车逐渐被取代，那些充满几代人回忆的火车站台也逐个被停用。但这些火车站停用废弃后情况如何？是被改建成现代的站台交通枢纽，继续投入到交通运输中，还是改造成具有纪念意义的博物馆、纪念地？是彻底拆除为其他城市建筑、设施让路，还是被遗忘，任由其废弃在原地？我们发现关于这方面的内容大家都并不了解，于是我们想要以“老北站”遗址（上海铁路博物馆）为例，研究上海废弃火车站的后续情况。

一、上海部分废弃火车站历史与现状

我们从网络上、相关书籍中收集了大量资料，内容包括上海曾经有哪些废弃的火车站，被废弃的原因，是否重新修建或改造，后续情况如何等，整理成了一张表格，作为整个课题研究的基础。

我们前往老南站、梅陇站进行了实地考察，拍摄照片做相关笔记，完善了表格（见表 1）。

表 1　上海部分废弃火车站情况一览表

名称	地理位置	时间段	停用原因	后续情况
沪宁铁路“老北站”	闸北区天目东路、宝山路口交汇处	1950—1987 年	上海新客站正式启用，老北站停止客运	在原址上建造上海铁路博物馆

（续表）

名称	地理位置	时间段	停用原因	后续情况
淞沪铁路天通庵站	虹口区天通庵路、同心路、宝山路交汇处	1898—1997年	因51路公共汽车通车，天通庵站停止客运	2006年1月5日，虹口区人民政府公布淞沪铁路天通庵站为虹口区历史遗址纪念地。2007年，设立了遗址纪念保护标志。淞沪铁路已被如今的轨道交通3号线所替代并成为上海交通枢纽的重要组成部分
淞沪铁路江湾站	虹口区广纪路567号（近汶水路）	1876—1997年	1938年何家湾至炮台湾的线路被日军拆除，1958年上海枢纽站兴建，江湾站停用	2011年，虹口区江湾镇街道在此设立遗址纪念地，将原先一段因建设轨交3号线而废弃多年的淞沪铁路铁轨进行了修缮，并引进了火车头和数节车厢，再现当年车站的情景。2016年初，遗址纪念地旁的明珠创意产业园在上海铁路局及南翔站的支持下，将遗址纪念地打造成商旅文产业结合的创客基地——大柏树集装箱创客走廊
沪杭铁路“老南站”	老南市区瞿溪路、中山南路之间	1909—1937年	1937年8月28日，日军对沪杭甬铁路上海南站实施了惨无人道的“无差别轰炸”，南站停用	南站被毁后，当局将车站路跨车站原址南北打通成现在的南车站路。现在的轨道交通4号线在西藏南路站——南浦大桥站间的走向几乎就是在当年沪杭铁路的位置上

（续表）

名称	地理位置	时间段	停用原因	后续情况
上海西站（长宁站）	长宁区长宁路、凯旋路交汇处	1916年—20世纪末	20世纪末建设上海轨道交通3号线，长宁站被拆除	随着1986年沪杭铁路外环线的建成，这一段铁路不再承担沪宁、沪杭接轨的重任，途径列车渐渐减少。20世纪末，长宁站正式退出历史舞台，被拆除后在原址上建造了现在的轨道交通3号线中山公园站
沪杭铁路梅陇站	闵行区沪闵路、地铁锦江乐园站南侧	1909—2006年	2006年6月25日，新上海南站建成，梅陇—嘉善列车永久停驶，梅陇—杭州列车迁至上海南站发车	2006年7月1日，上海南站正式开通运营后，梅陇站完成了它的历史使命，最终停用
徐家汇火车站	今长宁区虹桥路凯旋路南侧	1915年—20世纪末	建造轨道交通3号线	火车站被拆除，后在原址北侧过虹桥路设轨道交通3号线虹桥路站

1908年沪宁铁路建成后，当时上海站设立在界路（Boundary Road，现天目东路）宝山路口。最初站屋为6间平房，其中2间作候车室。次年，车站前又建了座四层办公大楼。这栋办公楼为英人设计，底层外墙用青岛石构筑，第一层楼以上均用钢柱支架横梁，红砖砌墙，饰以浅色条形嵌石，配大理石廊柱和拱形门窗。这幢楼在当时堪称“构筑精美、气势雄伟”，人们把它作为上海站的标志。

图1　上海站办公大楼

二、问卷调查与访谈

我们在网上发布问卷，问卷设计主要围绕以下三方面：

① 群众对于上海火车站现状的了解程度；

② 群众对于废弃火车站利用现状的满意程度；

③ 群众对于废弃火车站后续利用的期望。

我们拟计划邀请上海地区各个年龄段的人们参与问卷调查，但最后有83.81%的答题者均为“00后”。

(一) 被试基本情况

此次网络问卷中，我们共回收问卷105份。其中“00后”88人，“70后”9人，“90后”4人，“40后”与“80后”均为2人。

(二) 了解程度分析

① 您知道下列哪些上海老火车站现已废弃(不再用于客运)?

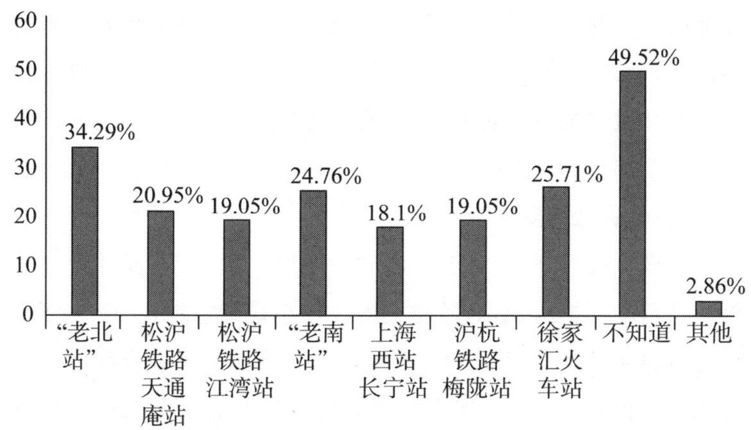

图 2

② 您知道下列哪些上海老车站废弃后的现状?

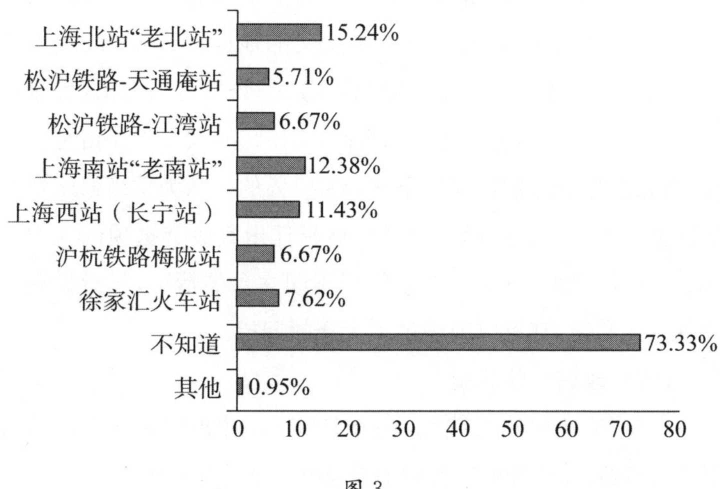

图 3

从对废弃火车站的了解程度来看，老北站、老南站、天通庵站，为大众较为了解的三个已废弃火车站，了解程度均大于20%，但有将近一半的受访者并不清楚哪些火车站已废弃。从对废弃火车站现状的了解程度来看，有73.33%的受访者不知道具体的现状，34.29%的人知道“老北站”已废弃，但只有15.24%的受访者知道它废弃后的现状，可见大家对于废弃火车站的现状并不十分了解与关注。

（三）满意程度分析

从满意程度来看，对于列出的六个火车站，受访者对其现状的满意程度都挺高，不论是建设博物馆还是纪念地，不论是打通成为道路还是修缮变成新的公共交通，这些措施可以说都是很好地保护和再利用了这些废弃站台。可见目前的废弃火车站的处理情况还算比较理想。

（四）改造期望分析

从人们对于火车站后续利用的期望上来看，75.24%的人希望建造成遗址和纪念地等有一定意义的地标；72.38%的人希望像“老北站”那样建成铁路博物馆，从这一数据可以看出，大家对于“老北站”遗址的改造评价都很高；61.9%的人希望保留部分原址，把原址像景点那样保留下来；43.81%的人认为重新修缮继续运行也是可取的。选择不作任何措施任由其废弃选项的人数非常少。可以看出，只要是能够依据不同站台的情况，尽量做到后续最大化利用，都可以说满足了大众的期望。

（五）改造建议分析

针对“沪杭铁路梅陇站，现在被废弃，对此您有什么改造方案?”这一题，大部分被试者对于废弃火车站后续利用的期望，可大致分为教育意义、纪念意义、实用意义等几方面，只要将其土地利用最大化，不浪费就是好的。关于废弃火车站的改造，应该结合当地自然环境与人文环境，将其与附近产业结合在一起，更能产生有利的影响，比如梅陇站在锦江乐园旁边，就可以结合游乐方面。

（六）场馆研究与访谈

我们前往“老北站”遗址（上海铁路博物馆），深度参观学习了老北站以及其他许多火车站的前世今生，采访了来访的参观者，了解他们与老北站之间的故事，以及对于上海废弃火车站后续情况的看法，进行了记录。

——您对于上海废弃铁路的未来规划有什么看法？

——（一位老人）我觉得能保留尽量保留，这都是我们老上海的回忆，我们以前的主要交通就是这些，还是能保留就保留，那些铁路现在被拆掉了我就觉得很可惜。

——您觉得老北站改造成博物馆这一措施怎么样？

——（一位中年父亲）我觉得挺好的，可以带小孩子来看看。我希望多保留一点实景的，像车厢、铁路这种，可以教你怎么开火车，可实际操作的这种保留一点，主要还是小孩子喜欢，比较有教育意义。

——您觉得上海废弃火车站后续应该怎么改比较妥当呢？

——（一位中年人）我个人觉得，保持它们的历史原貌，在不改变整个建筑的大体结构和形状的基础上，适当作一些改建或用于商业用途，这些都是可以的。但是这些老的火车站，它的建筑和外观还是比较有历史价值的，这些我觉得还是不要去大改。这些老建筑不去利用任由之废弃，时间长了只会变得更坏，但如果能够结合商业开发的话，其实也是一种保护。比如像上海那些老别墅，现在很多用作商业用途，也是一样的道理。

三、对于上海废弃火车站后续利用的意见与建议

通过这次研究学习，我们不仅了解了上海废弃火车站的现状，更深入思考：对于这些老火车站，我们有什么办法能让它们复

活，重新焕发生命力？我们对此提出了一些自己的见解，并总结出废弃火车站后续合理利用的三大关键点：环境、经济与情怀。

在环境方面，现如今有部分废弃火车站存在着无人问津、环境污染、设施破旧、资源浪费、垃圾燃烧、管理不当等问题，给环境造成了不小的影响。在这一点上，每个站址情况各有不同，我们希望无论改造成什么，都要先解决已经造成的环境问题，再根据附近的交通情况、环境资源、居民人口等，结合多方面因素分析设计。

从经济方面来说，正如被采访者所说，保留其有价值的外形、建筑结构等，改用作商业用途，变相地也是一种保护，更是一种经济开发。其实，从问卷调查与采访周围同学的过程中，我们都可以或多或少地感受到，对于彻底拆除废弃的火车站，大家似乎直观上就认为这一措施不太好。但这也是我们需要纠正的一个误解，只要土地利用最大化，从经济角度来看，拆更是一种利用，任由它废弃在原地不管，反而不妥。

从情怀方面讲，我们在调研过程中采访到了很多上海本地老人，他们对于老上海的火车、火车站都有着深刻的回忆。一个城市想要全面发展，一定不会为了前进而一个劲儿扔掉自己的行囊。保留历史遗迹，无论是屈辱的还是光荣的，都是不可忽视的一点。所以我们认为，在改造废弃火车站的时候，应该保留部分有意义的遗址，不论是用改建为博物馆还是纪念地的方式，或是仅仅保存一小段铁路轨道或遗址，都是让上海成为一个有温度的城市的好方法。

《上海市城市总体规划（2017—2035 年）》中指出：上海的目标是打造一个卓越的全球城市，令人向往的创新之城、人文之城、生态之城，突显对绿色可持续发展的核心支撑，彰显以人为本理念和城市特色魅力。土地资源方面，上海未来将严守建设用地总量的“天花板”，进一步优化用地结构，重点通过推进节约用地和功能适度混合来提升土地利用效率。同时，构建空间留白机制和动态调整机制，提高规划的适应性，为未来发展留足空间。因此，无论是打造成博物馆、铁路纪念地还是保留遗址，或者其他的各种方式，都比较符合大众的期望。希望通过一个个老式火车站的重生，大家可以看到旧时代与新时代，过去、现在与未来兼容并包的大上海。

参考文献

[1]《上海市城市总体规划(2017—2035 年)》。

[2] 岳钦韬、王争宵:《抗战时期上海铁路损失及其影响研究》，上海:上海社会科学院出版社，2017 年。

[3]《铁路光影 · 上海老北站的前世今生》http://www.360doc.com/content/16/0802/08/6932394_580169202.shtml

[4]《淞沪铁路江湾站旧址变身集装箱创客走廊》http://www.shanghai.gov.cn/nw2/nw2314/nw2315/nw5827/u21aw1180601.html

[5]《史话|一场惨绝人寰的浩劫——上海南火车站被毁记》http://www.sohu.com/a/167647484_391448

[6]《天通庵车站旧址探访 在虹口区打响的淞沪抗战第一枪》http://sh.eastday.com/m/20150812/u1ai8836068.html

课题组成员:上海市大同中学　高二(3)班

毛柯兰　费怡玲　谢嘉卿

指导老师:陈天琦

以静安区为例看上海早期革命历史的宣传

探究缘起

高一下学期，我们加入了毛泽东旧居陈列馆的讲解队。在准备讲解的过程中，我们了解到毛泽东共有十一次来到上海。上海也是在新民主主义革命时期发挥重要作用的地方。但我们对上海的这段早期革命历史却知之甚少。不仅仅是我们高中生，大多数来参观的游客事先也不了解。此次借本市开展“进馆有益”活动的契机，我们从宣传的视角入手，先研究当下上海早期革命历史宣传的现状，再思考如何改进宣传。

在研究过程中，我们赴静安区各个场馆进行实地探访，向参观者随机发放调查问卷，收集资料和数据，再统计并汇总处理。同时，也将各种宣传方式进行比较，找到最有效、最易被接受的方式，力图使宣传效果达到最好。

上海，是中共一大、二大与四大的召开之地，新民主主义革命时期风云际会之所。本文讨论的上海早期革命历史时期主要指1919年五四爱国运动到1927年南昌起义。静安区内保存了这段时期中国共产党进行革命斗争的许多遗迹，现在大多数以展馆的形式留存，富有教育意义。

一、场馆宣传方式的异同以及所处环境探究
——以毛泽东旧居陈列馆、中共二大会址和刘长胜故居为例

（一）交通情况与周边环境

毛泽东旧居陈列馆位于茂名北路120弄，距离地铁12号线、2号线近，交通便捷；刘长胜故居位于静安寺附近，愚园路81号，距离地铁7号线仅数步之遥。这两所场馆均毗邻大型商业中心，周围人流量大，故而我们在实地探访中观察到场馆内散客较团队更多。而中共二大会址纪念馆则不同，靠近大型绿地，在高架桥之下，公共交通较为不便，因此团队来访居多。对于这种情况，我们建议其与旅行社合作，发展红色旅游专线来扩大宣传。

（二）场馆宣传方式的异同

场馆外观大多数为老式石库门样式或洋房，富有老上海风情，能够体现上海的特色。不过，我们认为可以在外墙加上主题浮雕，或在场馆建筑外树立雕塑，让往来匆匆的行人亦能得到历史的熏陶。

参观毛泽东旧居陈列馆、中共二大会址纪念馆和刘长胜故居时，我们注意到只有中共二大会址纪念馆有较醒目的场馆平面图，其他两所场馆则没有。场馆平面图的设置是十分必要的，有助于游客熟悉参观路线和内容。这三所场馆都以文字叙述为主要宣传方式，介绍短片、实物展示等为辅。场馆应合理布局，将文字叙述与多媒体等其他宣传方式有机结合起来，避免单一的文字介绍令参观者失去兴趣。中共二大会址纪念馆这方面依然做得很出色。进入场馆内先是大型的电子屏幕播放介绍短片，两边是红色主题的浮雕墙，错落有致，避免了单调。

考察的三所场馆中，我们都发现历史场景还原区域展现了革命年代建筑内部真实的历史原貌。采访结果也表明，这种场景还

原的方式给许多游客留下了深刻的印象,起到了不错的宣传效果。上海的早期革命历史场馆大部分均没有纪念品区域,我们只在刘长胜故居内看到。

我们所见的大多数场馆在多媒体应用方面,主要集中于短片、地图电子屏。中共二大会址纪念馆做得比较好,还配备了与参观者互动的电子屏幕。除此之外,墙壁上贴了二维码,让游客可以扫码听讲解音频。有些场馆只有大型团队才能预约讲解,而散客则没有机会听讲解。这种扫二维码听音频的方式为散客提供了便利,宣传效果更好。在多媒体运用方面,我们应开阔思路,充分利用其优势,加强宣传。

二、上海早期革命历史宣传现状分析

(一) 场馆内的宣传现状

本市早期中共革命历史的宣传以各博物馆、遗址、旧居为主,我们便来到这些地点发放问卷进行随机抽样调查。在“年龄”一栏,结果显示:18 岁及以下占 10%,19—28 岁占 6%,29—38 岁占 26%,39—48 岁占 40%,49—58 岁占 18%,59 岁及以上占 0%。可见来访者主要为中年人,大多由单位组织开展党员活动。继续细化分析,根据“职业”一栏可知:本地学生占 10%,本地职员占 76%,外地学生占 2%,外地职员占 12%。“居住地”一栏结果为:上海 86%,其他地区 14%。大部分来访者都对上海的早期革命历史有一定程度的了解。

调查问卷中,我们设置了几个问题以获得来访者的反馈。在“参观场馆后,是否加深了您对上海早期革命历史的认识?”一栏,所有受调查者均填了“是”。而问题“您参观的场馆介绍是否详尽,有必要讲解员讲解吗?”的结果如图 1 所示:

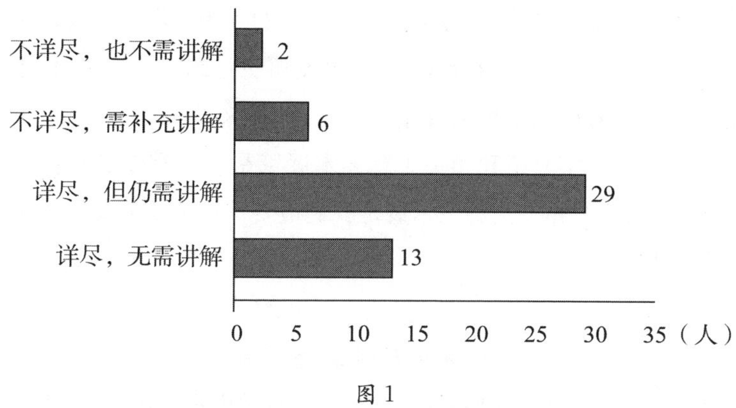

图 1

由此可知，场馆的介绍较为详尽，但参观游客大多仍希望能听到讲解，无论介绍详尽与否。

来访者在场馆最想看到的内容形式，排名前三的分别是介绍短片、历史建筑、老照片及文物。这三项显然也是场馆中最普遍的展品，还是很符合大众口味的。显而易见，几乎所有参观游客想看到的，在场馆里都能见到。但有几点是我们需注意的：

第一，想看文字介绍的游客并不多，过密、过于集中的文字介绍反而会让人失去认真参观的兴趣，只想一眼扫过，而这样显然会让宣传效果大打折扣。

第二，历史建筑也是宣传的一部分。如果场馆外观是老建筑形态的话，要注意修缮保护。

第三，场馆应配有音频讲解，即使已经安排了讲解员，音频更能让游客及时获得讲解。

（二）馆外宣传现状

这方面我们共设置了两个问题：一、您在上海看到过关于早期革命历史的宣传吗？二、以下几种方式中，您认为宣传早期革命历史最有效的是哪种？

由以上数据可知,上海早期革命历史的宣传呈现出两极分化的趋势:一些市民经常看到,而另一些则鲜少见到。究其原因,还是因为上海各区域宣传力度不一。此外,在来访者心中,介绍短片、老照片、文字介绍和相关主题艺术展览是较为有效的几种宣传方式。其中,相关主题艺术展是我们最要重视也是最要加强建设的一块。

三、宣传改进具体措施

关于宣传改进,我们从两方面入手:场馆内和场馆外,以期达到最佳的宣传效果。

(一)场馆内的宣传改进

1. 多媒体应用广泛化

馆中应增加游客互动屏幕,拉近历史与人们的距离,同时也能增添参观过程中的趣味性。其次,设置二维码,使游客能扫码聆听讲解音频,快捷方便。再次,场馆可开设自己的微信公众号或联动周边场馆一同开设公众号,每日推送相关的历史故事、宣传视频等。

2. 完善导览,使场馆设施人性化

于场馆入口处或醒目处设置场馆布局图,让游客知晓场馆的基本布局。游览路线最好也用文字做出标识标出。建议馆内设置纪念品区域,出售富有特色和创意的纪念品,延伸宣传。

3. 馆校联手,普及革命历史

场馆可以考虑联合周边的中小学,开设主题讲座或者校外考察活动,为在校的中小学生普及上海的这段革命历史。这不仅仅对历史的宣传有益,更对孩子自身成长、中华民族优秀传统的发扬大有裨益。

（二）场馆外的宣传改进

1. 充分利用“零碎宣传”

上海地铁曾有过“诗歌进地铁”的活动，把古今中外的短诗印在海报上并贴在地铁墙壁上、车厢里用作抓手的吊环里。一时间，地铁里仿佛弥漫着墨香。上海的革命历史宣传不也可以如此吗？现在有不少青少年看到“红色”“革命”等标签就不愿接触，殊不知是他们自己对此有所误解。“零碎宣传”的好处就在于给他们消除误解的机会，使大家都能接触到真实的革命年代的历史。

2. 多开展相关主题的艺术展览、演出

即便是场馆内，过多的文字宣传也让人哈欠连天。那么把娱乐和历史的熏陶相结合岂不妙哉？例如举办红色主题书画展，让游客休闲与学习结合，这是最令人喜闻乐见的方式，相信宣传效果也较好。

参考文献

[1] 肖灵：《当代大学生红色文化教育研究》，南京师范大学博士学位论文，2014 年。

[2] 杨洪卫：《新媒体时代红岩革命历史博物馆宣传工作的几点做法》，《戏剧之家》，2017 年第 19 期。

[3] 陈健：《红色旅游思想政治教育功能的创新研究》，华中师范大学博士学位论文，2016 年。

[4] 周游：《象征、认同与国家：近代中国的国旗研究》，华东师范大学博士学位论文，2016 年。

探究感想

“进馆有益”从不只体现在馆内，要是不更新自己的知识库，迟早要断流。“为有源头活水来”，从前的源头只限于稿子和课本上的白纸黑字，如今我们要自己开发出另一片水域。

我们也衷心希望，能让参观者感到“进馆有益”。即使事先一概不知，出馆时却能有一股油然而生的充盈感和求知欲。无法每一位都做到，没关系，哪怕只有一位都好。

综上所述，我们希望能通过科学研究，使上海早期革命历史宣传工作做得更好。同时也向毛泽东旧居的吴青老师致以感谢，她的帮助让我们的课题更完善、全面。

课题组成员：上海市华东师范大学第二附属中学　高二年级
周立卓　聂佳鑫
指导单位：华东师范大学第二附属中学学生处

文化感悟

鲁迅笔下“看客”的文化反思

漫话茅台酒道，弘扬工匠精神

航海新时代，丝路再出发
——感悟中国航海精神

鲁迅笔下“看客”的文化反思

探究缘起

2018年6月20日下午，甘肃一名女孩跳楼自杀身亡。令人感到诧异与悲哀的是，竟有不少围观群众起哄鼓掌，怂恿女孩快点跳楼。这样的“看客”并不少见，“落井下石”“幸灾乐祸”之类的成语不就是对“看客”行为与心理的简练描述吗？当“看客”现象不只存在于个体而逐渐成为整个社会群体具有的现象并进而成为一种群体的内在精神特征时，便形成了“看客”文化。那么，“看客”文化是中国独有的吗？看客们的心理又是怎样的呢？这种心理是人天生具有的还是受到了社会的影响产生的？“看客”文化在当代社会是如何发展的？是否和过去有所不同？发生变化的原因是什么？进一步思考，“看客”的存在会不会对事件本身产生实质性的影响？如果会，产生的正面影响更多还是负面影响更多？……带着这些问题，我们小组初步查阅了书籍，发现鲁迅先生在他的多篇作品中探讨过这一现象。因此，我们决定前往鲁迅纪念馆，从鲁迅先生的生平和所处的时代背景入手，深入研究鲁迅作品，同时，通过问卷星发放网络问卷，对“看客”这一形象进行更深入的了解，也对“看客”这一现象进行更深度的文化反思。

一、“看客”文化的前世与今生

（一）“看客”文化溯源

大部分人最早都是通过鲁迅的文学作品了解到“看客”文化，但溯源“看客”文化，其实一直存在于古今中外的社会中，并自然而然地投射在文学作品中了。

1831 年《巴黎圣母院》出版，卡西莫多被绑在广场上示众，而“群众有等候观赏公开行刑的习惯，他们用观看刑台来消磨时间。当卡西莫多给拖到刑台顶上的时候，当人们能够从各方面看见他被人用绳子和皮条绑在刑台的轮盘上的时候，场内爆发了一阵笑声和喊声，人们认出他就是卡西莫多”。雨果笔下的看客形象何其典型！

《变色龙》作于 1884 年，契科夫以幽默诙谐的口吻描绘了一群看客浩浩荡荡地聚集在一起的情形。“带着睡意的脸纷纷从小铺里探出来，不久木柴场门口就聚上一群人，像是从地底下钻出来的一样。”“他，长官，把他的雪茄烟戳到它脸上去，拿它开心。它呢，不肯做傻瓜，就咬了他一口。……他是个荒唐的人，长官！”“你胡说，独眼龙！你什么也看不见，为什么胡说？长官是明白人，看得出来谁说谎，谁像当着上帝的面一样凭良心说话。……我要胡说，就让调解法官审判我好了。他的法律上写得明白。……如今大家都平等了。……不瞒您说……我弟弟就在当宪兵。……”“少说废话！”看客的存在推动了故事的发展，让奥楚蔑洛夫的卑鄙无耻更加鲜明突出。

《呵旁观者文》发表于 1900 年 2 月的《清议报》，是梁启超的“新文体”代表作之一。此文从“国家之盛衰兴亡”的高度，提出了“国人无一旁观者，国虽小而必兴；国人尽为旁观者，国虽大而必亡”的论点。可见，即使在中国，也早就有类似“看客”的“旁观者”存在。

《鼻子》是日本作家芥川龙之介创作的短篇小说，发表于 1916 年，描写一个老和尚因鼻子过长而苦恼不已，经过一番颇富戏剧性的折腾，老和尚的鼻子终于如愿以偿地缩短了。然而，鼻子修复后，老和尚遭到了众人更为猛烈的嘲笑。小说中旁观者的态度从最初的些许同情到老和尚鼻子变短之后的放肆嘲笑。对此，作家用理智的话语归纳为“旁观者的利己主义”。

（二）鲁迅作品中的“看客”

暑假中，我们再次参观了位于虹口区甜爱路的鲁迅纪念馆。我们徜徉于“新文学开山”“新人造就者”“文化播火人”“精神界战士”和“华夏民族魂”这五个纪念馆展示区域时，重温了鲁迅先生的生平经历与文学之路，也看到了一个时代社会的缩影。从家道中落的经历中生出的敏感，使得先生对人性的洞察尤其细致，而对社会的担当又使得先生对世态的剖析尤其深刻。在《娜拉走后怎样》中，先生这样写道：“群众，——尤其是中国的，——永远是戏剧的看客。牺牲上场，如果显得慷慨，他们就看了悲壮剧；如果显得觳觫，他们就看了滑稽剧。”至于《祝福》里听祥林嫂讲阿毛被狼吃了的人，《复仇》里看两人争斗的看客，《阿Q正传》中看阿Q被砍头的看客和阿Q本身；《药》中看夏瑜被杀的百姓和茶馆中聊天的人，《藤野先生》中影片里围观枪毙的中国人等，无不让人感到先生对“看客”文化的深恶痛绝。

因此，如果说“看客”文化存世久矣，那么“看客”文化引起中国人的瞩目则一定由鲁迅先生的创作而始。

（三）“看客”在当下

近年来，随着信息科技的发展，网络似乎又狠狠为“看客”文化的发展推波助澜了一把。这主要体现在两个方面：

其一，“看客”现象通过网络迅速而广泛地传播，产生了几何级的社会影响力。2011年，小悦悦被两车碾压，18位路人视而不见冷漠离去，事件引发人们对“看客”现象的强烈反思。至2018年甘肃女生跳楼事件，几乎每年都有数起“看客”事件经过网络的传播、发酵产生轰动效果。

其二,“网络看客”的迅速增长。当网络具备了评论功能后,就有越来越多的人隔着屏幕围观事态、点评是非。而当直播盛行之后,“网络看客”更获得了现实中“看客”的即时参与感。网络重新整合了事件发生的时间与空间,使更多人能够参与到围观中去。

正因如此,在当下对“看客”文化做深入的探讨与反思就很有其必要性。因为,“看客”文化不仅是中外共同存有的文化现象,更是中国现当代社会凸显的文化现象,还是随着网络社会迅猛发展的文化现象。

二、“看客”的嘴脸与内心

当一种现象成为一种文化时,其背后的共性就很值得人玩味。在今天,我们反思“看客”文化,就必然需要分析和探究“看客”的外在表现与内在心理,从而有效定义“看客”这个概念在当代社会的内涵。通过问卷调查结果分析,我们大致可以描画出“看客”的这样几副嘴脸,并由此挖掘出嘴脸背后的种种心理。

第一种“看客”属于麻木不仁型。与鲁迅笔下看枪毙的猎奇者专程围观不同,“小悦悦事件”中的18位路人不约而同选择了视而不见。从“无聊”到“无视”,体现了看客心理的差异,前者围观的根本原因是愚昧,而后者无视的根本原因是自私。从问卷调查结果来看,选择最多的三种心理就是“事不关己,所以见死不救”“害怕引火上身,所以见危不助”“无暇关注他人,只关心自身利益”,三者的选择率分别为66.7%、72.2%、58.7%。

第二种“看客”属于煽风点火型。这些“看客”参与了事件的发展。有48.6%的受访者认为这些人是出于“唯恐天下不乱”的心态,漠视生命与正义,有意激化事态,恶意推进事件向极端化发展。比如那些在轻生者将要跳楼时或者自杀网络直播过程中,完全无意于弄清事实真相，就一个劲儿地起哄、催促轻生者赶紧去死的“看客”。

第三种“看客”属于冷嘲热讽型。41.3%的受访者认为“看客”出于主观臆断，认为事件的主角是在“作秀”或者“活该”，或是看似同情实则指摘，或是不分青红皂白就做出有过归因。这种认为天下没有无缘无故的冤仇的心态，催生了认为当事者必然要承担负面责任的心理。正如祥林嫂的悲剧一样，无论在事件发生过程中还是结束以后，这种冷嘲热讽都有可能成为一种隐形的夺命之刃引发更深层次的悲剧。

从“围观，凑凑热闹”到“起哄，加剧事态”再到“评论，好奇探究”，“看客”的表现可能是单一的也可能是多样的，很多人在群体的影响下，最终做出了自己没有想到的言行，背离了仅仅围观的初衷。这一切，折射出来的是空虚、愚昧的从众之悲，还是自私、阴暗的人性之恶？更值得人反思的是，当调查问及“你认为中国是否有看客文化”时，47.9%的受访者选择了“有，一直很典型”，16.3%的受访者选择了“有，当下特别严重”。

三、“看客”文化的今日流毒与时代特征

从以上的探讨可以看出，“看客”文化在时代的滚滚车轮中不断发展，并在当下社会产生了不可忽视的影响。

“看客”文化由来已久，而在今日之社会更觉其流毒深远，这主要体现在三个方面：其一，发酵、传播负面情绪。被围观的往往不是什么先进事迹，而是一些负面事件。越多的人做“看客”，就意味着有越多的人对此津津乐道，也就有了更多的事件传播者，更有可能酝酿更大的负面情绪。其二，背离、挑战公序良俗。当他人亟须援手时，无动于衷，见危不助；当他人身处险境时，火上浇油，故意煽动。“看客”的冷漠和恶意不仅与建设友善、团结的社会良好氛

围格格不入，更背离了中华民族历来倡导的人与人之间相亲相爱、互帮互助的美德。其三，无视、违反法律法规。见死不救或许只是受到道德的审判，推波助澜、起哄滋事却很有可能触犯了法律。“看客”们自以为身处在人群中而法不责众，自以为煽风点火无须为话语文字担负责任，殊不知自己不仅破坏了社会文明，还正游走在违法的边缘。“看客”之流毒岂止于“看看”而已！

放眼当下，“看客”文化更具有了时代的特征。比如，以发达网络为传播途径的巨大“看客”效应。当网络给予了一张张“时空通行证”，“看客”们不再需要身处现场就拥有了话语权。又比如，以“看客”身份为掩护的某些特殊利益群体代表的有意行为，像长沙警察处理“狗咬人”事件中，宠物店主的身份已经不仅仅是“看客”，而是某一利益集团的代言人。再比如，受当代社会价值多元为幌子的错误观念引导，不少人叫嚣着言论自由、思想解放，施行的却是自私自利之举，常常试图颠倒黑白，混淆视听，其实质绝非多元的价值观而是错误的价值观。

从这两点来说，鲁迅先生以犀利的笔头和长远的眼光，为我们预警了“看客”文化的深远危害。正如超过94%的受访者所认识到的那样，“看客”对事件本身和社会文化会产生实质性的影响：“哪怕麻木围观也是一种态度”，“围观的言行会推动事态发展”，“看客间的互相影响会使人模糊是非”……

鲁迅先生曾说：“唯有民魂是值得宝贵的，唯有他发扬起来，中国才有真进步。”作为中学生，我们首先要努力学习文化知识、提升思辨能力、加强道德修养，自觉抵制“看客”文化的影响，拒绝为负能量的传播推波助澜。同时，作为明日社会的栋梁，我们应担负起建设现代文明社会和实现中华民族伟大复兴的职责和使命，像鲁迅先生那样，常怀一颗以社会为己任的、勇于反思的心，拒做旁观者，以主人翁的姿态参与到社会主义物质文明和精神文明的建设中去。塑新时代民魂，由新时代少年始！

参考文献

[1] 钱理群：《鲁迅作品十五讲》，北京：北京大学出版社，2003 年。
[2] 王晓明：《无法直面的人生——鲁迅传》，上海：上海文艺出版社，2001 年。
[3] 曹聚仁：《鲁迅评传》，上海：复旦大学出版社，2006 年。

探究感想

一次微课题探究的经历，带来的不仅是关于主题的感悟，更是对探究本身的思考。首先，进馆何以有益探究？至少有这样几点原因：一是各类场馆独具的专业性，这是一般的、无专家指导的阅读所不可企及的；二是各类场馆营造的情境和氛围，尤其当代布展艺术与多媒体技术的结合更易于激发探究的灵感；三是场馆本身为课题小组提供了合作共进的探究空间。其次，何以吸引青少年进馆？一方面，场馆建设和宣传等方面不断提高，另一方面，与其低效地组织团队参观，不如有效地激发问题探究意识。再者，何为进馆的终极意义？面对浩瀚的未知，场馆只是抵达彼岸的千百条渡船之一，入得馆中，出得馆外，从进馆摸索出摆渡的经验，在纷繁的现象中明辨是非、寻求事理，勇于且善于为抵达下一个目的地扬帆起航，这或许才是进馆的最大收益。

课题组成员：上海中学

陆芃菲　邢雅菲

指导老师：柳怡汀

漫话茅台酒道，弘扬工匠精神

探究缘起

在决定游学地点是贵州之后，我们围绕行程，结合贵州特色进行了深入的思考与研究。我们通过多次的小组讨论，针对性开展了相关的文献调查与研究，最后与指导老师确认，决定对国酒茅台进行研究。

众所周知，茅台酒是中国国酒，世界三大蒸馏酒（白酒）之一。通过文献我们了解到茅台酒复杂却必不可少的一些制酒工艺和步骤，这使我们对制酒匠人肃然起敬。恰逢习近平总书记和李克强总理多次提到要“培育精益求精的工匠精神”，“为振兴民族工业做出新的贡献”。这两点结合顿时激发了我们的兴趣与思考：在科学大力发展的今天，茅台酒制作是否保持了千百年传统的工艺？在现代化工业生产中保持传统的工艺流程，这种近乎执念的精神内涵又是怎样的？

我们通过这次贵州之行，不仅仅是去了解茅台酒的国酒文化，更希望借此机会感悟工匠精神的内涵，加强对茅台酒制酒技术的传承与保护！

一、贵州茅台酒的制酒工艺

茅台之外无茅台！没办法搬走的是赤水河、茅台镇的独特气候和谷地里大量的微生物群落，外加满山满谷矮小的“红粱”（仁怀特殊的红高粱是茅台酒的主要原料）。贵州特有的环境与资源的不可复制性构成了茅台酒的核心竞争力。

茅台酒酿造工艺可谓我国白酒工艺的活化石，此次来到国酒文化城，我们也对它的酿造过程展开了充分的调查，可以说，它拥有独一无二的制造工艺。在中国数千年的酿造史上，茅台酒的酿造工艺最为复杂。其特点概括起来主要有：季节性生产、三高三长、至少经历五个过程、30 道工艺及 165 个工艺环节。茅台酒从原料进厂到成品出厂最短需时五年，通过调查以及讲解员的介绍，我们了解到一瓶茅台酒的品质无论是低还是高，都得经过五年的打造和调制，其中的每一道工艺都是祖上代代相传的，不容一丝马虎。茅台人坚守的是习惯和本能，是一种生生不息的匠人精神。

从讲解员那里我们还知道了茅台酒中蕴藏的一个小秘密：

茅台酒的浓度是 53%。关于酒精浓度有个经典实验数据，即用 53.94 毫升酒精加上 49.83 毫升水，充分混合后，混合液的体积不是 103.77 毫升，而是 100 毫升，这时酒精分子和水分子结合得最紧密。可见茅台酒的酒精浓度是最合理的。

茅台酒出酒率约为 5∶1。茅台酒辅料用量少。仅占原料量的 5%，浓香型酒辅料用量是茅台酒用量的几倍。辅料少，对人体健康不利的甲醇等成分含量就少。茅台酒甲醇含量远远低于浓香型酒，远远低于国家标准控制要求。

由此看来，茅台酒是真正回归自然的绿色酒品，而其考究的制作工艺使人们在尽享琼酿的同时也不太影响健康。

二、贵州茅台酒的精神内涵

茅台酒之所以从古至今都能够受到人们的赞誉、获得那么多的殊荣，完全取决于它那超凡卓绝的内在品质。

在与讲解员老师的交流下，我们了解到：茅台酒独特的古法制作工艺和工艺中的这份匠心精神，以及始终如一的质量被人们称道。从万博会起，原本不起眼的茅台酒展现在世界眼前，被人们所熟知；从周恩来总理对茅台酒竖起大拇指的那一刻，也奠定了茅台酒的国酒地位！凭借着这份工匠精神才有了如今独一无二的贵州茅台，成为国酒，是曾经乃至现在国家领导人的心中所爱、心中所惜、屋中所藏，茅台便是他们手中那瓶宴请外国领导人的国酒、国家外交酒。这瓶酒代表着中国的形象、中国的心意，更是中国的精神——工匠精神。这瓶酒、这份精神见证了中国的成长，促进了国家的经济与发展。

如果说把一件事做好，靠的是“匠艺”的话，把一件事情做精，靠的就是“匠心”。作为食品行业首屈一指的民族品牌，茅台在多年的发展中靠的不是逐年增长的产量和铺天盖地的广告，而是靠始终如一的工匠精神所带来的不变的经典品质以及众口相传的口碑！

茅台酒作为国酒的根基和灵魂，是它那套古老独特而科学的酿造工艺，以及由这套工艺而产生的茅台酒及其品牌价值和文化内涵。

品一口茅台酒，回味的不只有酱香优雅，还有其背后蕴藏的不变的工艺和精神。

在高科技充盈的现代，人们习惯把一切都交给机器，方便且省时。但茅台酒没有，它始终保持着千百年前的传统工艺，因为机器代替不了手工工艺，做出的茅台酒品质没有手工的好。工匠们喜欢不断雕琢自己的产品，不断改善自己的工艺，享受着产品在双手中升华的过程。正是这种固执和倔强使茅台酒得以保存原本的模样，让这一抹令人回味的醇香依旧在人们唇齿间流连，在茅台镇的上空弥漫，让茅台、中国酒文化即使历经沧桑，依旧美丽。

利用网络，我们事先精心制作了网上问卷，总计收集到300份。问卷填写者覆盖了所有年龄段，分别位于上海、贵州、浙江、广东、安徽、江西、山东、山西、西藏、北京、香港。没有去过贵州的人为229位，占大多数，可是听说过茅台酒的人数为278人，占比为92.67%，喝过茅台酒的人数也占有52.94%，这说明茅台酒的知名度是很高的。

有51.44%的人知道茅台是世界三大蒸馏酒之一，但知道茅台酒至今已有80多年历史的人并不多，只占21.58%。这说明茅台的国酒文化和地位更值得宣传。而85.97%的人不知道茅台酒的制作工艺，具体直观地说明了其中的工艺和蕴藏其中的工匠精神十分具有弘扬的价值！

在茅台酒口感问题上，仅有不到20%的人认为茅台酒的口味一般或说不清楚。而80%以上的人认为茅台酒口味很好喝或较好喝。可见茅台酒的品质已经受人认可。

关于是什么让师傅坚持下来继续制酒，带了一代又一代徒弟，有73.02%认为是坚持初心的工匠精神，74.46%认为是为了传承茅台文化。足可见茅台酒中的独特的精神文化内涵和工匠精神也已被人逐渐知晓。

最后一个问题中，有59.35%的人不同程度地愿意接受采用科学技术缩短五年的茅台酒出品时间，并接受品质无法达到原先标准。这也表明了茅台酒制作工艺的工匠精神并没有取得人们高度认同和珍惜，我们更需要去弘扬这份精神，让更多人知道，这瓶看似简单的酒蕴藏了更深层次的东西！

综合上述问卷结果，我们得出结论：茅台酒作为国酒，其优异的品质已被越来越多的人知晓。制酒匠人的工匠精神也已被人逐渐知晓，该精神对于茅台酒享誉全球有极大的贡献与帮助。同时，工匠精神并没有取得人们的广泛和高度认同。

三、对贵州茅台工匠精神的传承与启示

茅台酒的成功源自茅台制酒师傅的工匠精神。茅台酒品或许无法复制，但制酒师傅的工匠精神和对制酒技艺的保护传承却是可以借鉴与学习的。

首先，建立国酒文化城可以让其得以不断发光发亮，也可以尝试建立可供人参观欣赏的酒文化博物馆和体验型酒厂，这不仅能带给参观者一定的酒知识，而且能亲身体悟到那份工匠精神。每一位杰出的酿酒大师都有着执着的精神和恪守的原则。他们不仅对于茅台酒的品质有自己的追求，同时也独具创造力，因此越来越多的不同品种的新型茅台得以制成，如茅台醇和王子茅台酒等。这些也更能说明师傅的工匠精神。其他酒业都可以借鉴这一点。

其次，可以仿照成立茅台学院(大学)的例子，大力招募对制酒有兴趣的年轻人，吸纳青年活力，为酒文化的弘扬贡献更多的力量。

再次，对于茅台知识在学生中的普及，相关博物馆可以推行学生证减半票价的政策，并把博物馆等推荐作为游学、中小学春秋游进行社会实践的目的地，鼓励学生参观与感悟。

总之，贵州茅台酒和国酒文化城对于工匠精神的传承与延续有非常重要的作用，而其他借鉴学习的酒厂也要发扬自身特色，做出不同的内容，让酒文化和工匠精神扎根于中国乃至世界！

参考文献

[1] 黎福清:《中国酒器文化》,天津:百花文艺出版社,2003 年。
[2] 王金月、张海英、孟宝、郭五林、骆凤文:《酒中寰宇小,瓶中乾坤大——“酒道”论之“酒瓶”》,《中国酿造》,2012 年第 12 期。
[3] 何景丽:《识别优劣白酒》,《卫生与生活报》,2006 年。
[4] 王贵玉:《漫话中华酒道》,《酿酒》,2004 年第 4 期。

探究感想

这一次的课题让我们从课题新人逐渐蜕变,开始有了自己的主见,学习商讨主题、分配任务和实地探访、小组讨论整理数据、撰写报告。在课题老师的指导与帮助下,我们的工作开展得紧锣密鼓而又井井有条,这一过程中我们在团队中的责任感增强了、处理问题的能力得到了提高。通过课题研究,我们知道:从装茅台的酒坛子摔碎开始,茅台酒第一次在全世界亮相,再到如今被尊为国酒,被用来宴请外国领导人,它的包装更换过,可内容却从来没变过。那透明纯净的酒包含着繁琐复杂的工艺,蕴藏着所有为茅台传承付出的努力、汗水和坚守,以及背后的工匠精神。通过此次的“力行”,从本次课题得到的经验和对所追求事物不变执着的精神会让我们终身受益!在接下来的学习生活中,我们将“好学”不断!

课题组成员:市西中学

曹凌天　丁奕文　王婧怡　陆立瑜　张知蕴

指导老师:顾荫杰　张　芸

课题小组集体照

附录

这是一份酒香四溢的问卷

您的年龄段是？[单选题]

选项	小计	比例
16 岁以下	45	15%
16—25 岁	80	26.67%
26—30 岁	10	3.33%
31—40 岁	44	14.67%
41—50 岁	75	25%
51—60 岁	29	9.67%
60 岁以上	17	5.67%
本题有效填写人次	300	

您是否去过贵州？［单选题］

选项	小计	比例
是	71	23.67%
否	229	76.33%
本题有效填写人次	300	

您对贵州的地理因素有什么看法？［多选题］

选项	小计	比例
四季分明	20	28.17%
空气质量好	45	63.38%
气候湿润	41	57.75%
群山环绕	54	76.06%
其他	4	5.63%
本题有效填写人次	71	

您听说过贵州茅台酒吗？［单选题］

选项	小计	比例
是	278	92.67%
否	22	7.33%
本题有效填写人次	300	

您喝过贵州茅台酒吗？［单选题］

选项	小计	比例
是	135	52.94%
否	120	47.06%
本题有效填写人次	255	

您觉得茅台酒的口感如何？［单选题］

选项	小计	比例
非常好喝	73	54.07%
较好喝	35	25.93%
一般	10	7.41%
没有明确的感觉	17	12.59%
本题有效填写人次	135	

您知道茅台酒是世界三大蒸馏酒之一吗？［单选题］

选项	小计	比例
是	143	51.44%
否	135	48.56%
本题有效填写人次	278	

您知道茅台酒有八十多年的历史吗？［单选题］

选项	小计	比例
清楚	60	21.58%
不知道	23	8.27%
只知道历史悠久，记不清	195	70.14%
本题有效填写人次	278	

您对茅台酒的看法是怎样的？［多选题］

选项	小计	比例
假酒，虚假宣传	7	2.52%
特别贵	190	68.35%
品牌悠久	211	75.9%
其他	9	3.24%
本题有效填写人次	278	

茅台酒作为国酒，您认为它的文化自信主要在于？［单选题］

选项	小计	比例
代代传承的经典力量	221	79.5%
不断提高的科学技术	15	5.4%
不太清楚	37	13.31%
其他	5	1.8%
本题有效填写人次	278	

您知道茅台酒大致的制作工艺吗？［单选题］

选项	小计	比例
知道	39	14.03%
不知道	239	85.97%
本题有效填写人次	278	

您所了解的茅台酒制作工艺是？［多选题］

选项	小计	比例
小麦磨碎	28	71.79%
拌曲配料	26	66.67%
入仓发酵	28	71.79%
一次翻曲	13	33.33%
两次翻曲	15	38.46%
三次翻曲	17	43.59%
高温蒸煮	30	76.92%
掺水混合	12	30.77%
本题有效填写人次	39	

您觉得是什么让师傅坚持下来继续制酒，带了一代又一代的徒弟？［多选题］

选项	小计	比例
坚守初心的工匠精神	203	73.02%
为了养家糊口	82	29.5%
为了实现自身价值	113	40.65%
传承茅台文化	207	74.46%
本题有效填写人次	278	

你认为茅台酒酿制工艺需不需要传承与保护？［单选题］

选项	小计	比例
需要	267	96.04%
不需要	11	3.96%
本题有效填写人次	278	

一瓶上好的茅台酒出品至少五年时间，如果采用科学技术则可缩短周期，但品质可能会降低。您可以接受这样的茅台酒吗？（5 分为完全可以接受，1 分为不能接受）［量表题］

本题平均分：2.45

选项	小计	比例
1 分	113	40.65%
2 分	47	16.91%
3 分	49	17.63%
4 分	19	6.83%
5 分	50	17.99%
本题有效填写人次	278	

航海新时代，丝路再出发

——感悟中国航海精神

探究缘起

2017 年 10 月 18 日，习近平总书记在十九大报告中指出：“要坚持海陆统筹，加快建设海洋强国。”这句话中包含了对“一带一路”倡议中“海上丝绸之路”的肯定与鼓励，并且习总书记指出“海上丝绸之路”的意义在于构建和平稳定周边环境、深化改革开放，同时拓展经济发展空间、促进沿线国家共同繁荣。我们这一课题组以此为研究背景，定下了“航海新时代，丝路再出发”这一与“一带一路”相关的研究课题。

在中国古代，由于航海技术、瓷器丝绸生产技术蓬勃发展，航海贸易在唐宋时期十分兴盛，商人们往来欧亚，将中国的茶叶、瓷器、丝绸运往欧洲，再把香料、刀剑、奇珍异兽运回中国，海洋从天堑变为通途，高山远水没能阻隔人们的交往与联系。对异乡的向往，追求美好生活的希望，催生了英雄史诗般的冒险，不仅促进了经济和贸易的发展，还促进了中西之间的文化交流，尤其是郑和七次下西洋这一壮举，更是将东方文化对西方的影响推向极致，比西方航海家的环球航行早了将近一百年。可见，当时的中国是世界海洋贸易当之无愧的枢纽。

然而受明代海禁以及清代实行闭关锁国政策影响，大规模的海洋贸易被明令禁止，正是这一错误举动影响了整个国家的前进步伐。先是经济方面一蹶不振，更失去了与国际文化交流的机会；其次是军事方面，北洋水师在甲午海战中全军覆没，标志着中国处于近代航海史上前所未有的低谷期。

如今，我国在经济、军事、政治、科技等领域重新崛起，我们应认识到海洋对我国发展的重要性，与海上丝绸之路沿线国家建立良好的经贸关系，推动海洋经济的发展，加快建设海洋强国，打造良好政治环境以及互利共赢的“利益共同体”、共同发展繁荣的“命运共同体”，才能达到构建和平稳定的周边环境、深化改革开放、拓展经济发展空间、促进沿线国家共同繁荣的目的。

在这样的国家大战略背景下，上海港经过国民经济恢复时期以及改革开放后的迅速发展，国际集装箱、矿石等大宗货物吞吐量迅速递增，前沿科技的应用使机械化程度显著提高，跃居世界化港口前列。洋山深水港等大型现代港口基础设施的建立，更是极大地加强了上海港的国际竞争力，预计 2020 年上海港作为海上丝绸之路起点之一，将成为具有全球航运能力的国际航运中心。

一、从沉船和遗址看古代海上丝绸之路的辉煌征程

为了深入贯彻习近平总书记的重要思想，更好地了解海上丝绸之路，我们小组来到了上海航海博物馆参观。当时恰逢“CHINA 与世界——海上丝绸之路沉船与贸易瓷器大展”，为我们的研究活动提供了不少便利。我们在展览中了解到了三艘著名沉船：“黑石号”“南海一号”和“华光礁一号”，以及大量当时他们运载的文物。我们还看了青龙镇遗址的介绍以及郑和下西洋的相关记载。

（一）三艘著名沉船及打捞瓷器特点

我们在展览中首先看到的是“黑石号”沉船的资料。“黑石

号”沉船的年代被确认为9世纪上半叶，是目前世界上发现的最早的阿拉伯沉船。“黑石号”出水文物共计67000多件，其中瓷器占98%，说明从唐代开始，中国与阿拉伯地区国家已存在海上贸易，这也是“海上陶瓷之路”存在的直接证据。“华光礁一号”为南宋前期沉船，是一艘远洋福船，其出水文物计一万余件，其中瓷器占80%。“华光礁一号”沉船遗址记录了古代华夏民族与周边国家友好交流的历史。“南海一号”沉船是目前亚洲最大沉船，被誉为“海上敦煌”，出水的宋代名窑产品超过30种，以及大量黄金首饰和工具。它反映了古代中国通过海上丝绸之路，繁荣了海上贸易，与外界交往密切。

（二）青龙镇的辉煌与衰败

在此次的特别展览中，我们也了解了青龙镇的前世今生。起初，我们一直抱有疑问，古代的上海是否也是海上丝绸之路贸易重要的一环？通过参观，我们发现上海古代青龙镇（现位于青浦区白鹤镇）的确是海上丝绸之路东线的一个重要港口。古代的青龙镇就正好夹在吴淞江与大海之间，其地理位置优越，陆路水路直达内陆各大城市，在当时的地理环境下又是难得的大出海口，也就自然地成为吴越大港。江浙的丝绸、瓷器等名贵特产可经青龙镇走东线航道输往日本群岛、朝鲜半岛；也可以走南线航道一路南下，到达菲律宾、印尼、印度洋沿岸各国。

从唐代开始，青龙镇就参与国内海上贸易。虽然千余年过去，历尽沧桑的青龙镇早已消失，但是经过一番仔细研究，我们仍然可以发现一些线索：(1)宋朝政府曾在此区域设立市舶司，青龙镇就在其中。(2)日本的遣唐使曾取道青龙镇口岸。接待遣唐使是唐朝重要的外交任务，能承担接送日本遣唐使这样的任务，青龙港的地位可见一斑。(3)《隆平寺灵鉴宝塔铭》中记载：船来青龙港,“自杭、苏、湖、常等州日月而至;福建、漳、泉、明、越、温、台等州岁二三至;广南、日本、新罗岁或一至。”这表明当时青龙港不光接靠国内商船,还接靠国际船只。每年都有日本、新罗等国航船停港。

而到了南宋晚期,由于吴淞江的淤泥堵塞日益严重,海船无法循江航行到青龙港,不得不改为停靠黄浦江旁的十六铺码头,青龙镇由此衰败。青龙镇虽然衰败了,但其丰富的历史内涵、对上海海上贸易的贡献值得我们这一代人去追寻、探索。

(三) 郑和下西洋

海上丝绸之路的繁荣是一代又一代航海人的艰辛努力换来的。其中较为著名的一位航海家叫郑和。“郑和下西洋”的历史也是大家耳熟能详的。

从1405年开始,郑和七下西洋,累计出动船只近三百艘,人员近二十万名。郑和在东非与东亚之间建立的综合性航线网络,是麦哲伦、哥伦布等西方航海家无法企及的。郑和不仅带领贸易船队开展大规模的海外贸易活动,促进国家和经济的繁荣,而且还广泛引进了国外的航海人才,进一步提高本国的航海技术。我们认为,郑和下西洋的故事体现了(1)不管强弱亲疏,一视同仁的人道精神;(2)勇于开拓、进取、开放的航海精神。

(四) 小结

从唐朝开始,无数船只满载着中国特产,沿着海上丝绸之路出发,驶向遥远的西方。它们有的满载而归,有的却长眠于海底。这些沉船成为古代海上丝绸之路最为真实的见证。事实证明,在南海发现的中国古沉船比外国沉船多很多,反映出中国的航海技术处于世界领先地位,也证明最早经营、开发南海的国家是中国。这些沉船也见证了古代中国与他国友好往来的历史。

除了沉船和瓷器，青龙镇遗址以及出土的文物也进一步证明上海是海上丝绸之路的重要港口之一，成为连接古今的桥梁，也成为上海城市发展的一个起始点。

二、上海与21世纪海上丝绸之路

为了解上海市民对于上海作为21世纪海上丝绸之路重要港口的认知情况，我们针对上海市民以网络传播的形式进行了一次问卷调查，共收到有效问卷119份。本次问卷参与者有男43名，女76名，年龄段如图1。

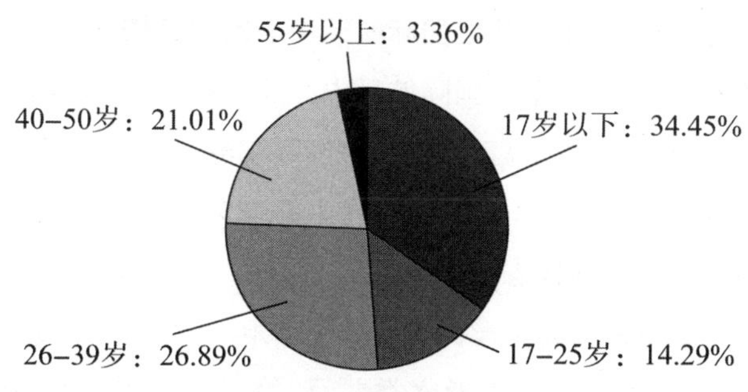

图1　参与调查者的年龄分布

由于采用的是互联网问卷的形式，55岁以上的参与者较少，参与者的年龄段符合我们的预期。

（一）对海洋强国和航海精神的见解

郑和曰："欲国家富强，不可置海洋于不顾。财富来于海，危险亦来自海上。……我国船队战无不胜，可用之扩大通商，制服异域，使其不敢觊觎南洋也。"市民对于此论点的理解与赞同程度，结果显示，绝大多数市民赞同海洋利益是国家利益的重要组成部分，海洋是中国发展的重要空间和资源保障。500多年前开始的伟大航海时代，促进了全球化。从那时起，海洋在全球大国的竞争中扮演着重要的角色。历史和现实都揭示了“海兴则国强民富，海衰则国弱民穷”。

哥伦布曾说，“除非你有勇气到达看不到岸边的地方，否则你永远不可能跨越大洋”。市民对此论点的理解与赞同程度，结果显示，绝大多数市民赞同这种坚韧勇敢的海洋精神。我们认为，若想实现自我人生价值，就应具备勇立潮头、放手一搏的无畏精神，即使遇到惊涛骇浪，也不能畏缩不前，而要朝着自己心中的彼岸勇往直前。因此，我国要建设海洋强国，发展海洋事业，就要有海洋精神的支撑。

（二）市民对上海建成国际航运中心的了解情况

随着《“十三五”上海国际航运中心建设规划》的发布，上海向世界亮出新名片：由上海港、吴淞口国际邮轮中心、洋山深水港组成的上海国际航运中心。这也是将上海作为21世纪海上丝绸之路贸易重要一环的标志。

为了解市民对海上丝路及上海建成国际航运中心了解的程度，我们共出了四个知识考察类题目，答对一题得一分，满分四分。取各年龄段平均分，保留两位小数，情况如下图：

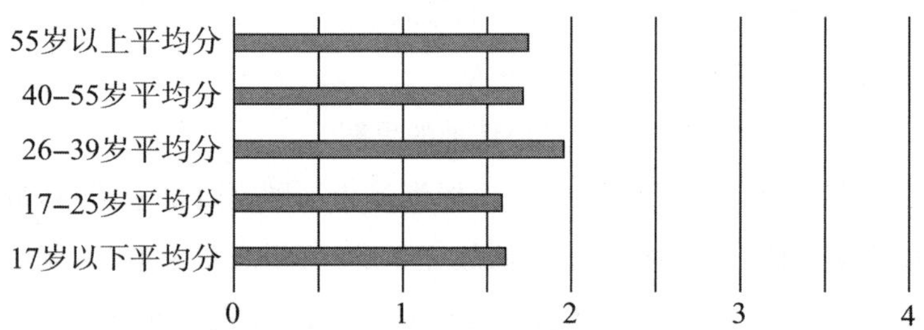

图2 对海上丝路及上海建成国际航运中心的了解情况

如图所示，市民们对于海上丝路及上海建成国际航运中心的认知情况普遍不太理想，各年龄段市民平均分都未超过两分。其中平均分最高的是26到39岁的青年人。我们认为，导致此年龄段市民认知程度较佳的原因是他们已参加工作数年，对社会经济建设情况的了解好于在校学生，而对于互联网的接触程度又高于年长一些的市民，获取信息更便捷。

（三）建议宣传方式

从上面的结果可以看出，市民对海洋强国和航海精神都有很好的认识，但对上海在建设国际航运中心的信息了解不够充分。针对上海建成国际航运中心以及海上丝绸之路相关知识的宣传还要大力推进。当然，宣传要讲究方式，才会有更好的效果。为协助进行宣传，我们对市民对不同宣传方式的喜爱度进行了调查，结果如下：

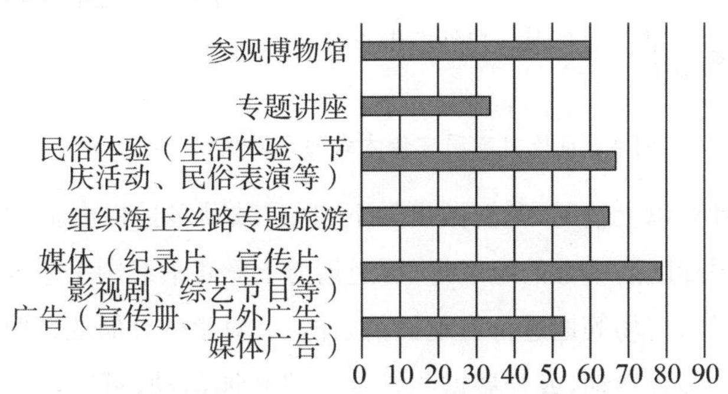

图3　市民对不同宣传方式的喜爱度(按票数)

图3中，我们可以看出，使用电视媒体进行宣传是市民最喜闻乐见的，参观博物馆、民俗体验与专题旅游也反响颇好。

接下来我们按年龄段来统计市民对宣传方式的偏好。从图4可以看出，在校学生对参观博物馆也比较感兴趣，中老年人则希望通过旅游的方式来宣传。

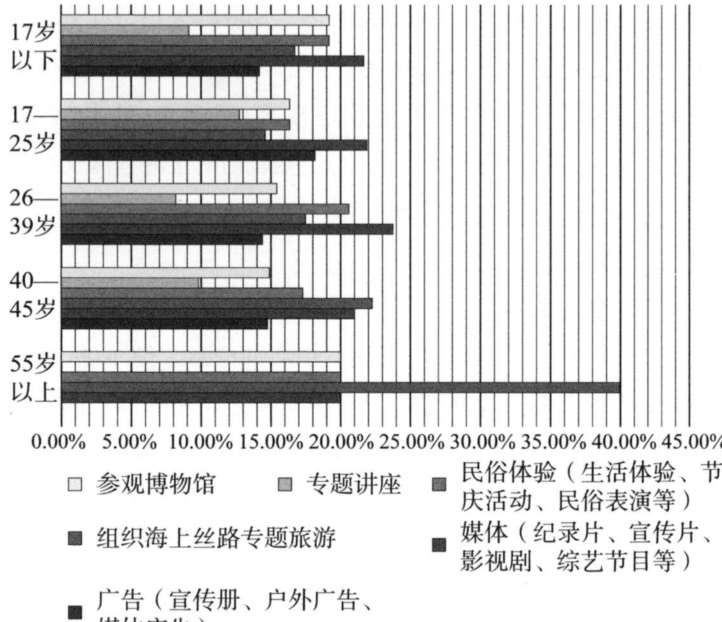

图 4　市民对不同宣传方式的喜爱度(按百分比)

针对以上情况,我们做出如下建议:鼓励多拍摄海上丝路及上海国际航运中心的纪录片;可邀请海上丝路沿线国家艺人在公园、商场、广场等地进行当地民俗表演;针对学生开展巡游博物馆的社会实践活动,或开展博物馆展览进校园活动;可以以社区为单位开展针对中老年人的海上丝路主题旅游活动。

参考文献

[1]《决胜全面建成小康社会,夺取新时代中国特色社会主义伟大胜利》——在中国共产党第十九次全国代表大会上的报告,2017 年 10 月 18 日。

[2]《推动共建丝绸之路经济带和 21 世纪海上丝绸之路的愿景

与行动》,国家发展改革委、外交部、商务部联合发布,2015 年 3 月 28 日。

[3] 张友信:《海上丝绸之路与上海》,《净水技术》,2015 年第 6 期。

[4] 段刚:《塑造上海城市精神魅力》,《解放日报》,2007 年 6 月 25 日。

[5] 贾秀东:《中国为何要做海洋强国?》,《人民日报(海外版)》,2018 年 6 月 26 日。

[6] 刘明金:《论海洋精神》,《南方论刊》,2011 年第 12 期。

探究感想

通过参加此次微课题考察,我们更加了解了中国的航海历史与当下海上丝绸之路政策面临的国际环境;通过古今海上丝绸之路贸易的对比,我们加深了对重开海上丝绸之路战略意义的理解。

作为一名上海籍学子,在为上海港的发展、为海上丝绸之路的影响日益壮大、为共和国的伟大复兴而感到骄傲的同时,我们应当立大志、立壮志、立长志,继承与发扬古代先民不畏艰险、奋力开拓的航海精神,传承航海文化。我们要沿着习总书记指明的方向刻苦学习,从小积极了解国家战略,努力掌握好必要的科学知识,在不久的将来为民族的复兴贡献自己的力量!

课题组成员:上海市曹杨第二中学附属学校

杨明谦　顾畅源　王宇璋

指导老师:冯柳慧

社会调查

上海茶饮品牌的消费市场现状及其转型发展

探究缘起

随着近几年各式各样的茶饮品牌逐渐兴起，茶饮品牌的市场规模也正逐步扩大且越发多元化。因此，我们希望通过调查问卷的方式来了解现阶段茶饮品牌的市场现状。而茶饮品牌的安全性的确存在诸多问题，因而我们想从消费者的角度，在分析转型原因的同时，提出合理建议。

随着大众生活水平的不断提高，各种新型行业也正在影响、改变着我们的生活。茶饮品牌的兴起便是我们可以切身感受的例子之一。

与以往商场的瓶装饮料不同，茶饮更为注重“现做现卖”，讲究其第一时间给人的口感与风味。随着茶饮品牌所占据的市场不断扩大，“健康茶饮”的理念逐渐普及，品牌更为多元化。茶饮的发展在一定程度上提高了人们的生活水平，满足了不同人对于口感、便利性等方面的不同需要。

但随着茶饮品牌不断增多，我们也不得不思考其中存在的各种问题。例如：长期频繁饮用这样的茶饮真的健康吗？茶饮行业如何克服弊病，实现长远发展？

这些才是本文要深入探讨的问题。所有产业都有平衡点，有利有弊，不可能只有益处。抓住关键找方法，才有可能找到茶饮品牌别具一格的生存模式。

一、调查问卷分析

我们在问卷星网上发放了调查问卷，最终，共收到 210 名调查者的问卷，其中 80 名男性，130 名女性，79 位为 30 岁以下，131 位为 30 岁及 30 以上人群。

（一）茶饮消费市场现状

针对偏好的茶饮品牌，我们发现大众对于一点点（1994 年至今），CoCo 都可（1997 年至今）更加偏爱。这可间接表明，尽管如今各类不同的茶饮品牌纷纷崛起，但大众仍更加倾向于开创较早、较为脍炙人口的茶饮品牌，因而此类品牌的盈利也较为丰厚。

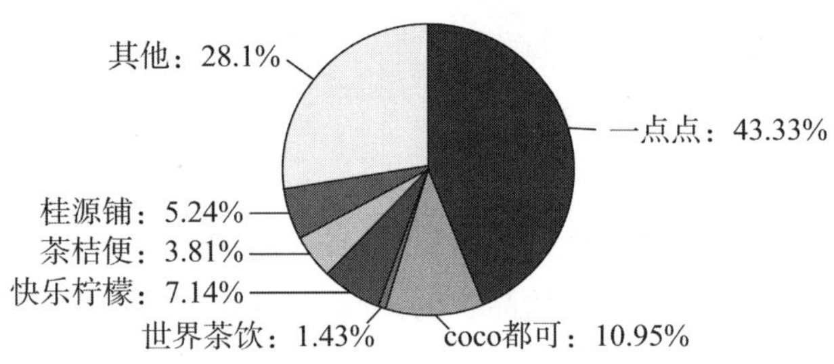

图 1

因此，一个茶饮品牌的创立时长以及知名度，与其在市场的认可度密切相关。

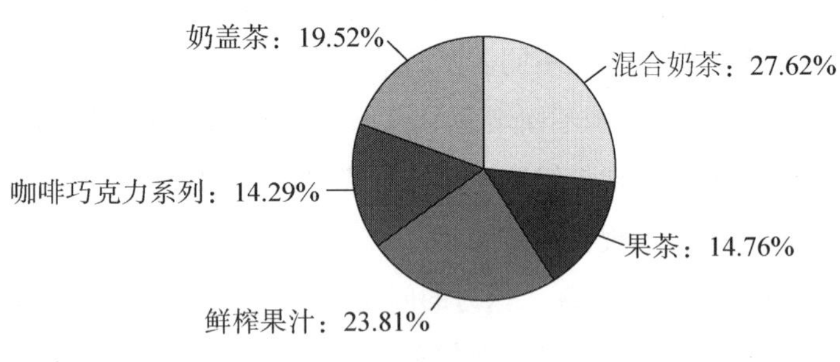

图 2

由图 2 可知,大众对于饮品各有所好,不同种类的饮品选择人数较为平均。所以,在现阶段茶饮品牌的消费市场中,一个品牌饮品种类的多样化,必然会吸引更多的消费者,从而可以获得更好的收益。

除了消费者对于茶饮本身的消费偏好之外,我们还针对消费者购买饮品的频率、价格接受范围、品牌忠诚度进行了调查。

调查结果如下:

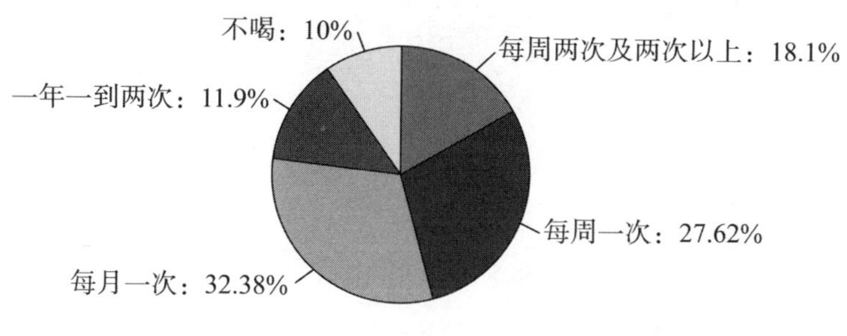

图 3

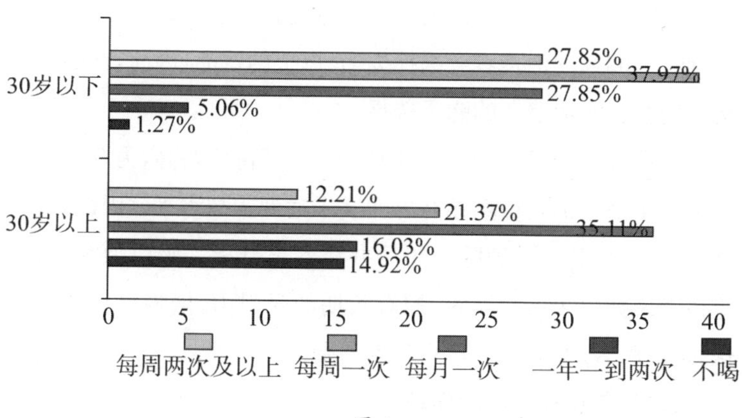

图 4

由图 3 可以看出,消费者购买饮品的频率,每周一次的占 27.62%,每周两次及两次以上的占 18.1%,可以算是经常购买饮品，而每月一次乃至更少次的共占 54.28%。

由图 4 可得出，目前，低年龄群体对茶饮的消费需求较高，因此我们在全民提倡健康生活的同时，应当注重对青少年健康生活方面的教育，让越来越多的青年人增强对茶饮适度合理消费的意识。

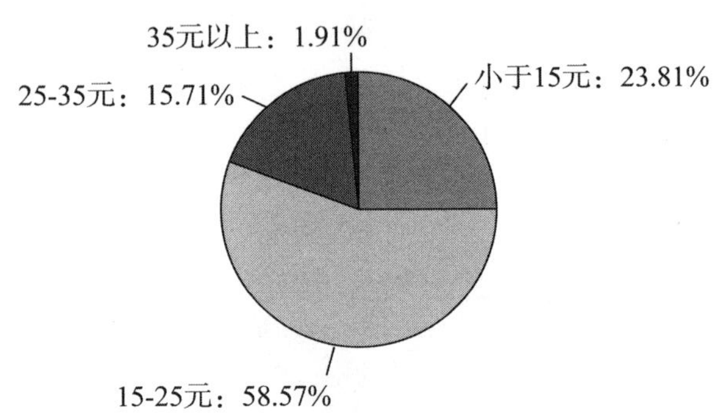

图 5

由图 5 可知，58.57%的消费者倾向于选择 15—25 元的茶饮，而 17.62%的消费者会选择 25 元以上的饮品，因此，饮品的价格设定会影响消费者的购买选择。

受访者选择“不会一直在同一家购买”占比略高，为 52.38%，这反映出当今消费市场顾客忠实度未达到较高水平。因此，以茶饮品牌为例，各个品牌除了想尽办法各出奇招来吸引顾客外，也应该考虑如何去留住顾客，拥有长期的吸引力，增强盈利的持续性，提高顾客的忠实度，促进长期消费。

（二）茶饮业面临的问题

1. 关于安全性

根据上海市消费者权益保护委员会在 2017 年 7 月 24 日所发布的“奶茶比较试验”中，一共调查了本市共 27 家传统奶茶店铺，基本涵盖市场上主流的现制奶茶品牌，共计样品51件。

其中，对于这51件样品共进行了以下六个方面的成分调查：(1) 总糖，(2) 脂肪，(3) 反式脂肪酸，(4) 蛋白质，(5) 能量，(6) 咖啡因。

调查结果可以概括为以下几点：

(1) "无糖"奶茶中含糖量超标；

(2) 含奶盖类奶茶含脂肪量超过成人日摄入量2/3；

(3) 4件样品的反式脂肪酸含量较高；

(4) 每款奶茶的蛋白质含量差别大；

(5) 一杯奶茶所含热量过多；

(6) 部分奶茶中的咖啡因含量甚至超过咖啡中咖啡因含量。

由此可见，51件奶茶样品中存在大量超标现象，说明现代茶饮品牌的确存在安全性问题。

2. 关于营利性

现阶段，绝大部分商家或多或少已经开始转变盈利模式。

随着产业结构进一步优化，各家新式茶饮品牌蜂拥而入，各大品牌开始用创新思维主导茶饮产业新的方向，不再是给什么要什么，而是要什么，商家就给什么。消费者成了主动方，消费者主导市场走向，而商家为了使自家的产品更能盈利，将尽心尽力地满足其需求。

3. 关于便利性

在本次调查中，我们针对"您可以忍受的排队时长"进行了调查，超过80%的人可以忍受10分钟以下，能忍受10—15分钟排队时间的人数占比为13.81%，而能忍受15分钟以上排队时间的人数占比仅仅为4.29%。可见，排队时间与顾客满意度呈现负相关。

针对这个问题，如今越来越多的茶饮品牌更加重视便利性。如CoCo都可品牌在2018年推出了手机自助点单小程序，顾客可以直接通过手机中的小程序进行点单，再按号取餐。这不仅可以提高效率，还可以提高顾客的消费满意度，为经营者和消费者都提供了便利。

二、实地考察11家传统饮料店

根据对于11家饮料店的调查结果，我们将从两个方面逐一分析讨论。

（一）产品结构

表1 11家饮料店的产品结构

种类 品牌	奶茶	果茶	果汁	咖啡巧克力	奶盖茶	小食西点
一芳 （34种）	32.35%	35.29%	/	/	32.35%	/
桂圆铺 （40种）	25%	50%	/	/	/	25%
茶桔便 （72种）	15.28%	43.65%	26.39%	6.94%	6.94%	2.8%
鹿角巷 （25种）	48%	24%	/	/	20%	/
一点点 （43种）	37.21%	41.86%	/	11.63%	9.30%	/
新作的茶 （27种）	29.63%	51.85%	/	/	18.52%	/

（续表）

品牌＼种类	奶茶	果茶	果汁	咖啡巧克力	奶盖茶	小食西点
CoCo（52种）	19.23%	50%	/	25%	5.77%	/
厝内小眷村（29种）	34.48%	58.62%	/	/	6.9%	/
皇茶（57种）	17.54%	21.05%	/	17.54%	43.87%	/
甘茶度（34种）	26.47%	47.06%	/	8.82%	17.65%	/
星巴克（67种）	/	10.45%	/	35.82%	/	53.73%

通过实地走访店铺，分析店面菜单中各种饮品的占比后，我们发现：所有饮品店的奶茶占比率均不到50%。同以往传统的几乎纯售卖奶茶的店铺相比，现在几乎所有的茶饮品牌都在向各种不同的饮品发展。

此外，附加产品例如小食西点也出现在了部分的店面中。如“桂圆铺”“茶桔便”“星巴克”均为顾客提供了附加产品的服务，附加产品的出现体现出饮品市场从单一的购买茶饮正在朝第二领域方向拓展，这一举措不仅为顾客提供了便利，也增强了茶饮品牌的市场竞争力。

根据茶桔便的店内菜单分析可见，店内各类饮品均有销售，与多数茶饮品牌相比，其不同处在于果茶与果汁的占比大于奶茶，从中可体现出茶桔便品牌一贯坚持的以茶和水果为出发点，以健康为主旨，发展健康茶饮品牌。

除了饮品之外，茶桔便还另外销售鸡蛋仔作为附加产品，顾客不仅可以品尝到健康饮品，还可以享受健康便捷的小食。正如上文中所言，小食的不断发展正在引领茶饮市场走向新时代。

在我们所实地调查的店铺中，最为新颖独特的是茶桔便。该店用电子屏对店内的饮品以图片的形式循环播放，这样可以让走进店内的顾客直观地了解所售卖的饮品，同时也抓住了消费者的眼球，利用精心拍摄的图片来激发消费者的购买欲望，提升顾客的期待感，从而达到了促进消费的目的。

（二）新兴鲜榨果汁店的出现

现阶段鲜榨果汁店也逐渐出现在大众的视线中。

从大众反馈情况来看，对于发展新兴鲜榨果汁店，82.86%的人选择“支持，希望其继续发展”，也有17.14%的人认为没有必要发展新兴鲜榨果汁店。

由此可见，鲜榨果汁店虽逐渐流行起来，但是并没有被大众所完全接受，正在处于发展阶段。

其次，通过百度地图站点查找，我们对于重点调查的两家鲜榨果汁店——果之满满和开心丽果进行了全上海定位。现阶段，果之满满在全上海共有84家店，多集中在市中心区域；开心丽果在全上海共有83家店，也都集中在中心商业区附近。

虽然如今人们已逐步认可并支持健康理念，果汁店在大众消费市场中发挥其“无添加”的优势，但仍存在问题值得研究。

1. 新兴果汁店的性价比有待提高

结合实体店的数据可以分析得出，桂圆铺饮品的平均价格是15.85元，一点点的平均价格是15.16元，CoCo的平均价格是13.71元。而开心丽果的平均价格为26.41元，果汁满满的平均价格为21.57元，相较桂圆铺、一点点、CoCo，价格高出许多。

价格为何相差较大？这其中的直接原因为新兴果汁店的成本过高而迫使其售价抬升。由于大部分传统商家用绿茶、红茶、糖粉、椰果等低成本配料配置饮品，一杯饮料的成本极低。但鲜榨果汁店多数为100%新鲜水果榨取而成，其中不乏牛油果、火龙果等市场量少、进口价较高的品种。新型鲜榨果汁店的食材成本较高。

2. 新兴果汁店上海地区普及度不够，覆盖率不及传统茶饮品牌

根据百度地图相关店铺数量显示，一点点全市门店数量达193家，CoCo全市门店数量达407家，但果汁满满全市门店数量为84家，开心丽果全市门店数量为83家，整体规模不及CoCo、一点点等传统茶饮品牌。

门店数量在一定程度上反映了该品牌所占市场比重，也是大众接受度不够的体现。

三、对茶饮品牌转型发展的建议

现在越来越多的茶饮品牌兴起，我们希望可以对其未来的发展转型提出建议。对此，可以先通过问卷中的两个问题来引出。

1. 您对于饮品选择主要考虑哪些方面？

调查结果如下：

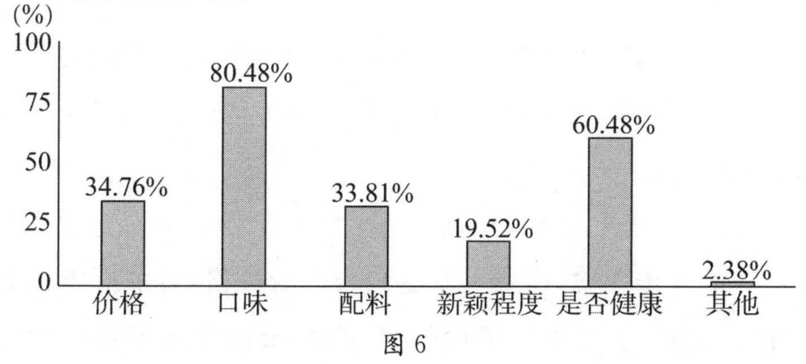

图 6

由图 6 可知，大众对于饮品首要考虑口味和是否健康。

每位消费者在消费后一定会想要得到满意的饮用体验，其中最直观的应该是饮品口味是否符合消费者的偏好。所以，每一款饮品不仅仅要着眼于外表的精致美观，更是需要经营者下功夫去深入探索不同消费者的不同喜好，从而获得消费者的青睐。

2. 您认为什么方式有助于茶饮品牌转型发展？

调查结果如下：

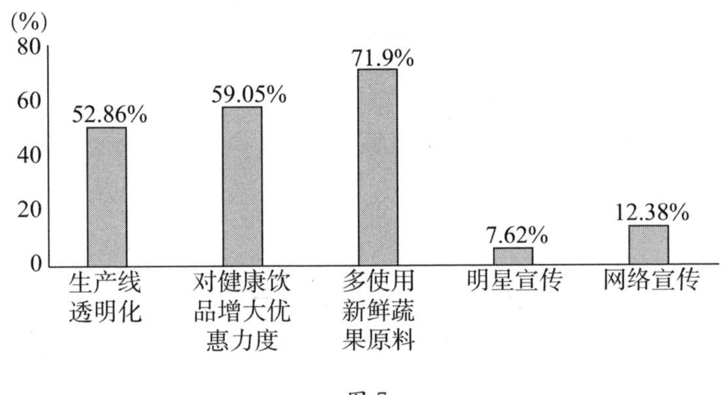

图 7

在设置的五个选项之中，前三个选项的选择率都达到了 50%以上。

首先，从生产线透明化角度来说，这个举措可以让顾客明白每一道制作工序，亲眼看见自己所购买的饮品原料，维护了消费者的知情权。

其次，从增大对于健康饮品的优惠力度来说，这是最优也是最直接的宣传方式，让顾客享受到合理的价格，更加愿意去尝试健康饮品，从而推广健康饮品，为健康茶饮培养目标消费群体。

最后，从多选用新鲜蔬果的角度来看，有71.9%的人选择了该项，可见，大众对于原料的要求很高，希望茶饮品牌可以从本质上改变传统茶饮带来的负面作用，减少饮品对于身体带来的不良影响。

综上，本课题关于茶饮品牌转型发展提出以下建议：

1. 希望茶饮品牌可以将生产线透明化，让消费者喝上安全放心的饮品。

2. 合理定价，适时进行促销优惠活动，培养消费群体的忠诚度。

3. 用新鲜蔬果代替奶精、添加剂等不良原料，保证饮品的安全性。

茶饮品牌的兴起，不仅仅反映着茶饮消费市场的变化，同时也展现出社会消费的大趋势，其发展影响着大众的生活方式和消费模式。对于茶饮品牌来讲，应当清楚认识到现阶段消费状况，牢记以品质为优先的规则，用心经营品牌，以高效、优质的经营模式促进茶饮业健康发展。而对于消费者来说，我们应该把“健康茶饮”放在首位，深刻理解“健康茶饮”的理念，让越来越多的人意识到茶饮健康的重要性。因此，茶饮品牌的未来需要的是双方的共同进步，共同努力，将这条发展之路，走扎实，走稳固，共同建设茶饮品牌的美好未来。

探究感想

参加本次“进馆有益”活动，我们充分利用了钱学森图书馆的馆内藏书，探索了市场管理之奥妙。与此同时，本次活动也是一次潜心研究、用心学习的过程。尽管在两个月的实践过程中，我们遇到了不少的困难，但最终也得以解决。这个课题所留给我们的不仅仅是一份荣誉，更多的是荣誉背后会永远记得的汗水与微笑。

课题组成员:上海市大同中学　高二年级

陈奕安　陈奕萍

指导老师:陈天琦

对上海高中生“特殊的60学时”社会实践优化管理的建议

探究缘起

当前，上海各高校愈发重视学生的综合素质评价，2015年，上海市政府颁布了《上海市普通高中学生综合素质评价实施办法（试行）》。根据规定，高中阶段社会实践不少于90天，其中志愿者服务不少于60学时。课题组主要针对2014—2017级的上海高中生和家长做调研，了解到志愿者服务对于高中生提早接触社会、体验社会、增加社会责任感是有帮助的，但是繁重的学业压力，又让学生参加社会实践的机会受到限制。同时，实践岗位紧张、形式比较单一，让学生的实践收获也有所局限。

课题组主要通过文献法、问卷法和访谈法收集到了当前高中生志愿者服务的现状，并对“特殊的60学时”的社会实践提出了一些优化管理的建议，期望增加学生自主性，在社会实践中逐步明确今后择业方向，为高校输入更符合专业要求的学生。让“60学时”更能体现出“学”的意义。

2014年，教育部出台了《关于加强和改进普通高中学生综合素质评价的意见》，上海市发布了《上海市深化高等学校考试招生综合改革实施方案》，2015年，上海市政府颁布了《上海市普通高中学生综合素质评价实施办法（试行）》。

综合素质评价不只看学生校内学习，还要看社会实践，贯穿高中三年。高三时，学生须将高中时期参加的各项具体的社会实践活动整理成自我介绍，须体现社会责任感、专业志向和才能、个性特点与个人爱好等，旨在促进学生认识自我、规划人生，在社会实践中经受锻炼，全面提升各方面素质。

高校招生过程中要参考综合素质评价结果，这将使人才选拔标准更加全面，方式更加科学合理。

纳入高中学生综合素质评价体系的学生社会实践记录主要内容包括学生军训、农村社会实践、志愿服务（公益劳动）、社会文化活动、社会考察（调查）等。根据有关文件规定，高中学段社会实践不少于 90 天，其中志愿者服务不少于 60 学时。

一、上海高中生社会实践现状

（一）目前拥有学时记录资格的社会实践机会概况

1. 社会实践基地数量和岗位类型

根据规定，目前高中生的社会实践过程，需要统一录入到“上海市学生社会实践信息记录电子平台”——博雅网。只有在博雅网注册登记的基地服务才能被纳入统计。学生只有参加纳入博雅网统计平台的社会实践，才能被记录学时。

根据博雅网上的数据，目前，通过认证的市级认证基地有 198 家，区级认证基地 1689 家，主要为各类博物馆、图书馆、纪念馆、美术馆、公园、街道/社区实践指导站、居委会、敬老院、学校、医院、地铁站等公共场所、社会组织。

志愿者岗位数已有 25756 个，主要为讲解员、秩序管理员、场地引导员、图书管理员、导医服务、助老助教服务、环境保护宣传员、办公室文员等。

另外，也有些和个人兴趣或未来专业选择有关联的一些岗位。比如，“上海青浦现代农业园区发展有限公司”设置了“实验室助手”，让学生们通过实践检测蔬果中含有的农药残留，来了解食品安全问题。“上海美丽心灵社区公益基金会”设置了“市场宣传员”，把基金会的一些活动通过视频拍摄和剪辑，来作发布和宣传。

2. 有签约资格的学校

目前以学校为单位，和认证基地签约，为学生预约志愿者服务。从博雅网上看，全市绝大多数普通高中都已有与认证基地签约的资格。实验性示范性高中签约基地相对较多，最多的一所示范性高中签约基地达到 177 个，民办高中签约基地较少，仅为个位数，甚至还有个别学校尚未有签约基地。分校签约已记在总校里，不单独签约。

据悉，学校考虑合作基地主要是基于以下四个方面：第一、对学生是否有意义；第二、地理环境位置是否符合学校实际；第三、安全保障是否到位；第四、实践基地所需人数与学校的学生数是否匹配。

（二）高中生参与社会实践的基本现状

1. 高中生参加记学时的社会实践的基本情况

课题组首先对 2014—2017 级的上海高中生做了问卷调研。

（1）学时完成情况

调研发现，超过 40%的高中生已经超额完成 60 学时的志愿者服务，甚至达到 100 学时以上。其中，近 70%的学生在高一时就完成了 60 学时的要求。当然，也有个别学生尚未开展志愿者社会实践活动。

对于已经是大一的学生，他们整个高中期间完成的学时主要集中在 60—80 学时。

（2）报名参加方式

学生参加记学时的社会实践，主要还是通过学校预约来提交申请，当然也有些学生会自己联系实践基地或者通过博雅网直接申请。

课题组通过自身经历发现，即使是自己直接联系基地参加社会实践，也仍然需要向学校汇报，由学校将学生的此次社会实践录入到平台系统中。

（3）社会实践时间

学生们最偏向于在寒暑假去参加志愿者服务，其次是利用双休日和各类节假日的空闲时间，极少有学生会选择在课内的时间去参加志愿者服务。

在选择社会实践活动时，“活动的时间”是学生首要关心的因素。

（4）岗位类型

在调查对象中，约有74%的学生参加的是场馆类的志愿者活动，其中，大部分的岗位是秩序维护和引导员。

2. 高中生对参加记学时的社会实践的感受

（1）参加态度

在调查对象中，对于参加志愿者服务，近40%的学生是希望能够多多参加，但是更希望参加能记学时的岗位。有35.59%的学生则认为，由于学业压力重，时间紧张，自己想参加却心力不足。另外，有14.41%的学生态度十分鲜明：尽可能参加志愿者活动，无论是否记学时；10.17%的学生认为志愿者服务只是追求形式，没有收获，是额外的负担。

（2）期望和收获

除了为了完成规定学时以外，学生希望在志愿者活动中获得的收获是多方面的。有超过一半的学生希望通过志愿者活动能

“增强社会责任感”,结果也证明这些活动达到了他们的期望。

同样,也有一半以上的学生希望能“了解职业特点和职业技能,为自己专业选择带来参考”、能“提升社会实践能力”、能“结合个人兴趣,发扬个人爱好”。但只有35%的同学认为志愿活动达到了他们的这些期望。

另外,14.41%的学生认为志愿者服务并不能给自己带来什么特别的收获。

(3) 对学校资源的评价

半数以上学生认为学校提供的志愿者服务“岗位比较丰富”“数量比较充足”。由于高中生有住校情况,家离学校比较远,而社会实践基地大多是在学校所在区,且活动又大多在寒暑假,所以只有30%左右的学生选择“基地与居住地距离较近”。另外,选择“学校提供岗位技能的培训”这一项的学生也不太多,只有27.12%。还有10.17%的学生认为学校没有提供社会实践机会,可能是因为岗位数量太少或者学校本身并没有签约一些合作基地。

(4) 对实践基地的评价

超过96%的学生指出上岗前,基地会提供岗位培训。其中,58.47%的学生认为岗位培训非常规范,包括行为用语、着装要求、专业知识的指导。有38.14%的学生认为基地只提供基本的岗位培训,告知大概的岗位要求。尽管整体来说,绝大多数基地都有提供岗前培训,但是上岗前的考核和互相审查就比较少。

在上岗期间,只有不到一半的学生认为基地会给予学生监督和指导,要求比较宽松。而且在活动结束后,学生们并不能及时、清楚地了解基地给予学生的意见反馈。

3. 高中生对于参加不能计入统计平台的社会实践的态度

（1）对完成“60学时”后的态度

调研发现，学生们在满足最低60学时的要求后，回答“会”继续参加记学时的社会实践活动和回答“不会”的学生几乎各占一半，前者比后者略微多一些。

回答“会”的学生，绝大多数“为了能接触和了解社会，增强社会实践能力”，另一个原因是“为明确未来的专业选择、择业兴趣积累经验”和“帮助他人，服务社会”。还有一小部分学生是“为了获得比较高的高考综评分”。

回答“不会”的学生，多数学生认为，“想继续参加，但学业压力重，没时间参加”“满足高考硬性要求即可，过多参加有点浪费时间”。也有一小部分学生认为，“没有感兴趣的岗位”“感兴趣的岗位太难预约”“社会实践没有什么能力上的提升”等。

（2）对于博雅网之外的其他社会实践平台的了解情况

调研发现，60.17％的学生并不了解其他提供社会实践的渠道，有33.05％的学生知道或听说过一点，还有7％左右的学生对此非常了解。他们了解的渠道主要有“上海志愿者网”，另外就是民间自发的一些志愿者服务。

学生们还自己参加其他一些不记学时的实践活动，因为“岗位内容更加符合自己的兴趣爱好”“时间选择更灵活”“感觉更能发挥自己的价值”“自己的社会实践能力更能得到提高和锻炼”。此外，有部分学生认为可以“让自己的综评简历更丰富”“岗位类型让今后选择专业或职业有了更明确的方向”。还有一小部分的学生选择会有“一定的劳动报酬”的实践活动。

除了问卷调研，课题组还实地采访了正在上海科技馆做志愿者的两位高一学生：一位已完成了60学时，一位刚开始参加志愿者服务。两位都是通过学校报名，岗位主要都是讲解员、秩序维护员、展区导览员等。岗位由基地老师分配，20分钟轮一班岗。每天的岗位会有不同。在上岗前，老师会针对岗位要求做培训，有些岗位培训比较详细细致，有些比较基础。在上岗期间，老师偶尔会来巡查或拍一些学生社会实践的照片，但并没有太严格的要求。

通过对班级中一位已经在高一期间完成120学时的同学的简单采访，课题组得知，在选择志愿者岗位时，她主要会结合自身的兴趣并考虑未来职业发展的方向，且会利用课余碎片化时间和双休日来参加志愿者活动，同时兼顾繁忙的学业。这位同学平日非常爱看书，她希望做一名教师，她通过"上海志愿者网"，参加了一个"助残障儿童"义教项目。在活动中，她分享了自己所阅读过的文章，学会了一些心理学的知识、教学的一些基本方法、如何应对突发事件，培养了爱心，也感受到了帮助他人带来的幸福和满足。这个义教项目丰富了她的生活阅历，增加了她的作文素材，她的学习成绩不但没有受影响，反而在班里保持名列前茅。因此，家长对这样有意义的志愿者活动也十分支持。

（三）高中生家长对于孩子参加社会实践的态度和期望

1. 高中生家长对于孩子参加社会实践的态度

课题组还对2014—2017级的上海高中生家长做了调研。调研发现，83%的家长支持并鼓励孩子多多参加志愿者服务活动。17%的家长想支持，但是担心孩子学业压力重，没有太多时间参加。

根据之前学生调研得知，学生参与社会实践活动主要通过学校统一报名，因此70%以上的家长对孩子社会实践的时间和地点比较清楚，而对其他具体要求就不甚了解了。

2. 高中生家长对于孩子参加社会实践的期望

对于社会实践，家长们的期望和孩子的基本相符。得票数最高的是“增强社会责任感”“提高社会实践能力”。其次是期望孩子能“了解职业特点和职业技能，为自己专业选择带来参考”。

除了目前孩子参加的各种社会实践岗位，无论是否记学时，家长们还提出了其他一些适合高中生参加的社会实践岗位，比如参加企业的职业体验、展会，到机场、火车站等人流较多的公共场所服务，到暑托班参加义教等。有超过61%的家长认为在他们的工作环境或日常社会交往中，有适合高中生参加的社会实践岗位。

三、美国中学生社会实践概况

美国的中学教育中，课程的安排数量相对较少，每天通常在下午三点放学，家庭作业极少，但是课外活动及社会实践活动相对丰富。

理论知识的实践活动。例如生命科学、物理、化学、写作等课程的实践活动，学生通过兴趣小组、实地参观、岗位实习等方式，开展参与性的社会实践活动。学生通过实践和翻阅资料，需要完成相应的课题报告。老师只是给学生搭个框架，具体选题由学生自己定。

兴趣爱好的实践活动。这一方面的实践活动以体育运动和娱乐爱好为主。美国有很多文化俱乐部、体育俱乐部，组织丰富的课外活动，包括音乐、舞蹈、游泳、球类、溜冰、绘画、唱歌、棋类等。

社区义工。美国学生从小学到高中毕业，必须完成200小时的义工服务，这是美国大学入学考试的重要参考内容。社区一周的活动非常丰富，包括参观银行和警察局、学做面包、到医院照料病人、到湖边清理垃圾等。几乎所有的中学生都到社会上各种义工组织服务，像医院、图书馆、童子军、红十字会以及许多公司都积极组织和提供各种义工机会。

打工。美国孩子从 12 岁到法定工作年龄之前，会在课余、周末或假期里干些零活，挣些小钱。女孩子帮助亲朋或邻里照看小孩、打扫卫生等；男孩子则会每天清晨把当天报纸送到各家各户门口，也会帮助街坊割草、修饰庭院。美国社会还为中学生提供大量的社会工作岗位，特别是每年 5 月，美国各地举办“少年工作交易日”，暑假需要少年打工的许多单位都陆陆续续与学生订立打工合同。联邦政府还专门为青少年打工立法，以保护孩子们的权利。良好的政策环境保证了美国的青少年顺利工作。

四、对高中生“特殊的 60 学时”社会实践的建议

（一）上海高中生 60 学时社会实践的积极作用

由于上海高考改革的要求，学生和家长都注重志愿者服务这样的社会实践。随着时间的推移，大家也意识到志愿者服务对于学生尽早接触社会、加强社会责任感，增强社会实践能力有着非常积极的作用，有助于学生的素质锻炼和社会的文明和谐发展。

我们的学生和家长已经将中学生的社会实践体验作为人生发展的一个重要经历，而不仅仅只是为了满足高考这一功利性的需求。

（二）上海高中生“特殊的 60 学时”社会实践的改进建议

1. 缩短课内时间，增加学生参与社会实践的时间

高中阶段，学生们的学业压力很重，时间显得尤其紧张和宝贵，3+3 政策的出台，使不少学生在高二就进入高考模式，这也

使很多学生选择在高一集中完成60学时的要求。

在高中阶段，学生的课内课时和作业量并没有因为有强制性的课外学时的社会实践要求而有任何的减少，所以学生只能挤用课外的时间。

课题组建议，可否借鉴国外的一些做法，缩短一些课内时间，或者像一些学校的军训和学农活动，支持社会实践活动可以占用课内时间。或者学生可以通过提交社会实践日志来替代课内一些科目的作业。例如，学生提供志愿者服务之后的工作报告，可以取代语文的作文作业，提交在一些场馆服务的体验报告，可以取代历史、生命科学、地理等科目作业。

既然是记学时，就应该尽量利用课时内的时间，让学生减轻负担。另外，可以提高60学时的最低要求，在“学生问卷”中，有52%的被调研者愿意参加更多学时的社会实践。事实上，在被调研的学生中，有40%以上的学生完成的学时已经超过了60学时，甚至超过了100学时。

2. 提升学生自主选择的权利

学生们目前参加的志愿者服务的岗位绝大多数依赖于学校与实践基地的合作。

学校选择基地的一个重要的考虑因素是基地的地理位置是否在学校附近。由于高中有不少住校生、跨区学生，而社会实践又大多安排在假期，所以按照学校单向意愿选择的实践基地，在交通上不能很好地满足学生的需求。

其次，由于学生大多通过学校报名，通常不太会主动查看博雅网上有其他哪些实践机会。一些学生表示满了60学时之后不会再继续参加的原因是因为没有自己感兴趣的岗位，或者感兴趣的岗位太难预约，甚至也有部分学校并没有提供实践机会。

综上所述，学生在选择可记学时的志愿者服务的实践活动过程中，是比较被动的，基本依赖于自己学校的资源。课题组建议，学生也能具有选择实践岗位的主动权。在博雅网认证的基地在安全性、活动意义等方面是得到认可的。所以，学生未必一定要通过学校申请实践岗位。博雅网在让学生注册个人信息的时候，可以增加相关内容，比如学生住址，还可以设置一些关键词选项，比如能力培养、兴趣爱好、实践时间等让学生做相应选择。基地所提供的岗位同样也可以设置相应的关键词选项。一旦有岗位开放，就可以自动匹配，然后将此信息发送给该学生。学生可以根据需要，直接在博雅网上预约报名。

这样可以给学生更多的选择权和自主权，不会完全受学校与签约基地的限制，在实践中锻炼他所想提升的能力。

3. 丰富岗位类型，为专业选择提供参考

课题组通过“学生问卷”和“家长问卷”发现，“了解职业特点和职业技能，为今后择业带来参考”“结合个人兴趣、发扬个人爱好”“能把课堂中学到的知识运用到社会实践中”这三点都是学生和家长非常期望在社会实践中获得的收获，但实际结果并未完全达到他们的期望，甚至也有志愿者表示没有收获；有不少学生认为“只是满足高考硬性要求，有点浪费时间”。而且，学生参加的主要是场馆类志愿者活动，岗位以秩序维护员、引导员为主，形式比较单一，与专业志向、职业特点关联不是很大。

课题组建议，这 60 学时的志愿者服务内容可以更广泛些，不限于社会公共场所或公益机构。基地类型可以扩展到各行各业的企事业单位。当地区政府能给到一定的宣传推广和优惠政策，比如参与提供高中生社会实践机会的企业可以给到一定的税收优惠、房租优惠等。同时加大学校对家长的宣传力度，加强他们对学生社会实践的支持。家长的工作单位中，本身也有很多适合高中生参与的社会实践岗位。这些能让孩子更好地了解工作岗位特点和人际关系处理，今后能根据自己的爱好和特长更理性地选择专业。

另外，大多数学生除了博雅网以外并不了解其他参加社会实践的途径。一些了解其他社会实践途径的学生也推荐了类似“上海志愿者网”的平台以及其他民间组织的活动。其实这些渠道也有非常丰富的社会实践岗位，可以把它们也纳入“博雅网”的平台，或者说可以双方信息互通，让学生了解更多的社会实践机会。

最后，课题组觉得“志愿者服务”也许可以改叫“社会体验”，无论是到公共场所提供志愿服务，还是到企业做职业体验，它都是一种为社会服务的体验。它可以是无偿和有偿相结合的。对于到企业做职业体验，可以借鉴美国、德国的做法，给予学生一定的劳动报酬，提供交通和午餐的补贴。

4. 规范岗前培训，加强岗间监督，现场岗后评估

尽管学校会为学生提供一些基本培训，但是一般主要是岗前安全告知之类的。为了适应社会实践中各类岗位的要求，学校在课程设置中可以给学生灌输一些相关的实用知识。例如，在已经有的心理课程中，可以教导学生如何应对一些突发的人际矛盾；在信息课程上，多教授一些办公软件、图片视频编辑软件的应用；在生涯规划课上，可以组织各行业家长给学生介绍不同的职业要求等。这些都是为学生参加社会实践做好充分准备，增强课堂知识和社会需求的紧密结合，让学生学以致用。

另外，基地培训还是比较基础的，主要是工作要求、着装礼仪方面。岗前培训之后，一般也不会有针对性的上岗前的考核，通

常就是告知注意事项。

在整个社会实践过程中，基地对学生的监督和指导相对比较宽松。因此，学生的社会实践的收获更多来自自觉性和自身的体验。而活动结束后，无论学生和家长，对社会实践的评估都不太了解。

课题组建议，基地可以有一套标准化的培训流程，说明岗位的具体要求。尽管博雅网上对一些岗位有描述，但并不具体。在上岗前，也需要给学生进行岗前的考核。每天结束工作后，可以和学生们作交流分享，沟通学生白天碰到的一些问题、解决方法。在社会实践活动结束之后，基地老师可以和学生有个面对面的沟通交流，就学生的收获、基地老师的评语作相互沟通，双方共同签字认可，然后再由基地老师上传到博雅网的统计平台。

对于学生参加的其他平台或渠道的社会实践，尽管不计入"学时"，但是学生和基地老师的评语、活动照片、工作报告都是高中生综合评价的一个重要依据。因此，活动之后的评估是一个非常重要的环节，也体现了活动的真实性。

期望"60学时"的社会实践真正成为高中生的一个特殊课堂，真正体现"学时"的意义。期望学生能学有所得、学有所获，在社会的大熔炉里，体现学生的"社会责任感""专业志向和才能""个性特点与个人爱好"。

参考文献

[1]《上海市普通高中学生综合素质评价实施办法(试行)》文件。

[2] 宋一婷:《普通高中生社会实践学校支持调查研究——以上海市普陀区为例》,《上海教育科研》,2016年第7期。

[3] 刘昕璐:《放宽高中生社会实践认定标准》,《青年报》,2017 年 1 月 20 日。

[4] 新高考改革研究课题组:《沪浙新高考改革近四年,效果怎么样》,《光明日报》,2018 年 7 月 13 日。

[5] 邓海峰:《中学生社会实践活动的中外比较研究》,河南大学硕士学位论文,2015 年。

课题组成员:上海市大同中学 高二年级

王亦欣 陈羽菲 林音璇

指导老师:陈天琦

共享理念下闲置东方书报亭的另一种可能

——图书漂流与便民服务亭

探究缘起

由于纸媒式微，近年来上海街头出现不少业已关张却又无人看管的闲置书报亭，“东方书报亭”这一文化品牌不复生机。课题旨在为解决“僵尸书报亭”这一问题提出新的可能：将其改建为“社区图书漂流与便民服务亭”。通过访谈、实地考察、问卷调查等方法，针对市民对于书报亭的需求与期待，进行方案设计，加入《新民周刊》这一实验指标，以观察都市白领对项目的关注度。课题组在田林地区进行小范围试点，根据市民建议加入便民元素，使改建后的闲置东方书报亭成为一个文化集聚地与便民服务点。在本课题组建议下，爱建园居民区开出全市第一家智能化图书漂流站。本课题组通过采访、书目整理，总结其可复制的经验，就启动书籍种类、选址、人员管理、宣传手段、网格化信息化管理、便民物件与特色服务完善等方面进行了对比分析与展望，针对不同辐射人群，通过“复活”更多的“僵尸报亭”，建设陌生人之间良性互动的公共文化空间、以家庭为单位的公民教育的良性空间，并通过适当的管理和推动，在改善市容、实现资源合理利用的同时营造阅读氛围。

上海东方书报亭出现在 20 世纪 90 年代，它曾经作为一种文化的风景线存在于人们的生活中。但近年来，互联网的冲击使得书报亭面临生存危机。上海街头出现了不少弃置的“僵尸书报亭”。不仅影响了市容环境，更是造成了城市空间的巨大浪费。

“僵尸书报亭”较多分布在人流量较大处，作为曾经的文化传播窗口，非常适合与图书漂流等活动进行对接，进而形成新的公共服务设施——“漂书亭”。

因此，我们希望将弃置的“僵尸书报亭”改建成为“漂书亭”，使其成为图书漂流过程中的一个平台、一个“中转站”。我们着手在徐汇区田林街道进行试点。书友将自己看过的好书带到“漂书亭”，从而实现在陌生人之间文化的良性互动，营造全民阅读氛围。

一、调研过程

（一）文献及理论

在“漂书”活动可行性方面，我们参考了关于高校中开展“漂书”活动的文献，例如《高校图书馆读者服务新举措——以西安电子科技大学“图书漂流”为例》，这给我们后续设计具体方案带来了启发。

（二）调研方法运用

实地观察法、访谈法、问卷法。

（三）实地观察

根据对田林街道辖区内3家从事正规经营的报亭主的采访，他们认为将东方书报亭一律清退的做法并不合理，毕竟老年人对报刊的需求量与依赖性强，路人对于问路、聊天等服务的需求仍然大量存在，部分书报亭应当予以保留。

（四）访谈

1. 田林街道社区图书馆

我们就阅读习惯等问题采访了一些读者。从中我们了解到，田林地区聚集了许多退休的知识分子，他们对阅读的需求还是很大的。我们也采访了一位中年读者，他表示，比起电子设备，纸质阅读更能够吸引他。对于“漂书”这一活动，他表示曾听说过，但可能不会主动去尝试，因为对于“来路不明”的书籍总是抱有一定的顾虑。

2. 田林街道文化部门负责人

此外，我们也联系到了田林街道文化部门的负责人戴老师，进而了解到田林地区街道办目前正在开展部分不合格书报亭的清退工作。当被问及对于“僵尸书报亭”的处理方法时，戴老师表示“直接清退从社会效益的角度来看并不好”，对于我们的漂书亭计划，他表现出比较大的兴趣。

二、图书漂流与便民服务亭实践过程

（一）活动方案

1. 前期准备

（1）场地、资金、首批书籍来源渠道及用途

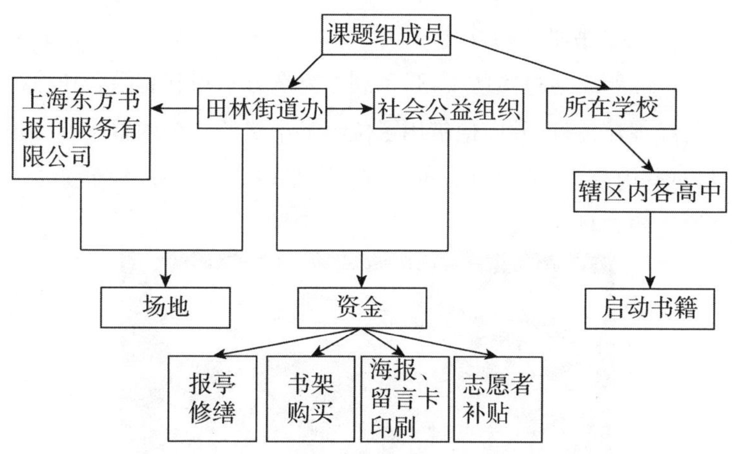

图1　场地、资金、首批书籍来源渠道及用途

（2）宣传工作

设计漂书活动 logo、留言卡、海报、宣传横幅等；在区级微信公众平台（共青团上海市徐汇区委员会等）进行推送宣传。

（3）明确负面清单

明确规定哪些书籍不予以接纳，并在首批书籍募集过程中说明。

（4）书籍审核与登记

对首批收集来的书本进行梳理、挑选，并在选出的书本上贴上漂书 logo，最后进行书目登记。

（二）图书漂流与便民服务亭实践过程

1. 书籍筹措与整理

本课题组通过居委会渠道筹集并筛选了 200 本二手书，将书籍筹备等工作完成；通过与东方书报刊有限公司的接洽与协商，努力通过团区委、街道办、居委会、田林—虹梅学区等渠道宣传该书籍筹集工作。

2. 闲置书报亭的改建

本课题组通过团区委，联系到上海东方书报刊有限公司徐汇片区经理葛经理，并向他借用了位于吴中路的一个闲置东方书报亭，对其内部进行了打扫、布置、调整，张贴了广告海报，布置了图书漂流的首批书籍。

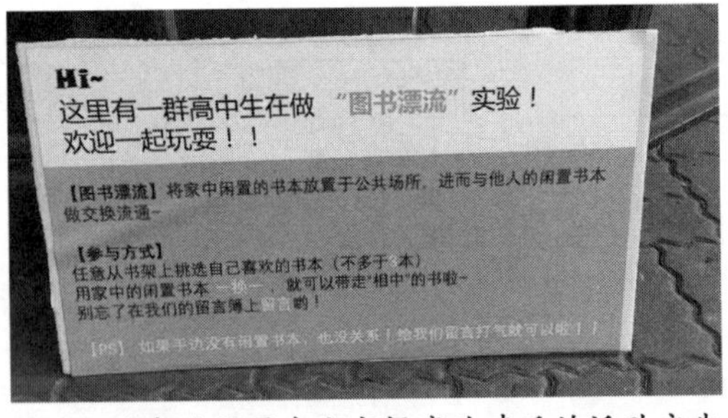

图 2　吴中路闲置东方书报亭改建后的活动广告

3. 线上与线下宣传

通过QQ、微信、贴吧等线上宣传渠道，课题组通过自媒体向市民发布了社区图书漂流亭的落成消息。同时，依托街道、居委会等渠道，对附近居民进行了一定的宣传。

4. 图书漂流试点实践

本课题小组成员利用位于吴中路的闲置书报亭进行了图书漂流试点实践，事先的线上线下宣传吸引来了一部分顾客，更多的则是被课题组招揽、被鲜艳的标语吸引的路人。

5. 完善便民功能

本项目受路人建议与“爱心墙”启发，将急救箱、针线、文具等一些实用的物品摆放在漂书亭中，将漂书亭建成一座友善之亭、奉献之亭、助人之亭、文化之亭。

图3　便民服务功能区

（三）图书漂流与便民服务亭分析

1. “漂友”特征分析

“漂友”年龄层次较为丰富，以老年群体、年轻家长群体居多，常常以几人为一单位光顾书报亭。而中年群体对该项目关注程度不高。也许老年群体、家长群体是社区生活的主要参与人员，拥有主体意识，对于社区的新变化能较快发觉并乐于接受。

表1　图书漂流与便民服务亭"漂友"特征分析

年龄层次、群体	适配书籍	青睐书目列举
幼年群体	童书	《格林童话》《三毛流浪记》
青年群体	小说	《安琪拉的灰烬》《生死疲劳》
都市中年群体	/	/
年轻家长群体	童书、育儿类、教辅	《男生日记》《初高中衔接读本》
老年群体	报刊、养生类	《新闻晨报》《轻松活到一百岁》

2. 还书者分析

在试点的第二天，迎来了第一位还书的"漂友"——一对老人携带着一个孩子。第一天他们借走了一本插图版《西游记》，第二天则还来了两本绘本故事书。第四位、第五位、第六位、第八位前来还书的"漂友"也是举家出动。由此可推断，以家庭为单位的图书漂流潜力巨大。

在试点的第三天，迎来了一位退伍军人，他借了一本小说《安琪拉的灰烬》，并在一小时后从家中带来30本二手书籍，包含《读者》等杂志、《故事新编》等小说、《聪明宝宝》等育儿类书籍。

3. 书籍适宜人群分析

据课题组观察，杂志类书籍较受青年人喜爱，教辅类书籍较受家长喜爱，养生类书籍较受老年人喜爱。

4.《新民周刊》实验情况

《新民周刊》是目前中国国内报刊零售和自费订阅市场上发行量最大的时政类周刊之一。《新民周刊》的漂流量可以作为反映都市白领对项目关注度的指标之一。在"图书漂流与便民服务亭"中，6本《新民周刊》的漂流量仅有2本，则表明都市白领对于该项目的关注度不高，从而可以反映都市白领在该社区生活参与度不高。

5. 地段分析

吴中路上的这一闲置东方书报亭虽然距离长途汽车站较近，然而距离市民出行常用的交通枢纽较远，因此人流量较小。附近居民区虽数量较多，但距离该书报亭仍有一定路程，不是很便捷。

三、“爱建园·乐开图书漂流站”实践情况

在课题组的提议下，徐汇区爱建园居委会联合企业乐开书店，在小区内建成了上海市第一家智能化图书漂流站——“爱建园·乐开图书漂流站”，主题为“爱建书旅”。课题组借助对于“爱建园·乐开图书漂流站”的分析，积累可复制可推广的经验，从而通过适当的管理与推动，使“图书漂流与便民服务亭”更接地气、更受欢迎，发挥更大利用价值。

图4　爱建园·乐开图书漂流站

（一）书籍特征分析

在“爱建园·乐开图书漂流站”，童书、医学养生类书籍、城市社会类期刊借阅量较高，漂流进入的书籍中，中国文学、传记读本、外国小说、童书、医学养生类书籍更新率最高。而在中国文学、纪传读本、外国小说、红色读物、童书之外，教育读物、教辅资料是新增的主要类别。这些现象反映出家长群体、老年群体、都市白领、青少年均参与了图书漂流活动，且图书更新率很高。

（二）“漂友”特征分析

爱建园·乐开图书漂流站“漂友”以老年群体、家长群体、中年群体、青年群体居多。而中年群体对该项目的关注程度相较于书报亭较高。本课题组推断：老年群体、家长群体、中年群体、青年群体是居民小区生活的主要参与人员，拥有主体意识，对于社区的新变化能较快发觉并乐于接受。

表2 爱建园·乐开图书漂流站“漂友”特征分析

年龄层次、群体	适配书籍	青睐书目列举
幼年群体	童书	《格林童话》《三毛流浪记》
青年群体	小说	《巴黎圣母院》《边城》
中年群体	报刊、散文	《新民周刊》
家长群体	童书、教育教辅	《育儿百科》《昆虫记》
老年群体	养生类	《求医不如求己》

（三）书籍适宜人群分析

杂志类书籍较受中年人、青年人喜爱，教育读物、教辅类书籍较受家长喜爱，养生类书籍较受老年人喜爱。

（四）《新民周刊》实验情况

在“图书漂流与便民服务亭”中，6本《新民周刊》的漂流率达到100％，换来了2本《新发现》，表明都市白领对于该项目的关注度较高，在该社区生活参与度较高。

四、两处图书漂流的对比分析与“图书漂流与便民服务亭”展望

（一）主要受众

两处漂书点最显著的受众区别为中年群体（都市白领）对项目的关注度。“图书漂流与便民服务亭”试点实践所在地虽然在

市中心，距离长途汽车站较近，然而距离市民出行常用的交通枢纽较远，因此人流量较小。而爱建园·乐开图书漂流站靠近居民区，中年群体在该居民区生活参与度较高。

（二）书籍种类

“图书漂流与便民服务亭”试点实践所筹措的书籍种类较为丰富，在试运营过程中，课题组发现，不同年龄段的市民对不同书籍青睐度不同：带着孩子的家长大多会选择带走一本绘本或童书，绝大多数青少年会选择小说。而出乎课题组意料的是，偏专业类书籍也备受中年读者追捧。

从智能图书漂流站的情况中也得出类似结论：杂志类书籍较受中年人、青年人喜爱，教育读物、教辅类书籍较受家长喜爱，养生类书籍较受老年人喜爱。《官场现形记》等谴责小说、《小二黑结婚》等评书式小说、《棋王》等寻根小说、《羊脂球》等批判现实主义小说，题材较为沉重，较不受都市市民青睐。外国文学，知名度高或知名度低的，均被“漂友”喜爱。童书中，出版时间较早的不受青睐。养生类书籍很受青睐。

据此，下一步可以对不同区域、不同受众，以图书阅读偏好为依据，开展特色图书漂流，如“绘本漂流站”“专业书籍漂流站”“小说漂流站”等。

（三）志愿者人员

爱建园·乐开图书漂流站由技术人员定期维护，由小区保安全天候看守。而“图书漂流与便民服务亭”试点实践由课题组成员在双休日值班运营，无法维持长期运营。如果需要人员进行日常管理和规则解读，可进一步寻求社会组织派遣技术志愿者；书籍的卫生问题也可寻求专业人员的帮助解决。

(四) 宣传手段

通过QQ、微信、贴吧等线上宣传渠道，课题组以自媒体向市民发布了图书漂流与便民服务亭的落成消息。爱建园·乐开图书漂流站则提早一周做好小区内纸质广告，提前三天在小区居民群内推送公众号消息，之后并设划通过官方媒体进行宣传。

(五) 网格化、信息化管理

爱建园·乐开图书漂流站通过信息化手段，可以实现图书漂流的异地借还，提高借还书的效率，鼓励更大范围内的图书漂流，实现网格化管理与资源共享。同时，及时书评、感想、随笔都可以分享在网络平台上，方便书友交流，实现陌生人之间的文化良性互动。这一点图书漂流与便民服务亭也可借鉴。

参考文献

[1] 何维义:《图书漂流刍议》,《新世纪图书馆》, 2007年第6期。

[2] 唐鸿飞、李文彬:《高校图书馆服务中的“图书漂流”》,《毕节学院学报》,2010年第6期。

[3] 王静、贠琳红:《高校图书馆读者服务新举措——以西安电子科技大学“图书漂流”为例》,《甘肃科技》,2013年第10期。

[4] 张玉琢:《图书漂流，墨香中的诚信共享气息——浅析高校图书馆开展“图书漂流”活动的可行性》,《农业图书情报学刊》,2009年第1期。

[5] 周文琦、李赞梅、胡德华:《我国图书漂流网站的调查分析》,《图书情报工作》,2011年第5期。

探究感想

在研究过程中，我们大胆拟定计划，严谨探究调查，感受到只有课本内那些理论知识是远远不够的，还要有沟通协作、动手动脑的能力，它们和理论知识同样重要，相辅相成。而这一方面正是我们所欠缺的。

我们要感谢我们的指导老师王红妹老师。她身上所具备的严谨的治学态度，活跃的科学思维以及一丝不苟的工作作风，深深激发了我们对社会科学研究的热情。

我们也要感谢共青团徐汇区委员会、田林街道办事处、爱建园居委会、田林—虹梅学区对本项目的大力支持。感谢《青年报》、腾讯视频对本项目的支持。

同样令我印象深刻的，还有姚家群老师在我们超出答辩时间后给予的鼓励和建议：现在社会上不缺评论家和思想家，但是你们没有抱怨，而是着手在改变、实践，将来要一直做下去啊！我们深受感动。

课题组成员：上海市西南位育中学

陶泽成　司徒曹权

指导老师：王红妹

发达国家与成都城市公共交通无障碍设施现状的比较研究

探究缘起

我们小组成员张思艺同学因运动中受伤导致腿脚不便,需要拄拐杖或坐轮椅辅助行动,尤其在回家上下地铁、遇到台阶等情况下遇到很多问题,影响心情的同时也存在很多安全隐患。这是一段痛苦的经历,这也让我们更为清醒地意识到,终生身体障碍的人们日常生活中有多少苦恼。

为了使更多受伤或残障人士获得便捷的出行、享受更人性化的服务,我们小组比较研究了国内外的无障碍设施。我们借助暑期文化游学的契机,以旅游业发达的省会城市成都作为国内中等城市的代表,考察国内的公共场所无障碍设施。另外,我们也整理了各个发达国家在无障碍设施方面的实例,比较国内外以及国内城市间的差距。

根据我国最新统计显示,我国各类残疾人总数已达 8500 万,约占中国总人口比例的 6.21%。然而,为什么我们在外面很少看到腿脚残疾的人或者盲人呢?很多人在欧美等地的发达国家看到很多残疾人,是国外的残疾人比例更大吗?根据美国人口统计局 2010 年的各类残疾人口统计数据,当时美国约有 4900 万残疾人,残障人口比例与我国相比并无很大差距。英国 2006 年各类残疾人 980 万,占人口总量更是达到了惊人的 15%,并且这个数字仍在增长。可见,并不是我国残障人口少,而是他们极少出现在我们的视线内。原因何在呢?就单拿最常见的肢体残疾,我们通过对于“轮椅人”的采访，知道中国的大环境对于出行是不便利的，他们最多只是到家附近的公园走走，更多的时候则把自己“囚禁”在家中，这对于他们来讲是一个“更好的选择”。除此之外，还有许许多多不能被一眼识别出来的残障人士，如听力残疾、发声残疾……随着时代的发展，人行道上的盲道、公共场所无障碍电梯、方便轮椅上下的坡道、独立的无障碍厕所等无障碍设施随处可见，这些设施又有多少发挥出应有的价值了呢？有多少设计不佳、无法使用或危险系数很高的盲道？有多少生活中常用的设施却因为残破颠簸的坡道，阻断了残障人士通行的道路？有多少公共场所的无障碍厕所形同虚设，残障人士根本无法使用？

一、发达国家无障碍设施调查结果

通过与在奥克兰的亲戚联络，我们得到了一些非常有特色有价值的城市交通无障碍设施的信息。

图 1

图 1 中看似普通的红绿灯，在杆子靠近下方处有个按钮，可自行控制红绿灯的变换，这是专门为行人提供的。因为高度设计得当，坐在轮椅上的残障人士也可在马路空闲时调控。另外，它

还为视障者配备了提示音。

奥克兰当地的公交车上专门为残疾人准备了座位，旁边有扶手，将椅子翻折收纳后，空出来的空间还可放置轮椅，在这个位置上专门配备了固定轮椅的安全带，防止轮椅在车辆颠簸时滑动。

此外，我们还通过网络途径调查了一些欧美发达国家的无障碍设施情况。

美国公共汽车车门处有活动板，方便残障人士上下车。在美国随处可见无障碍车位，这些车位有两个特点：其一是设计得比标准车位要宽，这样方便残障人士上下车辆；其二是距离停车场系属的设施距离近，比如超市停车场的无障碍停车位会被设置在超市大门口旁，以此方便残障人士。

在欧洲的公共设施里大多能见到轮椅电梯，方便残疾人士出行。欧洲住房不能随意打掉重盖，所以许多老房子都是在原来的基础上修补。没法增设电梯的地方，往往会安装轮椅电梯，供乘坐轮椅者上下楼。轮椅电梯不用的时候可以收起来立在边上，不会妨碍行人，需要的时候才打开。

二、成都的无障碍设施情况调查

（一）成都现代化展馆中的无障碍设施

图 2

图 2 是成都博物馆的一条轮椅坡道，路面平整，坡度适当，并且配备了辅助的扶手。

图 3

图 3 是专门为残障人士准备的电梯按钮，方便使用，有详细文字标识和盲文。

三星堆博物馆内，所有需要上下楼层的地方都设有坡道，在中间大厅需要长距离移动时，设计有旋转坡道，方便轮椅上下，可惜坡度稍微有些大，上下都比较费力气。博物馆外的进馆坡道因为在户外且采用石制，外加坡度较大，基本无法使用。

（二）成都公共交通无障碍设施

成都地铁并没有辅助轮椅上下车的装置，车厢与月台之间的缝隙与高度差导致上下车还是需要费一番功夫的。

每一个站点都设计有无障碍电梯，但有些入口并没有和普通入口设计在一起，位置不显眼且缺少明显的标识，让人没法第一眼就找到无障碍电梯所在。

成都火车站根本没有无障碍电梯，轮椅必须像行李一样手提移动，极其不便。

(三) 成都其他公共场所的无障碍设施

成都的大型超市(如沃尔玛)有提供轮椅。

虽然在许多地方有无障碍停车位,但是仅仅作出了单独的标志,并没有加宽处理,即使停好车,残障人士上下车还是不方便,并且残障车位往往被普通车辆占据。

(四) 对成都当地人的采访

对象1:照顾残障老奶奶的阿姨

Q:您在平常推老奶奶出行时有遇到什么麻烦吗?

A:老奶奶腿脚不便,出行一般不坐公交车、地铁等。通常我们早上会来公园散步。问题在于有些地方的路面有损坏有裂纹,因为是小毛病政府也就不管了。行人走路还好,但是推轮椅极其不便,有些上下坡设置也考虑欠妥,特别是下坡,很多时候生怕老人没坐稳就摔倒下去。

对象2:自己摇轮椅的老大爷

Q:您在平常出行时有遇到什么麻烦吗?

A:其实蛮好的,因为很多时候都是自己出来,所以上公交、地铁,别人会帮忙搬轮椅。希望政府能普及一下公共交通中方便轮椅上下车的装置。

对象3:成都地铁管理人员

Q1:我们在几个交通枢纽的站点找到了无障碍电梯,你们在每一个站点都设置有无障碍电梯吗?

A1:是的,除了站内无障碍电梯,有些站点我们还设置了直达无障碍电梯。

比如说在春熙路这个站点,在月台底端的地方有无障碍电梯。这种电梯平常是关闭的,如果乘客有需求,可以联系工作人员帮忙开启,电梯会直达地面,这样也省去了麻烦的过闸步骤。

Q2:我们看到有一些车厢设置了无障碍区域供轮椅停放,可这些区域一般都被其他乘客占据。

A2:嗯。很多时候也没办法,毕竟我国人口基数与其他国家有很大的不同,在高峰时间被占也是无法避免的情况。

三、问卷调查分析

本次调查问卷从实地调查与网络问卷形式调查总计 83 人,男性占 51.81%,女性占 48.19%。男女比例基本平衡。

本次问卷调查对象年龄层分布,20 岁及以下占 22.89%,21—40 岁占 30.12%,41—60 岁占 33.73%,60 岁及以上占 13.26%。

(一)对于国外公交方面无障碍设施的了解情况

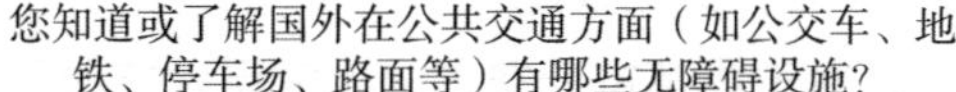

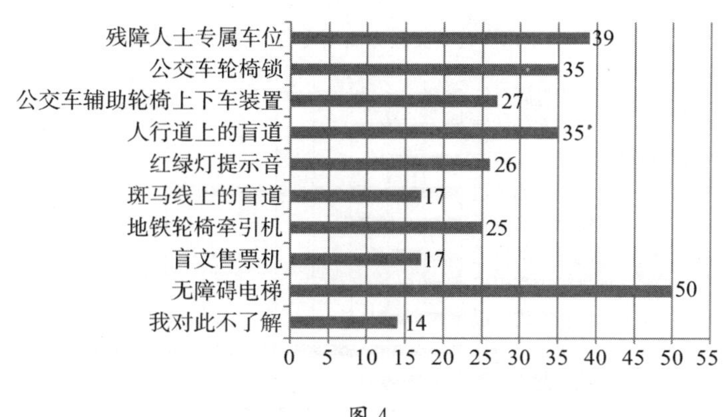

图 4

可以从这个问题看出,成都大多数市民对于国外公交方面无障碍设施还是有一个初步认知的,不过大多都停留在基础设施的层面,如无障碍电梯、盲道、专属车位等。对于一些不太容易被注意到,在媒体中曝光少的设施,知道的人则只有少部分。另外,存在一小批市民对此方面完全不了解的情况。

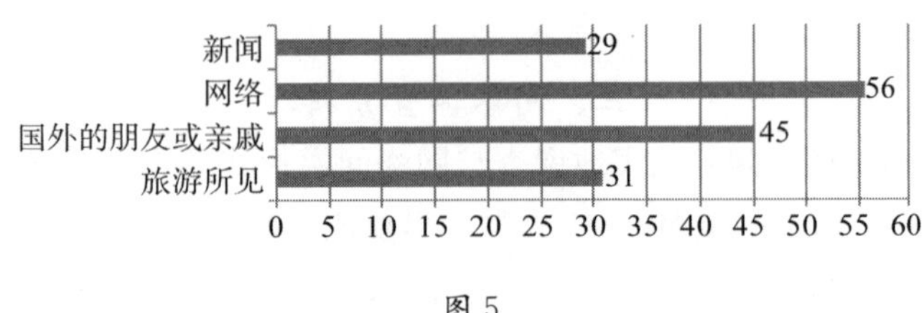

图 5

可以看出，大部分对国外无障碍设施有了解的成都市民，都是从网络渠道看到过这些设施，通过朋友亲戚间接了解到的也有一大部分，有些市民在旅游途中注意到无障碍设施，以及有时会通过新闻了解到此类设施。

（二）对于成都市公交方面无障碍设施的了解情况

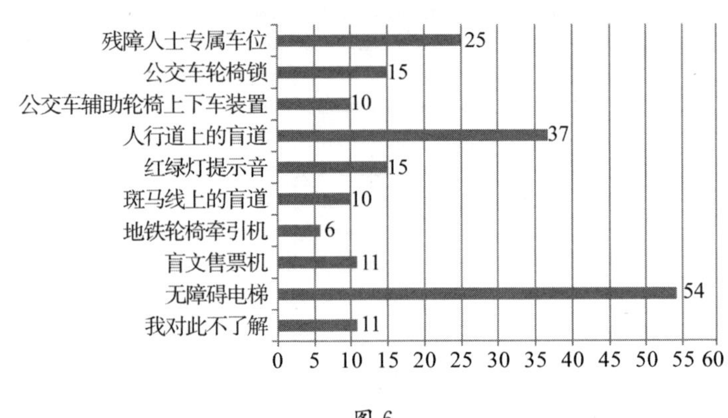

图 6

可以看出，成都相较于一些国外发达城市，只普及了小部分的基础无障碍设施，如无障碍电梯、盲道等，对于一些很细致的分类，如公共交通设施的轮椅锁、牵引轮椅上车的装置，并没有得到非常好的普及。

残障人士专属车位使用状况如何？

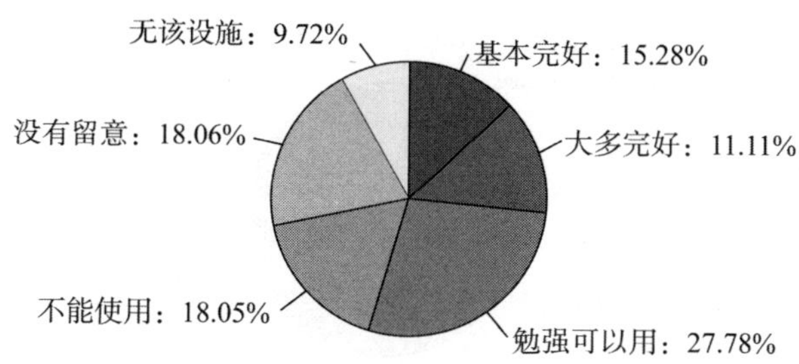

图 7

公交车轮椅锁使用状况如何？

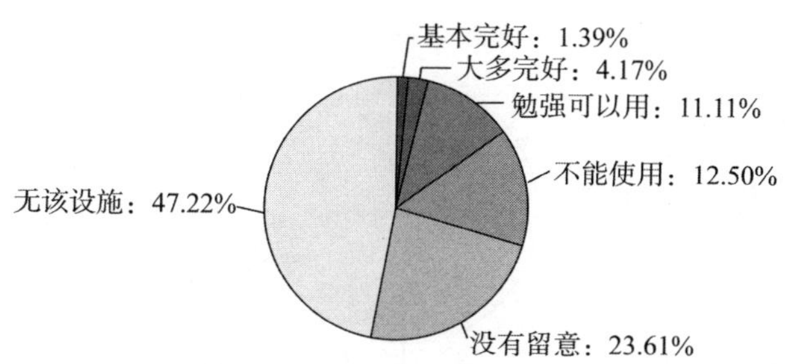

图 8

公交车辅助轮椅上下车装置使用状况如何？

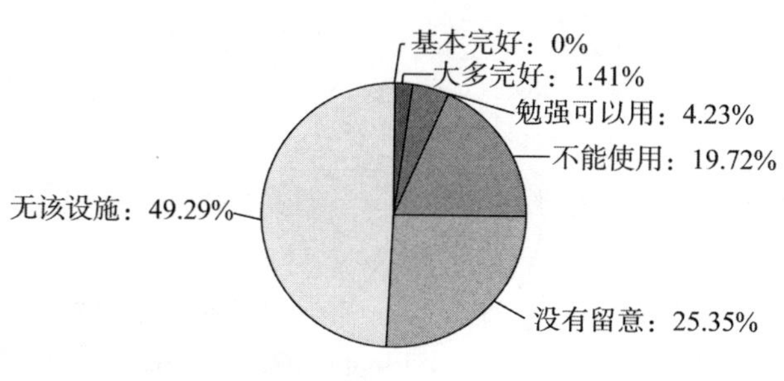

图 9

人行道上的盲道使用状况如何？

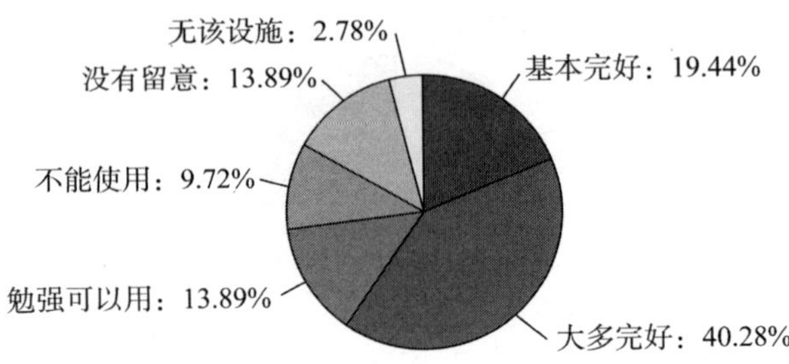

图 10

红绿灯提示音使用状况如何？

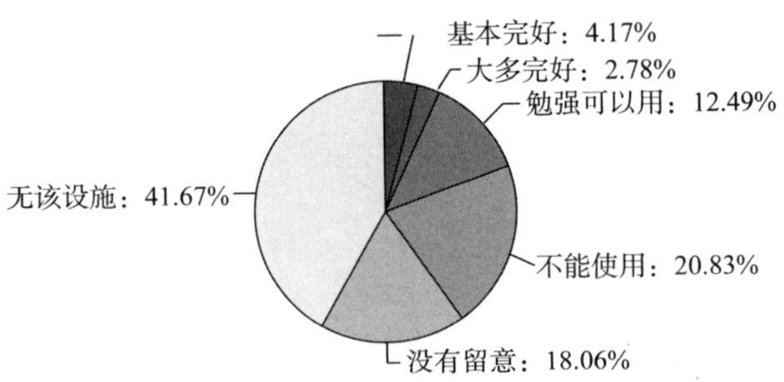

图 11

斑马线上的盲道使用状况如何？

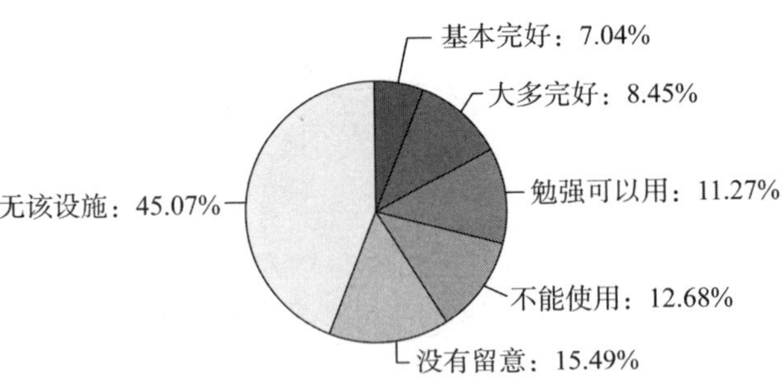

图 12

地铁轮椅牵引机使用状况如何?

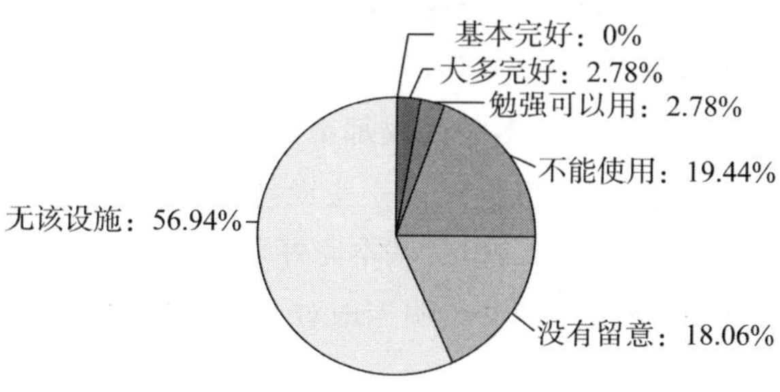

图 13

盲文售票机使用状况如何?

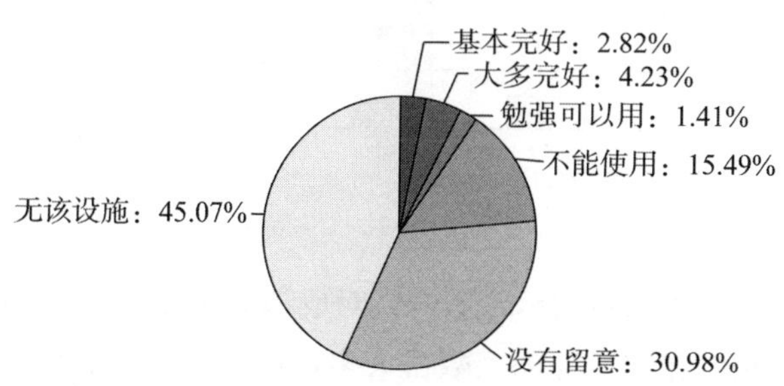

图 14

无障碍电梯使用状况如何?

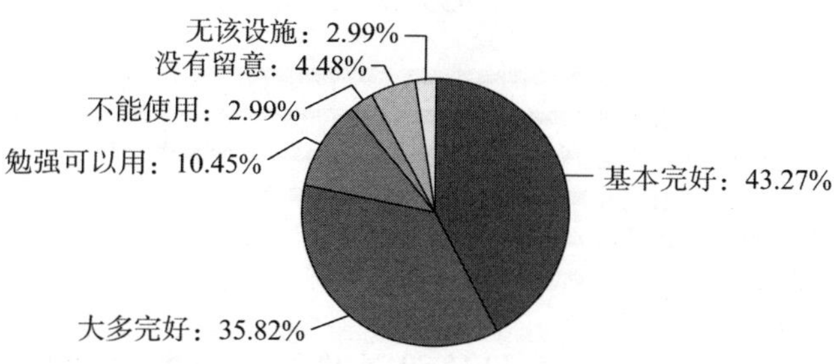

图 15

纵观这些针对无障碍设施使用情况的调查，有人选择设施基本完好的同时，选择“无该设施”这一选项的也大有人在，可以看出成都市残障设施已有应用但分布不广。还有不少选择“没有留意”的市民，可以看出很多时候成都市民并没有进一步了解无障碍设施的想法，了解的也不过是一些极其常见的设施，如地铁站里的无障碍电梯。同时，选择“基本完好”或“大多完好”的市民也是少之又少，由此可以充分说明当地对于损坏的无障碍设施的维修和管理还欠佳。

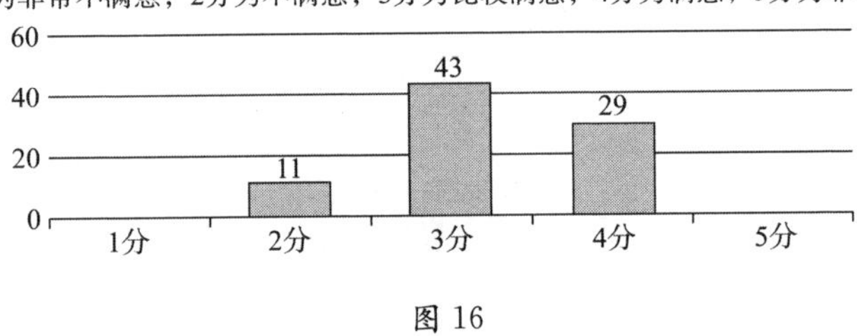

图 16

令人非常吃惊的是，没有一人对成都交通方面无障碍设施给出最高评价，给出中评的人数占大多数，这方面的城市建设欠缺可见一斑。

（三）对于成都公共交通方面无障碍设施的建议

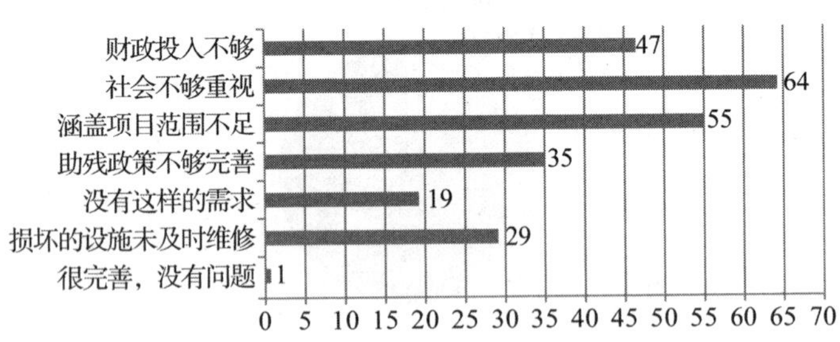

图 17

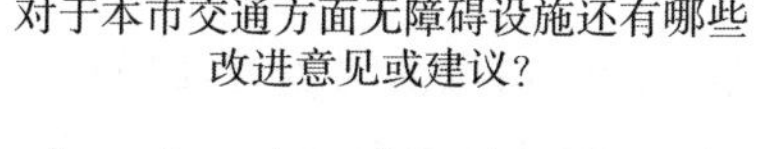

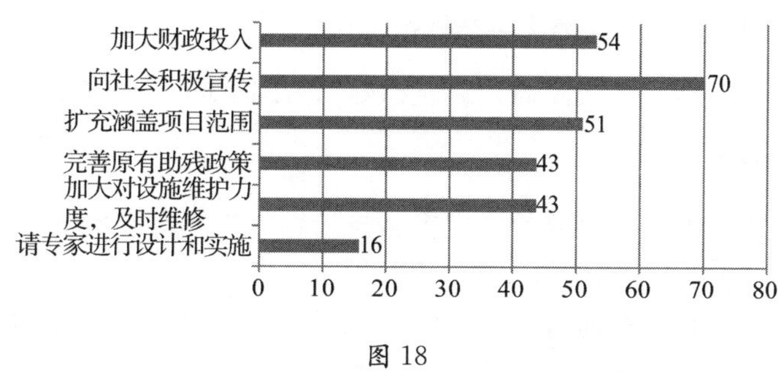

图 18

受访者大多认为无障碍设施不够完善的原因在于社会不够重视，所以无障碍设施的发展应先从提高社会层面的认知着手。此外，财政的投入也是硬指标，有了资金，才可以扩充项目范围，才能有长期运营这些无障碍设施的资本。助残政策也需要跟上脚步，与建设相辅相成。

四、讨论与建议

通过分析发达国家无障碍设施，实地考察成都市无障碍设施的情况，结合我国现今无障碍设施发展现状，我们小组进行讨论分析，最终给出了如下的一些建议。

1. 缩短城建对盲道的巡视周期，对于非机动车乱停乱放，小摊贩乱设摊，要给予更加严厉的处罚。

2. 电梯设置的位置应该更加合理，靠近闸机、出入口，而不是摆在人流密集的中心。电梯相关的盲道指引应更加清晰，增加语音提示。

3. 推广残障人士车位，作好车位设计工作，并且制订相关政策进行管理,防止占位现象。

4. 公交车及地铁增设活动板方便轮椅上下等,为司机培训,建立起及时帮助残障人士的意识。

5. 其他一些无障碍设施,应该进行小区域试验,观察情况,根据效果选择推广。

6. 政府应该效仿发达国家一些社区活动中心,设立力所能及的义工岗位,例如园艺等。

7. 推广关爱残障人士的公益广告,改变人们对他们的成见。

参考文献

[1] 陈三军、陈功、郑晓瑛:《中国残疾人口调查与数据》,《国际生殖健康/计划生育杂志》,2011 年第 3 期。

[2] 楚树龙、方力维:《美国人口状况的发展变化及其影响》,《美国研究》,2009 年第 4 期。

[3] 许洁明、刘苏荣:《英国的残疾人就业政策及对我国残疾人事业的启示》,《思想战线》,2012 年第 1 期。

探究感想

说短不短说长不长,成都之行就在大家的欢声笑语中结束了。回想种种,都将是人生履历中珍贵的一笔财富。我们小组虽然有一位出行靠轮椅的组员,行动不便,再加上天气不见好,阴雨绵绵,但大家还是能互相理解,不叫苦叫累,最终顺利完成了各项考察工作。我们主要欠缺之处还是在问卷的发放方面,虽然问卷本身和发放问卷时的礼仪没有问题,但问卷的发放地点是我们没有考虑周全的地方,在一些地方随意发放问卷是会影响别人的正常工作的，再加上天气原因，露天场所愿意停下来帮我们做问卷的人更是少之又少。虽然后来我们还是找对了方向，选择在室内场所并在得到允许的情况下发放问卷，但在这件事上还是浪费了许多宝贵的时间。不过这个教训帮助我们以后在课题研究上少走弯路。

课题组成员：上海市市西中学

杨家翔　李雯雅　王小俊

张思艺　章元琪

指导老师：张晓萌

关于解决快递外包装垃圾问题的建议

探究缘起

随着消费方式和快递行业的不断发展，网购逐渐取代传统购物成为我国现阶段主要的社会消费方式，快递业务量飞速增长。而快递包装材料浪费问题也随之愈发严重，造成了巨大的环境污染和资源浪费，整治快递包装垃圾问题具有相当的紧迫性。而目前我国快递行业的服务标准相对落后，不能很好地适应当前的情况。

课题组通过问卷调查、网络调研、实地走访等，深入了解快递行业的资源消耗以及市民对待快递包装态度的情况，比较了消费者、商家与快递公司之间对快递包装的看法与差异。通过文献资料查阅、理论探究与专家咨询，课题组进一步从快递包装的起始端、中间环节与回收端三个方面入手，分析问题，提出解决方案。

随着网络技术和快递行业的不断发展，网购逐渐流行开来。数据显示，快递服务企业 2016 年业务量达 312 亿件，连续 6 年年均增长超 50%。居民社会消费方式的变化，造成了“天量”包装材料的消耗。此外，2016 年人均快递使用量将近 23 件。国家邮政局此前发布的报告显示，2015 年我国快递行业消耗样 99 亿个包装箱、169 亿米胶带以及 83 亿个塑料袋，同比增长几乎都超过四成。这些包装垃圾可摆满近 20 万个足球场，胶带总长可绕赤道 425 圈。快递用的包装材料往往成分比较复杂，主要由化工材料、生活垃圾等再加工而成，可能残留了大量的塑化剂、阻燃剂等有毒有害物质，不能重新加工也不能降解，大多数只能填埋或焚烧，对人和环境都有很大的危害。国家邮政数据显示，目前每天产生的快递包裹数量约 4500 万到 5000 万单。而生产一吨纸需要砍伐 17 棵十年生大树，生产一吨塑料袋，需要消耗 3 吨以上石油。过量的快递包装给环境造成无穷的负担，不符合国家建设友好节约型社会的方针，多方整治迫在眉睫。

因此，整治快递垃圾问题刻不容缓，具有相当的紧迫性。

国家关于快递行业的相关标准、政策比较欠缺。目前大部分的快递标准和相关政策制定时间较早，已经不符合现状。对网购快递没有相应的标准，而且大部分关于快递包装的规定多关注包装的安全性，对包装材料用量缺乏关注，覆盖面不够，且多为建议性标准，不具有强制性。

快递运输管理不够规范也是导致快递垃圾泛滥的一大原因。“暴力”装卸快件现象的存在，导致快递包装的损毁率高。为了保证快件不被损坏，“里三层外三层”的过度包装现象十分常见。同时，相应的回收体系也较为欠缺。

我国在快递包装的过度包装及回收利用方面已有相关研究。但多数研究仅从快递行业入手提出解决策略或者强调政府在解决快递包装问题上应采取的措施，缺乏对商品发出端——商家、商品末端——消费者在缓解快递过度包装和包装回收方面所能发挥作用的探讨和研究。

一、快递垃圾收集

（一）快递垃圾收集记录

课题组于 2017 年 3 月 13 日至 4 月 18 日在本校委托各年级教师，针对初三至高三四个年级开展了为期一个月的快递包装垃圾收集。

在寒假，课题组成员制作了四个快递垃圾回收箱，在 3 月初放置在四个办公室内，并且向学校申请，获得了两间小房间放置快递包装垃圾。

课题组成员每隔一周对回收箱中的包装垃圾进行一次收集，并制作了如表 1 所示的分类包装表，发放给各位老师，在每个办公室放置了备用包装表，便于老师张贴。

表 1　分类包装表

时间	
物品种类	
教师名称	
物品是否损坏	是/否

课题组成员将包装垃圾放置于学校的两间小房间内。

图 1　收集第一周时的储藏室

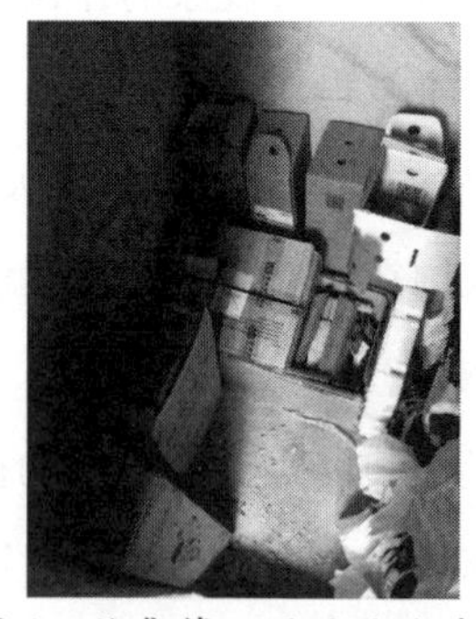

图 2　收集第二周时的储藏室

图 3　收集第三周时的储藏室

图 4　收集第四周时垃圾已溢出储藏室

在收集完成后，课题组成员对包装垃圾进行了分类汇总，记录物品类别、大小、包装大小、重量、包装层数、包装材料，按照物品类别排列，制成记录表。如表 2—4 所示。

表 2　记录表 1

"快递包装"收集记录表									
序号	物品类别	到达日期	物品大小	包装大小（厘米）	包装重量（克）	包装层数（每层情况简介）	封箱套材料	内部缓冲物	备注
1	书籍	3.13	2 本书，每本 15 * 20	40 * 30	17	1 层，塑料袋			
2	书籍	3.14	4 本，17 * 25	34 * 24	13	3 层，塑料袋/塑料气泡/薄膜	封箱带		
3	书籍	3.24	塞满	30 * 26	16	1 层，塑料袋			
4	书籍	3.29		31 * 15	25	1 层，塑料袋			
5	书籍	4.1		33 * 24	35	2 层，塑料袋/纸袋			
6	书籍	4.18		34 * 27 * 10	192	2 层，纸箱/充气塑料		充气塑料	
7	衣服	3.13	1 件 T 恤	35.5 * 31.5	11	1 层，塑料袋			
8	衣服	3.13	1 件衬衫，20 * 20	30 * 28	12	1 层，塑料袋			

（续表）

序号	物品类别	到达日期	物品大小	包装大小（厘米）	包装重量（克）	包装层数（每层情况简介）	封箱套材料	内部缓冲物	备注
9	衣服	3.13	2件	35＊29	44	3层，塑料袋/塑料袋/纸板	封箱带（20厘米）		
10	衣服	3.22	占2/3	28＊22	18	1层,塑料袋			
11	衣服	4.12		22＊16＊5	71	1层,纸箱			
12	衣服	4.17		35＊25＊4	101	1层,纸箱			
13	衣服	4.6	占1/2	45＊35	14	1层，塑料袋			
14	衣服	4.5		20＊30		1层，塑料袋	封箱带		
15	鲜花	3.13	8朵洋兰	65＊15＊13	390	4层，纸箱/纸/（不明材料）/塑料管（8个）	橡皮筋（2根）、布条（2条）		有照片、有实物
16	鲜花	3.14	8朵花	61＊15＊11	390	5层,纸箱/牛皮纸/纸/塑料袋/棉花	布条(1条)、线(1根)、纸、钢丝条(1)		有照片
17	鲜花	3.20	花长57厘米	63＊15＊12	390	5层，纸箱/报纸/黄色纸/白色特殊材料/花根处是塑料袋＋棉花	橡皮筋(4根)、布条(2条)		有照片
18	鲜花	3.27	花长53厘米	63＊15＊12	390	5层,纸箱/报纸/黄色纸/白色不明材料纸/花根处是塑料袋＋棉花＋橡皮筋(4根)	橡皮筋(4根)、布条(2条)		
19	鲜花	4.17		62＊16＊12	403	4层，纸箱/纸/塑料袋/泡沫垫（绑花的带子有两根橡皮筋）	绑花的带子（纸＋铁丝）		

（续表）

序号	物品类别	到达日期	物品大小	包装大小（厘米）	包装重量（克）	包装层数（每层情况简介）	封箱套材料	内部缓冲物	备注
20	鲜花	3.20		61＊15＊11	390	4层，纸箱/纸/（不明材料）/塑料管（8个）	橡皮筋（2根）、布条（2条）		
21	鲜花	4.10		62＊16＊12	425	4层，纸箱/纸/塑料袋/泡沫垫（绑花的带子是两根橡皮筋）	带子（纸＋铁丝）		
22	花	3.30		5＊10＊40		3层，纸盒/泡沫塑料/纸袋			
23	鲜花、花瓶	4.5		62＊16＊12	403	4层，纸箱/纸/塑料袋/泡沫垫（绑花的带子是纸＋铁丝）	橡皮筋		
24	食品	3.14	4罐，18＊18＊13	24＊20＊18	210	3层，纸箱/大气泡/小气泡（塑料气泡包装袋）	封箱带（170厘米）		有照片
25	食品	3.27	塞满	29＊19＊12	247	2层，纸箱/塑料气泡袋	封箱带（144厘米）	塑料气泡缓冲	
26	食品	3.21	占2/3	23＊18＊18	169	3层，纸箱/塑料泡沫/空气缓冲包	封箱带（200厘米）	空气缓冲包	
27	食品	3.22	占2/3	21＊10＊14	100	1层，纸箱	封箱带（70厘米）		
28	食品	3.30	塞满	33＊22＊28	192	2层，纸箱/塑料气泡袋	封箱带（324厘米）	塑料气泡缓冲	

（续表）

序号	物品类别	到达日期	物品大小	包装大小（厘米）	包装重量（克）	包装层数（每层情况简介）	封箱套材料	内部缓冲物	备注
29	食品	3.31	塞满	29＊16＊19	375	2层，纸箱/塑料气泡袋	封箱带（100厘米）		
30	食品	4.6		38＊28＊28	500	2层，纸箱/泡沫	封箱带（244厘米）	泡沫	
31	零食	3.15	塞满	26＊15＊17	20	1层，纸箱	封箱带（86厘米）		
32	零食	3.15	塞满	35＊20＊23	20	1层，纸箱	封箱带（228厘米）		
33	日用品	3.20	晒衣架	80长	25	1层，纸箱	封箱带（100厘米）		
34	日用品	3.23	占1/2	40＊18＊17	20	1层，纸箱	封箱带（200厘米）		
35	日用品	4.5	塞满	25＊19＊10	18	1层，塑料袋	封箱带（350厘米）		
36	日用品	4.18		18＊9＊12	78	5层，塑料袋/纸箱/塑料泡沫/报纸/油纸			
37	日用品	4.18		20＊9＊7	59	4层，塑料袋/纸箱/塑料泡沫（2层）			
38	餐巾纸	3.16	塞满	50＊50	26.5	1层，塑料袋	封箱带（140厘米）		
39	餐巾纸	3.20	塞满	36＊25	26	1层，塑料袋			
40	电子产品	3.27	8＊4	30＊25	18	1层，塑料袋	封箱带（50厘米）		

（续表）

序号	物品类别	到达日期	物品大小	包装大小（厘米）	包装重量（克）	包装层数（每层情况简介）	封箱套材料	内部缓冲物	备注
41	电子产品	3.27	13*9	21*16	20	2层，塑料袋/气泡袋		气泡缓冲包	
42	电子产品充电宝	3.31	17*8*1	24*11*4	60	4层，纸盒/垫子/塑料/气泡缓冲			
43	电器	3.13	7*13	20*13*10	73	2层，纸盒/塑料制品			有照片
44	灯管	3.20	塞满	80长	30	1层，纸箱	封箱带（150厘米）		
45	灯	4.5		69*37*17			封箱带（213厘米）		
46	家居用品	3.17	塞满	40*60/26*22*20	12	2层，塑料袋/纸箱	封箱带（30厘米）		
47	香水	4.10	占1/2	20*16*10	135	3层，塑料袋/纸箱/气泡垫	封箱带（60厘米）		
48	饰品	4.18		5*8*10		3层，纸盒/塑料气泡袋	封箱带		
49	饰品	3.13	1*1	36*27	48	3层，塑料袋/报纸/圆盒			有照片
50	办公用品	3.14	（电脑配件、电脑包）36*27	38*32	21	2层，厚塑料袋/塑料袋			
51	各类门票	3.29	10*5	20*30		1层，纸袋			
52	各类门票	3.31	20*8	28*22	50	1层，纸袋			
53	鞋子	4.18		28*17*10		1层，塑料袋			
物品类别：如书籍、电器、衣服、花卉、食物、化妆品等；物品大小：根据形状确定所需尺寸；包装大小：长宽高。									

表3　记录表2

“快递包装”收集记录表(日期不明)									
序号	到达日期	物品类别	物品大小	包装大小(厘米)	包装重量(克)	包装层数(每层情况简介)	封箱套材料	内部缓冲物	备注
2		花		5*50*10		1层,纸盒	无		
8		食品(面点)		15*30*25	1层,纸箱	封箱带(185厘米)			
1		家居用品(钟)		10*10*5		3层,纸盒/塑料气泡袋	封箱带(20厘米)		
3		日用品(杯子)		10*25*30		1层,纸盒		无	
6		日用品		20*60*10		2层,瓦楞纸/塑料袋	封箱带(80厘米)		
7		日用品(笔筒)		12*15*20		2层,纸箱/泡沫塑料	封箱带(300厘米)		
4		化妆品		20*5*10		2层,纸盒,塑料气泡袋	封箱带(20厘米)	3个空气包	
9		化妆品		36*30*25		1层,纸箱	封箱带(915厘米)		
5		芯片		10*20*8		2层,纸盒/塑料袋	封箱带(50厘米)		
物品类别:如书籍、电器、衣服、花卉、食物、化妆品等;物品大小:根据形状确定所需尺寸;包装大小:长宽高。									

表 4　记录表 3

“快递包装”收集记录表(只有包装物材料和内部填充物的数据)									
序号	到达日期	物品类别	物品大小	包装大小(厘米)	包装重量(克)	包装层数(每层情况简介)	封箱套材料	内部缓冲物	备注
1		书籍				2 层,塑料袋			
2		书籍				1 层,瓦楞纸			
3		书籍				1 层,塑料袋			
4		书籍				1 层,塑料袋			
5		电子用品				1 层,瓦楞纸			
6		电子用品				1 层,瓦楞纸			
7		电子用品				1 层,瓦楞纸			
8		电子用品				2 层瓦楞纸,1 层塑料袋			
9		电子用品				1 层,塑料袋			
10		服装				2 层,塑料袋			
11		服装				2 层,塑料袋			
13		食品类				2 层,泡沫塑料			
14		食品类				1 层瓦楞纸		泡沫塑料	
15		食品类				1 层,瓦楞纸,1 层塑料袋		泡沫塑料	

（续表）

序号	到达日期	物品类别	物品大小	包装大小（厘米）	包装重量（克）	包装层数（每层情况简介）	封箱套材料	内部缓冲物	备注
16		食品类				1层，瓦楞纸			
17		日常用品				1层瓦楞纸，1层塑料袋		防震塑料充气袋	
18		日常用品				1层，塑料袋			
19		日常用品				1层，瓦楞纸			
20		易碎品				1层瓦楞纸，1层塑料袋		防震塑料充气袋	

由于收集过程中的客观因素，包装记录数据完整程度不一。记录表1包含数据较完整的包装，记录表2、3包含无法确认到达日期的包装，其中记录表3只有包装材料和内部填充物的数据。

（二）初步观察

为研究包装材料与包装物品的匹配度，小组成员按照不同物品类别，对物品大小和包装大小、重量、包装层数、包装材料进行比照，对其中四类物品的观察情况如下：

第一类为书籍：同为书籍，记录表1与记录表3的10件书籍的包装材料不统一；2号书籍采用了塑料袋、塑料气泡、薄膜、封箱带四种材料进行包装，属于过度包装；包装材料书籍作为非易碎物品，部分使用了充气塑料保护；与1号、3号、4号书籍包装相比,5 号与 6 号书籍采用两层包装,包装重量明显增加;4 号书籍小于 1 号与 3 号书籍,且同为一层塑料袋包装,但 4 号书籍包装重量高于 1 号与 3 号书籍,塑料袋包装使用不统一;记录表 1 的 6 件书籍与记录表 3 的 3 件书籍采用塑料袋包装,但记录表 3 的 2 号书籍采用了瓦楞纸包装。

第二类为衣服:与 6 号书籍相同,11 号与 12 号衣服使用纸箱包装,包装重量超出使用其他材料包装的物品;13 号衣服所占包装内空间仅有 1/2,包装材料使用明显过度,31 号日用品也出现此类情况。

第三类为化妆品:记录表 2 的 9 号化妆品体积并未明显大于其他物品,但封箱带长度长至 915 厘米,是普通物品和其他化妆品使用封箱带长度的十几倍,过度包装极严重。

第四类为鲜花:鲜花包装材料重量相对变化较小,但包装材料种类不完全一样,包装繁复,在使用纸箱包装的情况下,仍然使用多层纸进行包装,包装重量远远超出所装物品自身的重量。

(三)不同物品包装间的综合比较

通过对回收的包装垃圾进行观察,比照不同物品包装间的差异,主要得出以下结论:

1. 书籍作为非易碎物品,却有充气塑料保护,而相对易碎的灯、杯子、香水等物品却没有使用缓冲材料保护。

这印证了实地调研时的结论:快递公司对于不同种类的物品的包装或是对一些易碎品的保护材料没有很明确的标准,快递从业人员将经验作为使用快递包装的标准,导致标准不统一。

2. 书籍、衣服、鲜花等高频率的快递物品,体积仅占了包装大小的一半到三分之二,印证了包装过度问题的严重性。

与实地调研时的结论"快递包装环节将包装材料作为耗材,

并且不计入成本核算”相符。

3. 电商和快递运输两个环节均对快递物品进行包装，以鲜花为例，鲜花大多采用4—5层的包装，通常从里到外有棉花、塑料、纸等防损材料，最外面再套一个纸箱。所有纸箱平均封箱带都要绑2—4圈，十分浪费。这些包装材料中，各种防损材料是商品出售环节（即电商）使用的，而最外层的纸箱是快递分装环节增加的。

这印证了实地调研时的结论：电商寄出商品前也会进行一定的包装。

4. 当电商的包装较好时，快递包装则相应减少，电商的包装相较于快递公司的包装，材料较为节省，更符合商品的实际尺寸。

（四）快递物品主要使用的包装材料

1. 纸袋，通常为灰底白纸、白卡纸，多为牛卡纸

快递行业一般使用200克、450平方米的纸张，具有平整的优点，不容易破坏，可以回收。

2. 瓦楞纸箱

瓦楞纸箱是一种由瓦楞纸板制成的纸质容器，具有优良的品质，有良好的性能和处理性能。除了保护商品，便于储存、运输，也起到美化商品的作用。瓦楞纸箱是绿色产品，但是目前尚未成立相关的回收企业。

3. 聚乙烯材料的塑料袋（PE）

市场上有两大类：一是新材料快递袋，二是回收快递袋，快递塑料袋具有成本低、重量轻、防水性能优良等特点。纯聚乙烯不能自然降解，环保材料则需要添加玉米淀粉基、碳酸钙来降解母粒。

塑料袋需要回收使用，这是因为虽然这种材料的成本较低，

但其降解时间较长，而且再生材料在生产过程中会掺入更多有毒有害物质，或导致产品不符合环保标准，对环境造成更大的伤害。

4. 气泡袋(气囊)

气泡囊是在中间层作充气气囊的透气袋，主要用于快递行业，能够保护体积小、易碎、易损坏的商品，具有无毒无味、防潮、耐腐蚀等特点。

5. 透明胶带

它的主要材料是PVC(聚氯乙烯)，用于封装外包装和加固。一次性PVC产品的使用会对自然环境造成长期的损害。

综上所述，得到三点主要结论：一是快递行业缺少相关包装标准，部分物品包装过度，同种产品包装差异较大；二是由电商承担包装责任要比运输环节承担包装责任更高效、更节能；三是部分快递包装材料对环境有害，难以降解，需要回收。

三、实地调研

课题组于2017年4月、5月两次来到位于小闸镇街111号的一家顺丰速运分配站，对快递外包装的包装标准落实情况进行了具体的采访调查。

（一）经验性包装

根据采访调查前的资料查询，课题组成员了解到在快递行业内，对寄件的包装几乎没有明确的标准。针对配送员的采访调查也印证了这一情况。两位配送员一再强调个人经验在包装工作中的重要性，具体的包装方法全部来自经验。

配送员A：“刚来的时候会有老师傅带着干，先在旁边看，听老师傅讲，然后就是自己干。”

配送员B：“就是实际操作呀，多干点就出来了，这些都是累积干出来的经验。”

配送员 A:“随着经验的积累,每个配送员都会形成自己的一套包装标准,看到寄件后能够立即反应出这个寄件的包装方法。对于一些小件或是不易坏的寄件的包装,由于寄件对包装要求较低,包装材料使用相对固定,我们顺丰的配送员的包装方法相对比较一致。”

配送员 B:“例如对于一份文件,配送员选择装入顺丰特制的文件袋,对于一个原装耳机,则在耳机盒外套上一层防潮袋。但对于大件或是相对较易坏的寄件,寄件的包装的方式就因人而异了。”

(二)经验性包装导致的问题

当问及是否有相关的针对快递外包装使用量或操作规范的标准时,他们都予以否认。在采访过程中,两位配送员对一件衣物的包装方式出现了分歧,配送员甲认为应将衣物直接装进防潮袋,而配送员乙则表示应在衣物外裹上一层气泡膜再装入袋中。配送员甲说,不同的配送员对同样的寄件有不同的包装方式,在配送站内是正常的现象。

配送员 A:“就是根据自己的经验吧,可能公司也有标准。我们也不知道。”

配送员 B:“他(顾客)说你行你就行。不出问题就没事,出了问题就麻烦大了,要罚钱之类的,上次我的一个同事就因为包裹出了问题被投诉,罚了挺多钱。”

配送员 A:“寄件的安全是我们包装要确保的呀。在顺丰速运,如果包裹在运输过程中出现损坏,负责递送包裹的配送员和发件员会受到严重的处罚——不但损坏包裹的赔偿金由配送员部分承担,我们的绩效考核也会受到影响。”

从配送员的谈话中可以看出，顺丰速运的规章制度对包裹安全较为重视，这也是公司配送员重视包裹安全的重要原因，确保包裹在运输过程中的安全是他们在从业之初就持有的理念。这一点从顺丰速运的低货损率和复杂严实的快递包装中可以看出。

配送员 B:“就算是已经有一层包装了，包了也没事，不包也没事，但一般还是包一下。你包装的目的就是让它安全。我到你们家包装，我们收个纸箱的钱就可以了，也不贵啊。”

此外，财务主管对各配送员包装材料用量的限制也较为宽松，这一点也导致了快递员包装时标准不一和包装用量的过度。

（三）收件人身份与寄件价值对包装的影响

根据采访之前的预测，收件人的身份可能也是外包装材料用量的影响因素之一：从收件人的性别、收件地址中可以大致估测被投诉的风险，然后配送员再根据风险的高低决定包装材料的用量。但这一猜测在采访中得到了配送员的否认。而寄件的价值是配送员包装时的重要参考，在包装例如珠宝、展会展览品等高价值寄件时，配送员一定会进行更稳妥更周全的包装。此外，顺丰快递也开设了针对高价值包裹安全问题的保险业务，通常保费会与包装材料的收费相当。

对于包裹安全性的高追求所带来的不良后果之一就是对包装材料严重的浪费。在先前的外包装材料回收中，课题组就已经对包装材料的浪费情况有了解，在采访调查时所见的情形确实也证明了这一点。例如一包面膜被气泡膜层层包裹，一些贵重商品的包装更是“里三层外三层”。而这样的事例对于配送员而言，都在包装材料用量的正常范围内，属于配送员口中的“正常操作”。

（四）包装收费标准

配送员 B:“顺丰对包装材料的收费在行业里相对是贵的。包裹基本都要装进纸箱，从小到大有一号箱到六号箱，几号箱就是几块钱。但只收箱子的钱。”

他带课题组成员走进储藏室，所有纸箱的材质只是普通的瓦楞纸。据他所言，包装材料所需费用较低，顺丰速运对于包装材料的使用一般不会出现亏损的情况。

配送员 A:“也有些客户会自己把包裹包装好，这样我们是不收费的，但我们还是会把包裹拆开再对包裹进行加固，虽然客户说出事了他们负责，但收件人真的投诉了，还是谁也说不清的。”

从配送员的话中可以看出，在顺丰速运，快递包装只对纸箱收费，且费用较低，并未对节省包装材料产生影响。即使是客户或电商自行包装，快递公司仍然会再次包装，造成了不必要的多次包装，带来了包装材料的浪费。

公司对于包装材料用量的限定是较为宽松的。三个月是包装材料的进货周期，周期开始前财务主管会预估周期内各种材料的用量来进货，每个配送员都可使用仓库内的材料，对于包装材料的使用没有明确的分配，预估通常基于对以往各种材料用量的统计进行。通常包装材料的用量没有上限要求。

（五）中国邮政分局采访

课题组成员一共对中国邮政龙南邮政分局进行了两次实地采访。

和其他快递公司不同的是，中国邮政提供的服务分为包装服务和运送服务，将包装环节作为独立的收费环节区分出来，包装规格和包装材质分类收费。这其实是利用经济杠杆来调节材料的包装用量，将快递包装用量与价格相联系，值得借鉴。

邮政分局工作人员："我们邮政是有标准的，每个分局都会张贴公示，我们也接受投递人自己带包装，不过我们是要进行检查的。"

四、问卷调查与数据分析

课题组通过关于快递包装回收利用的问卷调查，结合身边的快递调查样件以及为期一个月的快递观察，得出如下结论：快递运输对象多为生活用品，包括食品、服装、文具等。

快递包装使用频率大，且在初次使用后破损率较小，回收可能性较大。快递运输过程当中，纸箱运输占多数，畸变率低，被完全破坏概率小；接收快递对象多为女性，拆卸包装后破损程度较低。

快递包装的再使用率（重新交付给快递公司进行使用或回收）极低，有相当部分群体直接丢弃包装，造成一定程度上的浪费。纸箱作为快递包装所占比重很大，因快递接收量较大，对于硬纸板的使用量较大，因此进行快递包装回收很大程度上将节约硬纸板的使用量。

有相当数量的受访者对于快递包装存在一定的误解，认为目前使用的大多数包装材料（封箱带、填充物、塑料封套等）是环保型产品。多数人认为快递包装是可进行回收的，而事实上快递包装回收率并不高。

快递公司回收纸箱的意识相对薄弱，极少数投递员会询问回收事宜。投递员的工资与投递数量相挂钩，导致投递员没有过多时间等待回收快递包装。快递公司尚未将快递包装作为商品并向服务对象收取一定费用（尚未将快递费与包装费分离，这一点中国邮政做出了较为完善的制度规定），导致对于塑料气泡、封箱带等包装材料的使用量往往超出所需要的量。

目前社会上已经有试点运营的回收站点，且中国部分地区有电话回收快递包装的服务，但是规模较小，且知名度不高。

“纸浆再造也存在很多问题，”北京印刷学院青岛研究院院长朱磊说，“主要是我们国家的垃圾分类没有做得彻底，垃圾分类做得不彻底的话，纸箱跟其他东西混在一块再进行回收，会影响纸箱再生利用的质量。”快递包装多数可以回收，应设置专项回收快递包装行业，通过垃圾分拣来做到分类彻底。

较多数调查对象支持回收包装，并且愿意支付一定费用支持使用环保型快递箱；大多数人选择由快递公司作为主体进行回收，而自己回收再利用包装箱的意愿较小；大多数人更倾向于选择方便的快递箱环保模式。

五、问题分析

快递业的包装问题是近年来我国经济和消费方式转型发展中所呈现出的新问题。快递从商家发往消费者的过程中，存在“商家直达消费者”，“商家——快递——消费者”两种途径。

前者是在快递业井喷式发展之前的主要途径，而后者是电商与快递业发展的产物，也是现在快递运送的主要途径。快递公司作为新增的中间环节，需要有相应的标准约束其行为，尤其是包装行为。而我国在快递包装方面的标准相对滞后，与现实情况并不匹配。随着信息化程度提高，快递业实力越来越强，涌现出了一批科技创新成果，而快递服务的标准制定也需要跟上。

针对快递运输与回收的过程，本文将“起始端”定义为商家的第一次包装以及中间环节快递公司的第二次包装。其主体为商家、快递公司。将“终端”定义为消费者对于包装的处理，以及快递包装材料的回收。其主体为消费者与快递公司。

(一)起始端——电商:相当一部分电商对于商品第一次包装的责任不明确

2014年,由中华人民共和国国家质量监督检验检疫总局和中国标准化管理委员会联合公布的《GB/T 31268-2014限制商品过度包装通则》中关于商品的包装设计有明确的规定,这些规定包括提示商家需注意包装能实现商品的减震,保证安全,如文件中规定:要注意包装内部合理的保护、缓冲、稳定、体积紧凑;提示商家应注意商品包装设计绿色环保,如文件中规定:用材上经济、费用成本合理,并强调用材应能重复使用等方面。

同时,随着电商行业的发展,过去由消费者当场提货、零售的商品如今也大量转为网上消费,例如鲜花行业。课题组成员在调查中发现,鲜花的包装用材不统一。2014年发布的《GB/T 31268-2014限制商品过度包装通则》缺乏对鲜花这种商品包装要求的规范。

在校内所做的为期一个月的快递垃圾包装收集的调研中,课题组成员发现台灯、灯管、杯子等易碎物品在快递环节产生包装较少的主要原因,正是由于商家第一次包装已经到位,并且采用了特殊的包装方式。这说明,如果商家对产品性能、易损处有更多的了解,由商家设计、提供商品包装将会更为专业和高效。

因而我们认为,商家应当承担第一次包装的责任。而在现行标准中,电商是否要对自己的货物进行包装、使用包装数量、包装后快递环节是否还需要再包装,这些问题都没有得到明确规定,折射出电商对商品包装的责任不明确。

(二)中间环节——快递服务

1. 商品包装标准对材料用量缺乏有效关注

课题组成员在访谈与观察时发现,快递从业人员基本不知晓快递包装的行业标准，执行力度欠缺。已有的诸多标准提出者与归口者分散杂乱而不统一，仅有一部分部门提出、制定了部分具体规定，对快递包装全方位的规范管理远远还未实现。

因此，我国目前对商品包装的总体要求、标准以及它们的落实情况成为课题组关注的焦点。经查阅资料发现：大部分关于快递包装的规定多涉及包装的安全性，对材料用量缺乏关注。

快递封装用品系列国家标准，规定了快递外包装材料的具体要求，但对于快递包装中大量使用的内填充材料没有具体规范，且仅是一个推荐性标准，不具有强制力。快递服务系列国家标准包括基本术语、组织要求和服务环节三个部分，规范了快递服务的过程，但对包装缺乏规定。

《包装资源回收利用暂行管理办法》中的用语多为"尽量""建议"，无强制性要求，且规定较为笼统，无具体措施。其中含有大量回收办法，但可行性仍待考证。

按其第四十九条，该办法为基本原则和要求，需各级地方行政管理部门、包装部门、包装行业组织以及中国包装技术协会各相关专业委员会根据该办法制定各自相应的具体实施细则，然而相关实施细则仍然缺乏。只在《GB 23350－2009 限制商品过度包装要求食品和化妆品》和《GB/T 30963－2014 通信终端产品绿色包装规范》《GB/T 31268－2014 限制商品过度包装通则》中发现具体提及包装空隙率和包装层数的规定和回收利用的要求，如需要缓冲的包装物，包装间隙以能容下缓冲物为准，缓冲物材质厚度按 GB/T 8166 等标准计算。但该标准只约束一般制造商，对电商无约束力。

由此可见，我国现行国标不能够适应新型的商品关系，只关注了快递环节包装方面的标准制定，还未针对商家包装进行细化规定。已有的规定主要针对快递服务与快递包装的效果，而对包装本身用料等具体规定较少。此外，部分标准的提出年代处于快递行业未蓬勃发展的时期，难以适应现今的快递环境。

2. 快递第二次包装过于经验化

在我们为期一个月的快递垃圾观察中发现，快递从业人员往往凭借经验包装货物，同一种商品外面包裹的封箱带可以是三米，也可以是十几米。商品种类不断丰富，包装方式也越来越多样，对于同种物品的包装方式尚未达成统一。

快递公司对于不同种类的物品的包装以及对一些易碎品的保护材料使用没有很明确的标准，也没有关于包装材料的成本核算，所以包装材料的耗费并未引起快递公司与从业人员的重视，存在着材料使用大量超出快件所需必要包装量的情况。在二次包装过程中，从业人员的经验化处理出现材料严重浪费的问题。

（三）终端

1. 消费者环保意识薄弱

经调查发现，大量消费者只关注商品本身而不关注包装用料，包装纸盒、塑料袋、胶带往往随手丢进垃圾桶。有过半的消费者从未想过要回收包装，环保意识亟待加强。而材料回收环节缺少专业的机构也是导致多数消费者忽略快递包装回收的原因。

2. 材料回收体系不健全

回收体系不健全是快递垃圾困局的一个原因。包装环节缺乏明晰的行业标准与有效的监管，导致快递回收困难的问题，同样不容忽视。我国缺乏约束、引导包装企业采用绿色包装的国家标准。2009 年 6 月，国家质检总局与国家标准化委员会联合发布快递封装用品国家标准，其中包括针对包装箱和包装袋的标准。两年后，国家邮政局印发《快递业务操作指导规范》，规定快件封装时，应当使用符合国家标准和行业标准的快递封装用品。

但上述标准只是推荐性标准，不具有强制执行力，且多为原则，没有对不同种类的货物应当使用什么样的包装标准提出具体可操作性的要求，也没有对使用环保可降解材料提出要求。

六、解决方案

针对上述问题，我们认为只有从上述三个方面（起始端、中间环节与终端）多管齐下，进行系统化的关注与管理，才能够有效地针对这一社会环境问题找到解决方案。故本文从起始端、中间环节与终端三个方面提出解决方案。

（一）起始端——电商

1. 确立电商为包装的首要负责人

强化商品供应商在商品的包装环节对商品的安全、破碎等问题承担首要责任的原则。对商品的包装应有专业的设计，可以通过购买第三方服务的方式来完成。

2. 设置针对商家快递商品的独立包装标准

根据前文的分析，中国现阶段对商家包装商品的标准有局限性，只针对传统零售，不适合目前快递与传统零售行业相结合的新运营模式。

建议设置针对商家快递商品的独立包装标准。将快递商品的包装要求与普通商品相区别，将运输要求纳入制定标准的考量范围，使之符合当下快递运输业的发展要求。这样，商品在包装的第一级阶段就能得到既保证商品安全又减少不必要浪费的恰当包装。

（二）中间环节——快递服务业

1. 细化并完善目前国家有关的快递包装标准

导致快递包装过度的直接原因是缺少行业规范操作的标准，从业人员在包装时因缺少相关的指导性文件，凭借经验进行包装，导致包装主观化。目前，我国关于快递包装的相关标准，只针对服务做出规定，如要求快递员对商品轻拿轻放，未针对包装用材、包装盒与商品类型的匹配度进行细化。

细化并完善目前国家有关的快递包装标准，对包装材料、包装大小两点制定标准。在原有大小与材料的基础上，增加不规则形状商品包装标准，目前我国常用包装大小分别为 1—12 号，可针对具体商品分配具体的快递包装规格以减少快递员根据经验选用不同快递包装的混乱现象。

针对包装材料，国家可针对目前尚处于空白阶段的填充物进行标准的规定。首先应规定并细化市场上允许使用的填充物材料，再根据需要使用的量（质量与体积）分化出使用量的标准（如：少量、中量、大量、超大量等），从而达到规范快递包装，减少不必要浪费的目的。

2. 分离包装服务与快递服务

快递包装浪费的原因之一是快递服务人员为避免商品在运输环节出现破损，而额外增加包装。目前各家快递企业对包装耗材的成本核算只作为企业基础经营成本，并不限制快递员使用包装材料，快递员对包装材料可以任意使用，容易导致包装材料的浪费。

区分包装服务和运输服务。将包装服务与运送服务都作为商品进行计价，分级收取费用，促使快递公司更精细地核算包装耗材的成本，正视快递材料的费用，从而起到减少包装材料用量的效果。

快递投送员在包装时应明确注明填充物的使用情况，能够在物流查询时明确看到包装大小、材料与填充物使用情况。当卖家需要进行退货时，该填充物标准应该与原先投送时的填充物一致。

中国邮政的收费方式具有参考以及普及价值：将包装视作商品，按照大小、包装程度分级计算价格。根据所用填充物的品种以及用量，快递公司可制定相应价目表。对于内部填充物的收费，通过前期实地探访与组内讨论，课题组模拟设计了“快递填充物表格”作为参考（见表 5）：

表 5　快递填充物分类价目表

类别		用量	低规格（A 元）	中规格（B 元）	高规格（C 元）
1	牛皮纸				
2	充气塑料袋				
3	塑料泡沫				
4	防震气泡膜				
总计金额（元）：					

建议该价目表目前只对商家开放。快递公司可根据此价目表索取费用，此外快递投送员应在快递包装上明确注明使用填充物类别（或者在快递单上体现使用情况）。

（三）回收端

1. 鼓励并规范快递公司设立快递包装回收服务

纸箱在快递包装使用中所占比重很大，硬纸板的使用量较大，因此对快递包装回收将很大程度上节约硬纸板的使用量。但现在对于快递包装的回收服务比较缺乏。

政府应大力鼓励快递公司建立包装回收服务，广泛宣传回收包装盒的益处并对设立回收服务的企业进行一定的奖励，在回收利用包装方面提供一定的技术支持，使资源得到最大程度的利用，包括回收环节智能化，以及推广使用绿色包装，从而推动我国快递包装行业的绿色化。同时，规范对于快递包装的处理办法，在垃圾分拣回收的标准中，加入目前尚未规定的快递填充物的处理方法，根据不同的材料选择不同的处理方式。

2. 建立回收积分激励制度

快递包装的回收应该“化整为零”，考虑到快递使用量过大，有能力的企业可以开发出一款 APP，给予参与快递回收的用户一定的积分，实现快递垃圾回收的智能化。消费者目前对于包装盒回收的必要性并没有充分的认识，拆开即丢的行为广泛存在，可以通过这种方式激励消费者形成回收意识。

消费者在一定时间段内可将快递垃圾囤积，由快递公司在下一次上门时进行回收，快递公司在清点包装后根据回收量，给予用户一定积分奖励，积分可用来抵扣一定的快递费用。

3. 建议整合目前已有的环保企业（单位），在政府调动下进行宏观调控

结合目前已有的菜鸟联盟等，建议在统一的政府调度下进行操作，以使回收端工作效率更高，更便于管理和消费者的使用操作。

上述的一系列解决方案，意在实现从政府到民间对于快递包装垃圾控制一体化，充分利用已有的资源优化尚处于落后阶段的快递包装行业，希望能够缓解目前因快递包装垃圾造成的污染问题。

参考文献

[1] 国家邮政局《2016 年邮政行业发展统计公报》。

[2] 国家邮政局《2016 年中国快递发展指数报告》。

[3] 全国邮政业标准化技术委员会《快递封装用品》系列国家标准 2017 年。

[4] 全国包装标准化技术委员会《GB/T 31268—2014 限制商品过度包装 通则》。

[5] 全国包装标准化技术委员会《GB 23350—2009 限制商品过度包装要求 食品和化妆品》。

[6] 全国包装标准化技术委员会《GB/T 16716—1996 包装废弃物的处理与利用 通则》。

[7] 全国通信标准化技术委员会《FZT 80002—2016 服装标志、包装、运输和贮存》。

[8] 工信部《GB/T 30963—2014 通信终端产品绿色包装规范》。

探究感想

由于在生活中我们观察到快递包装泛滥，包装垃圾得不到有效处理的现象，我们选择了快递包装垃圾作为研究对象，并深入社会实际进行调研。在包装收集、数据处理、问卷发放、实地调查等一系列调研过程中，我们一方面增长了社会实践能力，一方面也对社会现象、社会问题有了更多的了解和认识。在数据分析、论文写作的过程中，我们展开了对快递包装垃圾问题的分析并尽己之能提出解决方案，极大地锻炼了我们的研究能力和团队协作能力。在课题答辩时，评委老师肯定了我们研究的全面性和合理性，建议我们在标准和操作规范上继续深入研究，提出并细化需要完善的政策性规范要求。我们受益良多，针对这一方向进行了修改，使得研究更加深入，更加具有可行性。我们将会继续关注和深入探究该课题，不断提高自身的社会实践能力。

课题组成员：上海市西南位育中学

黄汀越　陶泽成

指导教师：王红妹

游客投喂行为的现状与干预

探究缘起

不少媒体都曾报道过动物园内某动物不幸误食游客投喂的食品致病，甚至是致死的悲剧新闻。动物园方面虽已提醒、劝说、阻止游客随意投食，但游客不文明的投喂行为还是屡见不鲜。这引发了本组成员对游客投喂行为现状进行调查的兴趣，希望能够通过问卷和实地考察，想出一些合理有效的方法来避免此类悲剧的再次发生。

近年来，动物园逐渐成为许多人青睐的旅游景点，但在动物园游览“升温”的同时，一些不文明的行为也随之而生，其中给动物们带来伤害最大的，也是让园方最为头疼的，无疑是许多游客“爱的投喂”。比如北京动物园“假期游客乱投喂，斑马患‘节日病’”。斑马平时的食物一般都以干料为主，可由于游客缺乏对于斑马习性的了解，给斑马投食的都是青菜、胡萝卜等含水分较多的食物，这导致了不少被投食斑马出现消化不良、胀肚、拉稀等肠道疾病。再如，猴子因为亲近人类，喜欢尝试新的食物，游客更是投喂各种食品，导致动物的生存环境苦不堪言。这样令人痛心的例子却比比皆是。

全国动物园中，每年因游客随意投喂而致病、中毒、死亡的动物不计其数。不少游客完全漠视园方在动物参观区旁贴出的“禁止投喂”标语，不断地给动物投喂食物，殊不知此举给动物们和园方带来了不必要的麻烦。

对此，本文想针对游客投喂行为提出一些建议和对策，希望能够有效解决一些实际问题，希望能减少对动物的不必要伤害，优化园方管理，也能为游客提供更加愉悦的参观体验。

一、研究过程与分析

（一）问卷调查

我们进行了问卷调查，共收到228份答卷，其中男性人数78人，女性人数150人。

小组成员在上海动物园实地考察的过程中，发现到处都贴有“禁止投喂”的提示语，可其收效如何呢?

在问卷中，本组设置了这样的问题：“去动物园游玩时是否发现投喂现象?”答卷显示，回答“经常”和“偶尔”占比较大，由此可见，目前投喂现象还是屡禁不止。

表1

选项	小计	比例
从不	8	3.51%
偶尔	128	56.14%
经常	77	33.77%
每次	15	6.58%
本题有效填写人次	228	

对于这种现象的原因，本组成员提出了几种可能：

1. 出自游客对动物的喜爱。

2. 认为动物的伙食不周到。

3. 基于拍照等需求，欲吸引动物注意。

4. 受外界影响，存在从众心理。

5. 提高游园趣味性。

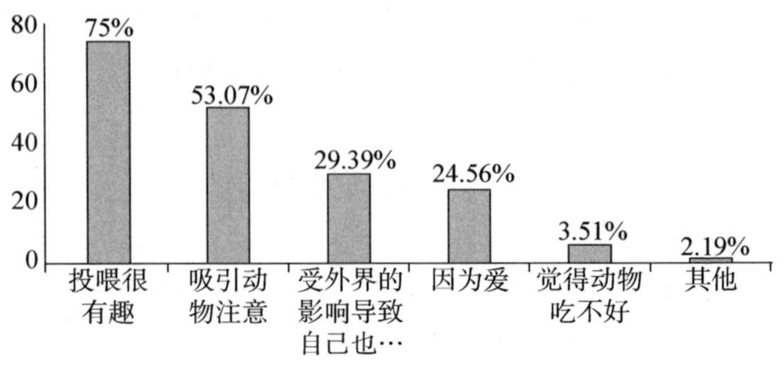

图 1

据图 1 可知，绝大多数游客投喂的原因是“投喂很有趣”；其余游客则出于“吸引动物注意”“受外界影响，也想尝试投喂”和“因为爱”等原因。显然，对于大多数人来说，投喂动物可增加游览中的乐趣，这包括两个方面：一是投喂过程本身带来的快乐，让人感觉在喂养自己的宠物一般，获得幸福感；二是想通过喂食来吸引动物注意，其间或用相机拍摄照片发“朋友圈”，或成群结队围观游览、议论动物猎食习性，以此来满足自己的好奇心、控制欲和社交欲。

同时，在调查过程中，本组成员发现动物饲养知识达到“精通”程度的游客占总比的 2.63%，“有很多”动物饲养知识的占 3.07%，“略有一点”动物饲养知识的占 53.07%，但“完全没有”饲养知识的游客却有 41.23%。

对于“您觉得投喂行为会产生怎样的影响?”(多选题)，由表 2 可知，虽说投喂能增加游客游览的趣味性，但大多数人已意识到胡乱投喂的不妥，投喂不当的食物或是不正确的投喂方式，既可能伤害动物，也会对环境造成不必要的污染。

表 2

选项	小计	比例
增加游客游览的趣味性	98	42.98%
改善动物的伙食	15	6.58%
可能会对动物的健康造成危害	199	87.28%
投喂现象严重对于动物生活环境造成污染,不便于清扫	145	63.6%
其他	6	2.63%
本题有效填写人次	228	

问卷最后,本组成员列出了几条管理方法。通过调查,本组成员发现,增加监管人员和通过网络公布动物的饲养情况以提高大众对于动物喂养的认知这两点是最受认可的选项,其他如罚款、允许部分游客(报名限流)体验投喂过程等方法也能得到多数人的认可。另外,本组成员希望能够借助网络的力量,向更多的人提出呼吁,从根本上改变每位游客对于随意乱投喂行为的态度和意识,而不只是一味地通过加强监管来制止游客错误的举动。

(二) 走访调查

在实地走访调查上海动物园时,本组成员发现参观动物园的游客大都是以家庭为单位,其中基本以十岁以下的儿童为主,由家长陪伴他们进行参观。因而本组成员认为,发生投喂现象的原因中,很重要的一点便是家长希望借此与孩子增加互动,既锻炼孩子的胆量,又培养孩子对动物的爱心。因此,改变动物园游客投喂现象的根本在于对孩子的教育。动物园方面可以通过播放一些指导和教育类的卡通动画,或是以其他新颖活泼的方式,让孩子从小就意识到要保护动物;而家长则应以身作则,在参观的过程中正确地引导孩子快乐、文明游览。

在参观过程中,本组成员发现,在一些动物的介绍旁边已有二维码的标识,“扫一扫”便可以看到“禁止投喂”等提示和对动物的一些基本介绍。本组成员对此一致认为,园方此举合理有效且又便利。当然,本组成员建议园方可以充分利用园内的二维码,可以出一些智力问答。游客根据答对题数可以获得相应的小奖励,可以是印有可爱小动物照片的小扇子一类成本较低的物品,最高的奖励是和动物们来一次“亲密接触”,这样能更有效地激发游客们游园的积极性,让游客在做题中更了解动物的生存习性,潜移默化地引导游客不要投食。

(三)访谈调查

本组成员随机访问了一名上海动物园的饲养员王师傅。

王师傅负责飞禽区的饲养工作已有十余年。他每日的工作就是负责一部分禽鸟的喂养、卫生清洁,指导禽鸟学习动物行为等。他每天早上到动物园后,换上工服,穿上水鞋,带好手套便先开始清理笼舍。

实地考察当天,本组成员主要问了王师傅以下两个问题:

1. 游客随意投喂现象发生的频率高还是低?

2. 园方针对此类现象的管理措施有哪些?

在与饲养员的交谈中,本组成员了解到,在设置了禁止投喂标语之后,游客投喂行为数量确实正在逐渐减少,部分游客会互相提醒,以往飞禽区遍地的面包屑、食品包装袋等现象也已经很少见了。

“我以前一天每隔一个小时就要去打扫一下笼舍,因为如果不对这些垃圾及时处理,马上就会堆成山了。放置这些标语后我一天只需三个小时打扫一次,有时甚至上下午各打扫一次即可。”王师傅说,“其实大多数游客还是很乐意配合的,只是有时候还是需要稍加提醒。因为他们不知道什么对动物有益，什么对动物有害。”

同时，本组成员也在交流中感受到了工作人员的无奈。据饲养员所述，动物园客流高峰时期投喂现象还是十分严重，管理员和饲养员总是尽力劝说游客不要随意投食。到最后，饲养员疲于应对，认为，反正总是要打扫的，所以上前劝阻的次数也就大幅降低，那么动物的健康状况和生存环境也就大打折扣。

至于本组成员提出的管理方案，饲养员指出，暂且禁止游客自由投喂，虽然食物的种类可以明确规定，但是无法控制游客的投喂量，过度投食会让动物肥胖，健康状态变差。至于是否会增加趣味投食环节，饲养员表示，可以尝试一下，但为了游客的安全着想，至多也仅仅开放一些温顺的食草类动物供大家互动。

二、研究成果

我们一共用三种方式（问卷调查、实地考察、访谈调查）针对游客投喂行为的现状与干预，进行了仔细的调查和研究得出以下结论：

目前大多数人都已有“不能随意投喂”的意识，但还是经常会目击到其他人不自觉的投喂行为。动物园投喂现象目前还未得到真正完全有效的管理，还是会有许多游客随意投喂。

大多数游客对于动物饲养知识一知半解，但仍会进行投喂。大多数游客会选择较为温顺的动物来投喂。在旅游旺季，游客投喂现象还是颇多的。在动物园加设了提醒标志后，游客投喂人数渐渐减少，但是还是不能根治部分游客不自觉的投喂问题。

综上所述，本组成员认为，目前来看，游客随意投喂的行为已大幅减少，但仍有一部分游客还是“屡劝不止”。

针对游客投喂行为的现状，本组认为，杜绝随意投喂现象的关键在两方面:游客的自觉和园方的管理。想要完全防止类似“游客投喂动物致死”的悲剧,必须从根本上来解决——引导游客自我认知不该随意投喂。希望游客能自我约束,不因自己一时之欲伤害动物,在文明游园的同时,也希望游客能在游览中学习到一些新的知识,丰富自己对动物们的认知。

针对错误投食现象,园方可以在展示区旁边贴出动物的饮食爱好和习性,让欲投喂的游客适量投喂安全的食物,避免再出现动物因吃错食物而生病的悲剧。孩子们也能在参观和投喂的同时了解到有关动物的知识。但是一定要控制游客投喂的数量,园方要加强监管。

园方可以增加投喂项目,游客线上报名,让这部分游客用园方准备好的食物进行投喂。这样,满足了游客投喂的欲望,又保障了动物的饮食安全。此举还可以为园方带来一定收入,用来改善动物园环境和动物伙食。基于此,有关游客希望投喂的动物种类本组也进行了调查,发现兔子、海豹、海狮、鸟类、猴子等动物是游客投喂欲望比较高的。因此本组建议,园方可先开设一小部分上述游客投喂欲望比较高的动物的展区,然后再逐渐适度开放其他游客有投喂欲望的动物的展区。

加设防护栏、防护网,提高投喂难度。动物园高峰时客流量较大,在大量游客蜂拥而至的情况下人工监管常显得力不从心。因此该项举措,能够有效弥补人工监管的漏洞,防止部分游客的投喂行为。

丰富每个动物笼子旁的二维码,扫描后,游客可以获得动物饲养的信息(包括饲养食物、喂食时间、饲养员信息等),从而对动物的生活及饮食习惯更为了解,也就打消了部分游客认为动物伙食不好的想法。

探究感想

作为高中生，写就一篇较为完整、逻辑清晰的论文对于我们来说还是极具挑战性的。在研究的过程中，少不了茫然和疑惑，比如最开始的问卷初稿就显得格外幼稚。感谢张伟峰老师在我们不知如何推进时，给予了我们明确的方向以及一个科学的问卷样稿，我们的课题才得以成功地迈出第一步。同时也要感谢陈天琦老师，在论文的撰写方面给我们提出了许多宝贵的指导意见。

这是我们三人第一次完成社会调查类的课题研究，这个课题不单让我们了解到动物园游客投喂现状、提出我们的看法和建议，其过程亦让我们学到了如何团队协作、如何与他人沟通和相处。在此真诚地感谢“进馆有益”这个活动给我们提供的机会，此次经历让我们受益匪浅！

课题组成员：上海市大同中学

薛哲予　陈　宁　徐顺安

指导老师：张伟峰　陈天琦

科技之光

探索奥迪的球形轮胎梦

——寻找使汽车横移、旋转的途径

探究缘起

2003 年，奥迪设计了一款中置引擎概念车，型号为奥迪 RSQ，采用球形轮胎，展现了奥迪的未来汽车梦。不过，当时奥迪也明确表示："以目前的科技实力，无法制造出球形轮胎系统。"目前，奥迪已经搁置他们的球形轮胎研究，球形轮胎设计也因为难以实现而淡出了人们的视线。但球形轮胎所具有的横走、旋转的功能非常实用，有着极大的发展前景。我们课题组希望：解答"在现有技术下，不能实现球形轮胎车的制造"命题是否正确；找到驱动球形轮胎的途径；找到能实现横移、原地旋转功能的最佳方法。

据 2004 年的一则材料，奥迪 RSQ 设计工程师 Julian Hanig 说该车由一种类似滚轮式鼠标的方式驱动。由于鼠标的滚轮是被动旋转，并不需要主动施力，因此驱动形式仍不清晰。在关于此车的材料中，工程师说："可以忽略技术可行性、人体工程学等必须因素。"这说明奥迪并没打算将这款车投诸应用，也隐含了目前的"科技水平无法将这个设计制造出来"。

即使如此，从其设计上还是可以看出一些理念(球形轮胎与车体不连接，车体加宽包住车轮)。从中可以猜测，此车车轮不与车体连接，必定没采用传统机械系统，而是采用磁悬浮技术。

2016 年，固特异轮胎公司设计出的 Eagle—360 球形轮胎，靠着磁力与车体联结，其运作方式类似磁悬浮列车。

从中我们已经证实了最初的猜想，并且清楚地明白，要使奥迪开创的这种设计在技术层面上落地，从磁入手最佳。

然而这则 Eagle—360 的技术分析中也提到“目前 Eagle—360 仍在概念阶段”，因此我们课题的第一个目标就是解答“在现有技术下，不能实现球形轮胎车的制造”命题是否正确。若能找出实现球形轮胎车制造的办法，那么就能解答这个问题。若不能实现球形轮胎车的制造，那么我们还得寻找之所以无法实现的原因。最终的研究结果证明：球形轮胎车确实是可以制造的，但是有比球形轮胎更好的设计。

我们进入上海汽车博物馆开展了为期一天的针对性研究。此次研究的主要对象是：汽车的轮胎、传动系统、转向系统和悬架系统。我们仔细研究了上海牌汽车底盘、机械转向装置和扭力梁式后悬挂，用心学习博物馆内介绍展示的原理知识，并且观看了未来主题汽车微电影，从中汲取灵感。此次研究的材料皆为机械设计，我们掌握了目前汽车上的轮胎、转向、悬架、传动运行原理，为进一步研究提供了理论知识基础。

一、从磁出发，发散思考，创造设计一

高中学的物理虽然只是简单、普遍的一些内容，但通过将尖端科技简单化，会发现大部分科技产品的根本原理用高中物理知识都是能够理解的。因此我们认为，虽然大多数科技产品电磁的装置都复杂到让人眼花缭乱，但是只要我们找到了其根本的设计原理，也就不难理解了。而且，只要我们找到了一种设计思路，“现有技术能不能实现球形轮胎汽车的制造”的疑问就能够被解答。

球形是个非常特殊的形状，由于这种轮胎滚动方向没有车轴

限制,于是就增加了很多困难。第一大难点就是:如何使汽车能够向任意方向行驶。我们知道,汽车行驶需要动力、制动力和转向力。在电磁驱动系统中,动力通过电流在磁场中受到的安培力得到;制动力通过反向施加动力得到;汽车的转向,其原理就是给转向轮施加与行驶方向成角度的力使车辆改变原有行驶方向,不过因为球形轮胎无法用传统悬架去连接,不能使用机械式转向系统,因此转向力也得通过安培力得到。综上所述,三个力都由安培力充当,那么仅需施加一个安培力,使其等同于汽车行驶所需要的三个力的合力即可。三个力的合力在不断变化,因此安培力也要不断变化,一个球形轮胎需要得到的就是一个能够四面八方随时变化的安培力作为动力。第二大难点包括:如何形成动力并把动力施加到车轮上,如何支撑起车辆。

最容易想到的方法是利用电和磁的知识,因为这样就不需要机械部件去连接车轮,球形设计的自由度得到充分发挥。这里所有的磁场都由电流形成(损耗和地磁场等干扰因素排除在外)。这里可以利用直流电机的知识。直流电机的原理不再赘述,提供的是动力(安培力充当),此时再向线圈的另一个垂直方向加上一个磁场,使其与线圈本身形成的磁场达成同性相斥,借此能够把车体托起来(如电磁驱动球形轮胎原理图 1)。

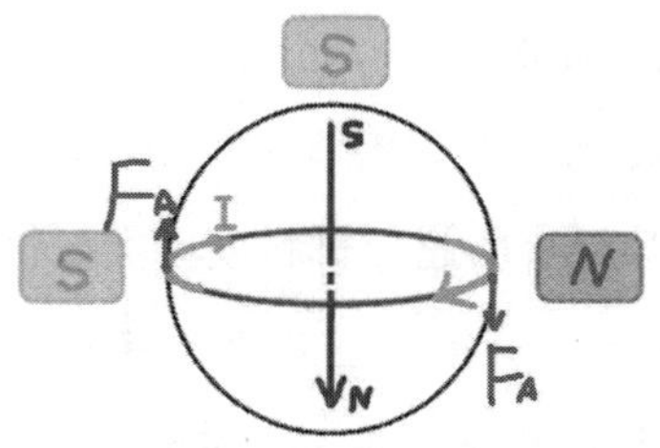

图 1　电磁驱动球形轮胎原理图 1

这里会有一个问题，就是单个线圈只能使车实现前进和后退，且当线圈转动时，托住车体的排斥力也会随之消失，于是车体会垮下来。因此需要将整个球体均匀分布上环形导体(如电磁驱动球形轮胎原理图 2)，由电脑控制使各导体在运动时不断协作，使动力和托起车体的排斥力不间断，就能达成“既能托起车体，又能输出动力”的功能要求。

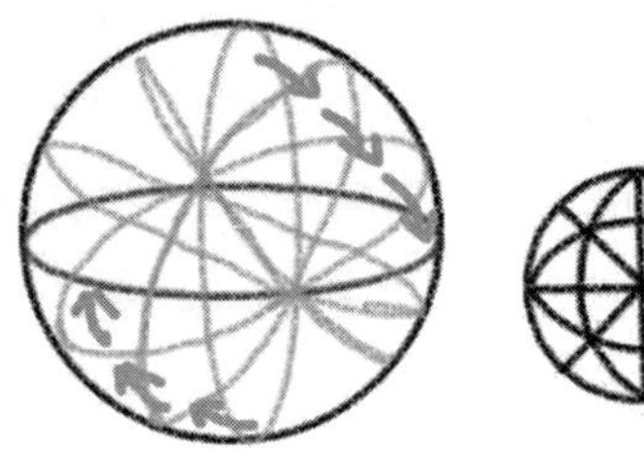

图 2　电磁驱动球形轮胎原理图 2(经图 1 旋转 365 度得出)

本套电磁系统的优点在于：

1. 球形轮胎，具有横行、原地旋转的功能。

2. 组合悬架和动力装置，并且不使用机械传动方法，从而避免了部件间磨损造成的损耗。

但是缺点也很明显：

1. 轮胎不和车体直接连接，因此没有直接连接车轮的供电装置，需要无线供电技术。

2. 部分电能转化成线圈内能被损耗。对于这个问题，可以通过使用一些磁悬浮上的超导材料或者类似材料制作使损耗降到最低，效能达到最大。当然，这也就意味着要成功制造这一套系统的成本会非常高(成本不是本文讨论的主要因素)。

3. 部分装置和导体装在车轮内部，造成检修和车轮维护不便。

电磁学如此深奥，有没有别的设计方法？——有的。

二、脱离电磁紧箍，发现设计二

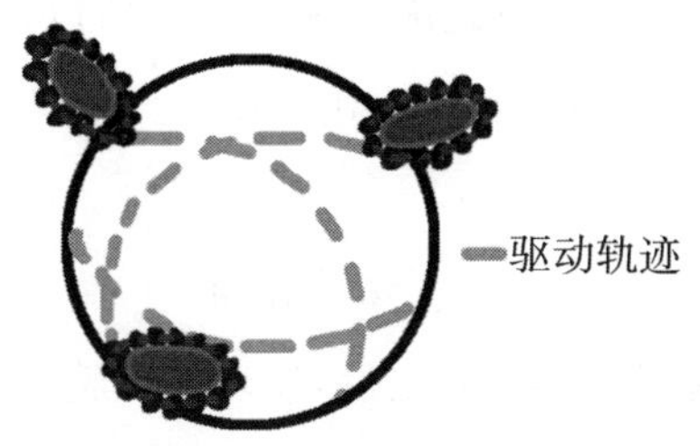

图 3 “三组传动齿轮设计”原理图

三组传动齿轮（机械传动）这个设计并不是我们创造的，而是我们发现的。

在一个球形轮胎的周围设置三个互成同一角度的大齿轮，大齿轮的边缘设置小滑轮以大幅度减小大齿轮和球体表面的摩擦。三个大齿轮通过电脑控制协作，各自连接电机产生一个驱动力，三个驱动力的矢量和就能看作是驱动球体定向运动的力。

这个设计同样有利有弊：

利：球形轮胎，具有横行、原地旋转的功能。

弊：1. 此设计依靠摩擦生效，需要材质较软，表面摩擦系数高的轮胎才有较好的效果，否则可能造成装置打滑而损失动力。2. 一个车轮需要三个互成相同角度的电动机，设计较为复杂，而且占用体积较大。

综合第一轮研究（球形轮胎系统），我们得出如下总结：

首先，现有科技一定能够实现球形轮胎汽车的制造。但是，球形轮胎(球体)在地面的附着面积相比传统轮胎(柱体)要小,因此抓地力较差。同时球体有着能向四周任意方向运动的特点,因此车辆动态并不稳定。

球形轮胎带来的横行、原地旋转功能仅在小空间停车有用,驾车时99%无法用到,因此优点被缩小。所以说球形轮胎是个具有先进外形、先进功能但不实用的设计。

三、拓展研究

继之前研究了球形轮胎之后,发现球形轮胎缺点很多,我们又进行了拓展研究。

(一) 麦克纳姆轮

麦克纳姆轮的外观设计上主轴和副轴成45度角,副轴上的滚轮不需要动力,而是负责将主轴传输的向前向后的力转化为副轴上的斜向力。麦克纳姆轮外观和其运动原理如图4、5所示。通过麦克纳姆轮技术可以实现全方位运动(设计弊端则导致难以斜行)。

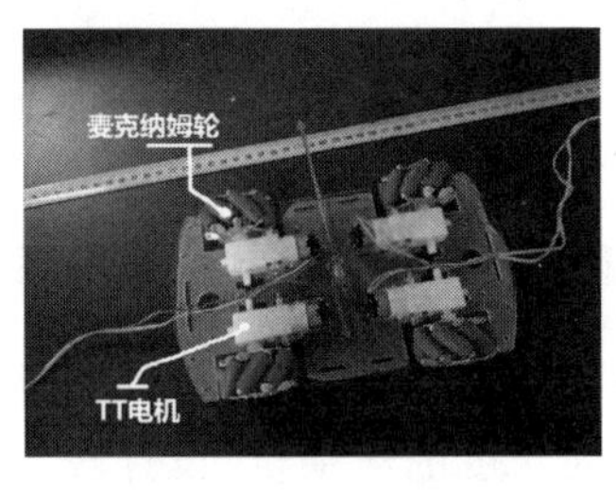

图 4

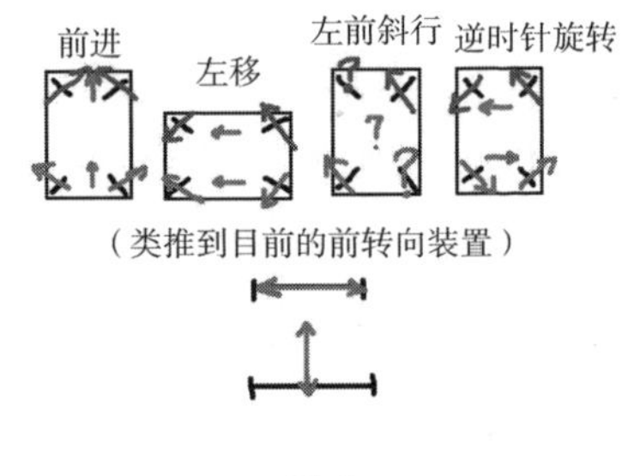

图 5

优点:全方位移动的特点大大提升空间利用率,减少不断前进后退转向中的能源损耗。

缺点:其移动速度较慢而且较重,这限制了其工作条件,能在工业方面发挥奇效,但难以作为量产车生产。减震能力有限(副轴轮的胎壁薄且高速运行震动严重),成本高昂。

(二)全向轮

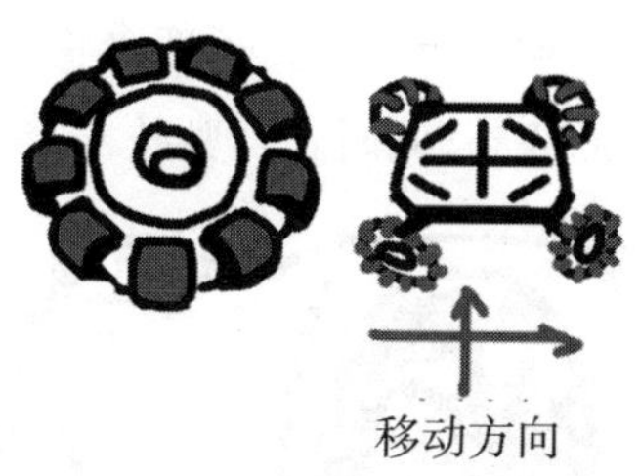

图 6

全向轮和麦克纳姆轮的原理相近,但全向轮和麦克纳姆轮不同之处有两点:1. 全向轮的动力传输没有从主轴转移到副轴的过程(因为副轴跟主轴呈 90 度而不是 45 度)。副轴的作用是为了减小车轮在其垂直方向移动时的摩擦力而设计的。全向轮的轮盘呈内八字放置,而麦克纳姆轮的轮盘是平行放置的。

全向轮的优点和缺点列举如下:

优点:1. 价格较便宜,设计上易于加工。

2. 结构较简单,从麦克纳姆轮和全向轮的实物图便可看出两者结构复杂度差异。

3. 运行较平顺。

缺点:1. 外八字的轮盘设计使其只能作为机器人轮而无法运用到汽车上。

2. 承载能力差(接触地面的面积小导致对单根副轴的压力大)。

3. 抓地力差,且常和轮胎产生滑动摩擦。

我们所看到的全向轮大多是运用在机器人上，大型机械和汽车都无法使用，因此实用性较差。麦克纳姆轮适用于大型机械，但二者皆不适用于民用车。

（三）四轮主动转向装置

四轮主动转向装置的设计增大了四个轮胎的活动范围，使车能够具有更多样化的姿态（同时在驾驶技术上也会有所变化）。

图 7

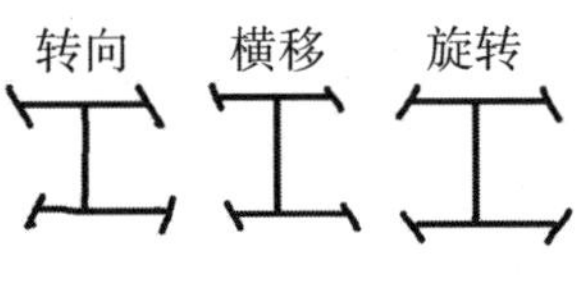

图 8

这个设计虽然表面上跟现存汽车转向系统类似，但是实际上有很多不同。首先，要实现这个设计必须切断一根车轴上左右轮的联系，否则两个轮子将永远平行转动，做不到外内八字。其次，每个车轮都要有一个独立的电机控制其转向杆，此时就需要电脑控制不同车轮的转向角度。再者，这个设计必须配合四轮驱动系统使用，否则可能会导致由于驱动轮传出的动力无法有效推动从动轮，致使静止状态下车尾动而车头不动或相反情况的出现。

因此，使用这个设计就难以沿用传统的液压助力转向装置，几乎只能使用电子助力装置，而且助力装置需要重新设计。汽车的操控手感会因此有略微改变。但对于新增的横移、原地旋转功能来说，这样的改变是值得的。

四、研究结论

球形轮胎本身存在占用空间大、与地面接触面积小的问题，这是其定义中的“球形”带来的，我们无法改变，同时其传动、悬架、转向设计非常复杂。球形轮胎的独特形状，使得其与地面的接触面积十分小，抓地力弱，易失控，车辆因此不稳定，难以符合安全规定。同时，球形轮胎车辆没有固定的车轴又是一大问题，行驶过程中难以稳定旋转，这一系列问题都无法保证车辆的稳定性，继而不能保证车内乘客的安全。除此之外，就算球形轮胎得以上路使用，其与一般汽车的巨大差异不仅会需要为此新发布一整套完整的法律体系，而且应该和一般车辆分开行驶。但就日渐拥堵的交通现状来看，专门划出车道给数量极少的球形轮胎车辆是不现实的。综上所述，球形轮胎车辆不适合上路行驶。我们可以实现制造球形轮胎的车，但是这并不实用，只能说为了达成横移、旋转的功能而使用球形轮胎是捡了芝麻丢了西瓜，目前情况下球形轮胎还是适合待在科幻电影里。

麦克纳姆轮和全向轮均不适用于民用车，麦克纳姆轮适用于大型机械，而全向轮适用于机器人。四轮主动转向装置是最实际的设计方法，凭借其与现代汽车相似的设计，可以沿用大部分已有汽车构造，而且更加稳定可控，相信会有厂商关注到这个设计并且让它从电影走进现实。

总而言之，在未来我们大概是看不到球形轮胎车的量产了，但是具有四轮转向功能的车还是很有实现的，或许在不远的将来就会普及。

参考文献

苏铭翰：《轮胎大革命！球型概念胎改变车辆移动方式》，《驾驶园》，2016 年第 4 期。

探究感想

在此次研究过程中，我们锻炼了一颗不放弃、不气馁的创新之心和团结共进的团队之心，也汲取了新知识。研究中有艰辛的付出，但这最终换来的是可贵的成果；研究中成员之间也有不满和争吵，但这最终带来的是更多样的创想和更强的凝聚力。我们将继续努力，多思考，多实践。最后感谢刘晓杰老师在物理学科方面教给我们的知识以及她在我们论文撰写过程中给予的启示和指导！

课题组成员：上海外国语大学附属大境中学　高三年级

曹嘉俊　薛雨豪

指导老师：刘晓杰

新能源汽车充电设施的改进

——参观上海汽车博物馆引发的节能思考与探索

探究缘起

我们在日常生活中经常目睹这样的情况:因街边充电装置布设数量少,电动汽车匮电但又无法立即找到充电桩,因而抛锚。即使找到了充电桩,又需要人工插拔电缆,费时费力、使用效率低下,同时电连接器外露存在漏电隐患。住宅小区里缺少充电桩,电动汽车车主不得不从自家窗户中垂下长长的电缆为汽车充电,极其不方便。凡此种种,引发了我们的思考:如果充电桩具备自动无线充电功能,岂不就能较好地解决这些现实问题了吗?我们组成课题小组研究了基于法拉第电磁感应原理的无线充电装置。此装置的实现既能服务于广大新能源汽车车主,又能为绿色环保的国家大战略和新能源汽车推广发展助力。

一、背景介绍

在参观上海汽车博物馆的过程中,探索馆的“汽车未来”区域引起了我们的浓厚兴趣。其中展示的新能源汽车,不仅是现代汽车史上的一大成就,更让我们看到了未来汽车的发展方向。

近些年来,绿色环保已成为国民经济可持续发展和人们生活健康幸福越来越重要的前提条件。传统的燃油汽车作为人们出行、货物运输的重要交通工具,无时无刻不在消耗着大量的石油,同时引发大气污染、全球变暖等环境问题。所以,节能减排逐渐成为汽车工业和汽车消费者所关注的重要问题。自然地,使用清洁能源——电能作为动力的新能源汽车,也就成为包括中国在内的世界各国持续关注的热点,并得到了积极推广,目前是既能方便出行又兼顾环境保护的最佳代步和货运工具。

随着思考的深入,我们发现新能源汽车发展与进步的一大关键问题在于其配套设施的发展与进步,其中,充电设施是极为重要的一环。目前,由于有线充电基础设施等条件的限制,充电问题成为电动汽车发展过程中面临的最主要的问题。

为此,我们便想到研究一种基于法拉第电磁感应原理的新能源汽车无线自动充电装置(以下简称“无线自动充电装置”),既能方便地密集布设在街边、小区、停车场等区域,又能提高充电效率及使用操作便利性,为降低新能源汽车的使用门槛、促进新能源汽车的持续发展提供助力。

(一) 法拉第电磁感应原理

法拉第电磁感应原理告诉我们:电流流过线圈(闭合回路导体)时会产生磁场,线圈靠近磁场时会产生感应电流。进一步地,变化的电流产生变化的磁场,变化的磁场在周围空间产生变化的电场,处于此电场中的导体会产生感应电动势(感生电动势);若将此导体闭合成一个回路,则该电动势会驱使电子流动,形成感应电流(感生电流)。如图 1 所示。

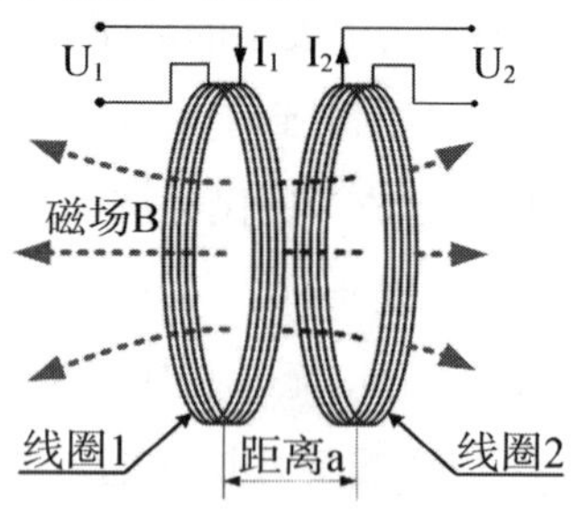

图 1 法拉第电磁感应原理示意图

在封闭的线圈 1 中通入交变电流 I_1，就会产生交变的感应磁场 B；使封闭的线圈 2（与线圈 1 的距离为 a）处于感应磁场 B 中，则线圈 2 中就会产生感应电流 I_2。

（二）预期应用方向和推广价值

这种无线自动充电装置采用电磁感应技术，当电动汽车驶入充电车位、车主确认相关信息后，启动供电流程自动快速对电动汽车充电。这样就可以提供更加安全、便捷的服务，免去以往需人工连接电缆造成的一系列不便，为车主节约时间。

这种无线自动充电装置适合在车流集中的商场、医院、轨交换乘站等处的车库设置、推广，可以方便而快速地对停入车库的新能源汽车进行充电。自动无线充电装置的发展也有利于加速新能源汽车的推广，为环境保护助力。

二、研究内容及方法

（一）总体方案设计

无线自动充电装置的总体方案如图 2 所示。除电动汽车外，主要组成设备还包括配电桩、送电器、受电器等。

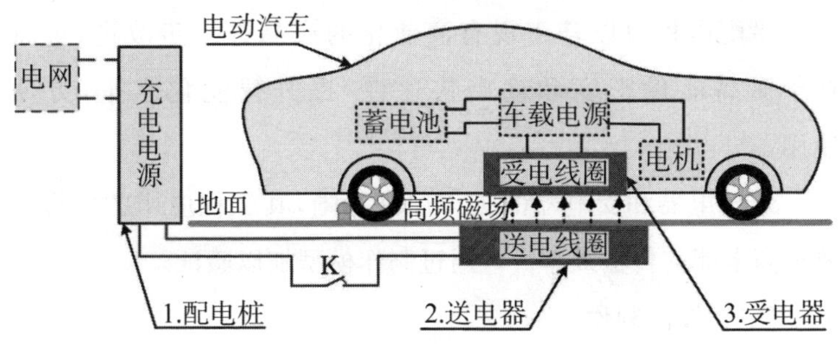

图 2　无线自动充电装置工作原理示意图

配电桩(1)、送电器(2)和受电器(3)中的主体设备分别是充电电源、送电线圈(金属)和受电线圈(金属)。其中,配电桩(1)和送电器(2)安装在地面上,二者组成封闭回路,受电器(3)安装在电动汽车底盘底部,它们共同构成一座无线充电站。当充电开关K接通时,送电器(2)接入配电桩(1)送来的高频交流电,其送电线圈内产生高频磁场,而处于此高频磁场中的受电器(3)中的受电线圈则会产生感应电流,通过导线的传输即可向新能源汽车充电。

如果有匮电的电动汽车驶入充电站需要充电,首先,驾驶员操控汽车使其底盘底部的受电线圈(3)对准地面的送电器(2);然后,驾驶员在配电桩(1)上通过人机对话操作进行身份识别,再输入充电量或充电金额并确认后,充电开关K自动接通,随即向汽车充电;一旦充电完成,充电开关K自动断开,驾驶员即可启动汽车。

（二）可行性分析

1. 无线自动充电装置利用法拉第电磁感应原理进行工作,不存在无线传输电能的机理性障碍。

2. 配电桩可以基于现有商业化的产品进一步改进,重点在于提高能量密度和输出快速性,提升智能化水平,方便使用。

3. 送电器和受电器的工作原理清晰,其工程应用的前提是要提高电能的传输效率。可通过制作模型加以验证。

（三）模型制作

无线自动充电装置模型用于验证其工作原理、探索产品化实施途径,同时还能节省经费。

1. 配电桩模型

配电桩主要用于将电能引入充电装置所在位置，其工作原理是通过 AC/DC 整流将交流电（AC）转换成直流电（DC），如图 3 所示。制作模型时，采用与其功能等效的 USB 电源（如图 4 所示）代替。

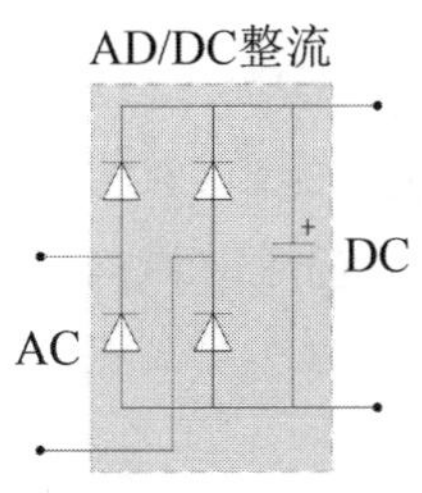

图 3 充电桩工作原理示意图

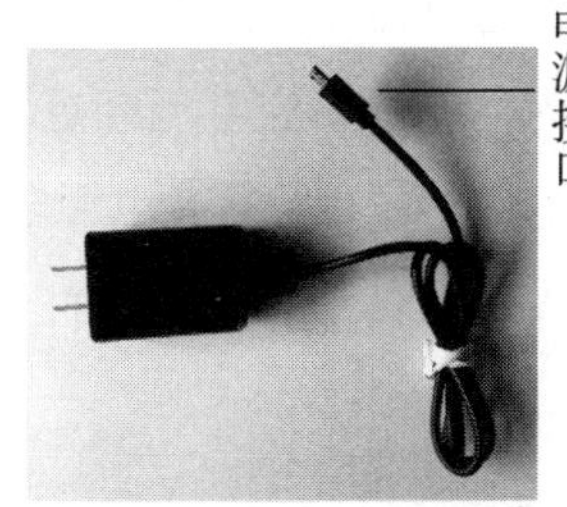

图 4 充电桩模型（USB 电源）示意图

2. 送电器模型

送电器主要用于产生变化的磁场。它由基板、金属线圈（送电线圈）、电源输入接口等部分组成，如图 5 所示。安装于基板上的驱动器将配电桩模型输入的直流电（DC）逆变为交流电（AC）并改变施加给金属线圈的电源频率，从而在回路中形成一个磁通量不断变化的磁场（将电能转换为磁能）。如图 6 所示。

图 5 送电器模型示意图

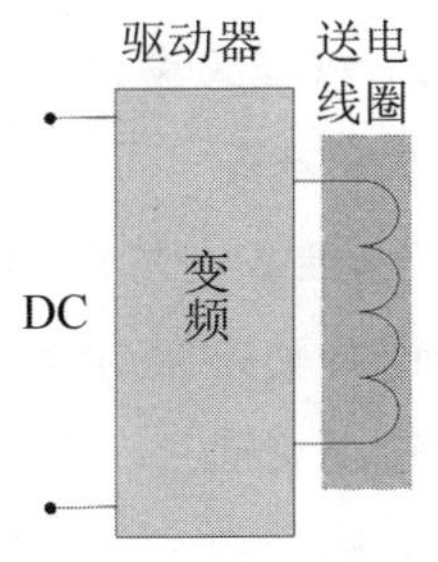

图 6 送电器原理示意图

3. 受电器模型

受电器通常安装在汽车底盘下表面，主要用于获得感应电流并向汽车提供电源。受电器模型的主要组成部分是金属线圈（受电线圈）、控制保护装置及电源输出接口等，受电器模型牢固粘贴在一只普通小车模型底盘下表面中部位置，如图 7 所示。金属线圈处在送电器模型通电产生的变化磁场中而产生感应电流（将磁转换为电能），感应电流经过 AC/DC 整流将交流电（AC）转换成直流电（DC），然后通过电源输出接口将电源送出（引接至小车模型仪表盘上的一只标记有“充电中”字样的 LED 灯）。如图 8 所示。

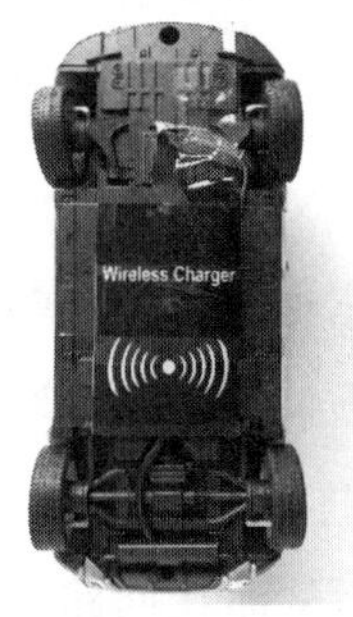

图 7　受电器模型示意图

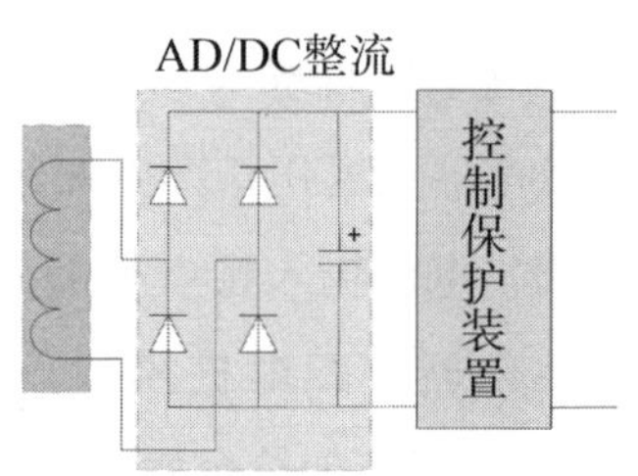

图 8　受电器原理示意图

（四）模型实验

1. 实验准备

首先，准备一张长、宽均不小于单人课桌的桌子，充当电动汽车的行驶路面；再将配电桩模型、送电器模型、受电器模型顺次放在桌面上。另外，在桌子上放一个带开关的市电拖线板。

然后，将充电桩模型的直流输入端（USB 口）插入送电器模型的电源输入接口，再将其交流输入端（平行双脚）插入市电拖线板上的插座（注意：确保插座的电源开关处于断开状态）。送电器模型摆放示意图如图 9 所示。

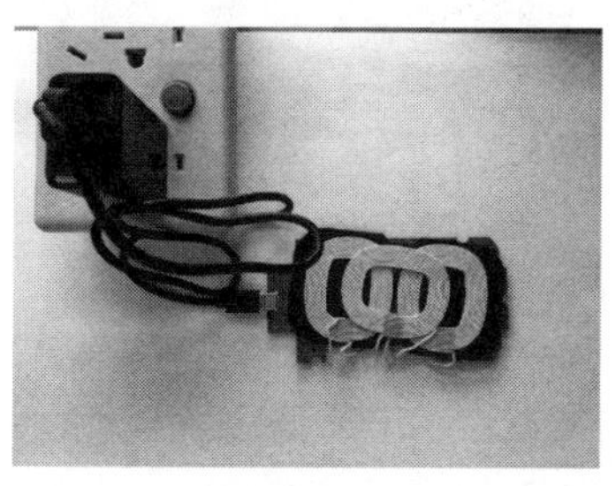

图 9　送电器模型摆放示意图

最后，把粘贴了受电器模型的电动汽车平放于送电器模型上方，使受电器模型中心与送电器模型中心对齐。模型实验准备完毕。如图 10 所示。

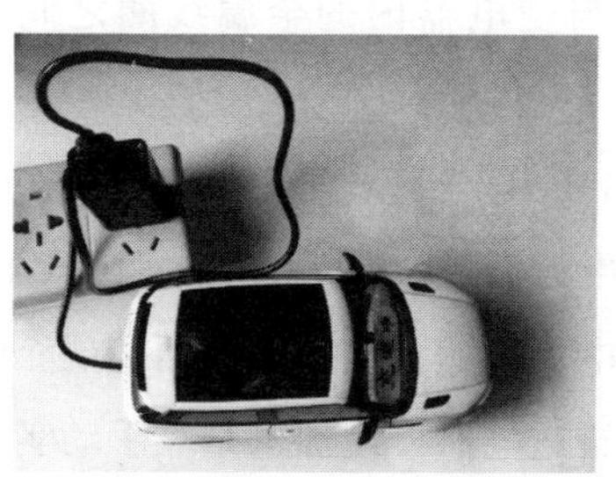

图 10　模型实验准备示意图

2. 实验实施

首先，检查充电桩模型与市电拖线板、充电桩模型与送电器模型之间的电源连接状况，确认已经可靠连接。

然后，按下市电拖线板上的开关，我们会发现小车模型的仪表盘位置的“充电中”LED 灯被点亮（如图 11 所示），这表明有电流流过 LED 灯。显然，受电器模型产生了感应电流。

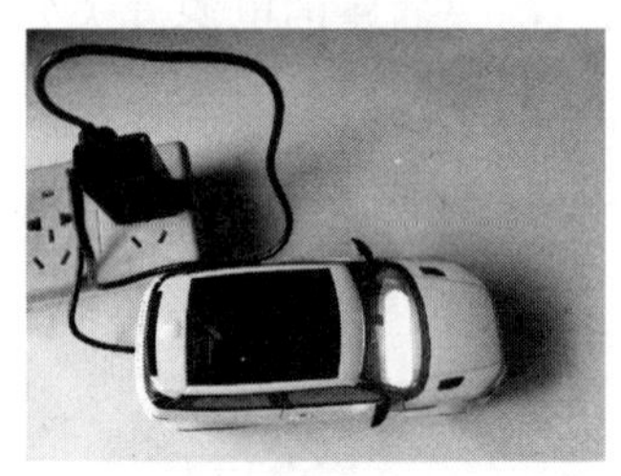

图 11 模型实验“充电中”
LED 灯被点亮示意图

3. 实验评估

模型试验验证了真实产品状态的无线充电装置的工作原理。在新能源汽车真实产品状态下，充电停车位上会安装送电器，汽车底盘下表面会安装受电器，当新能源汽车进入停车位后，送电器内的金属线圈与受电器内的金属线圈之间相互感应而实现充电。

模型实验时，在小车模型上安装 LED 灯的目的是为了更加直观地观察到有电流通过，这表明在新能源汽车真实产品状态下确实可以做到使电流到达蓄电池中从而实现充电。

模型实验中给送电器模型加电是靠手动实现的，而对于真实产品，则需在充电桩中配置智能设备并嵌入操作软件流程才能实现自动充电。

模型实验无法验证充电速度、能量转换效率等指标，而运用到现实生活中时，这些都是普遍而迫切的要求。

4. 实验结果

实验共进行了三轮，逐轮完善，后一轮实验都是针对前一轮实验中出现问题与遇到失败后分析原因、思考对策并采取措施后进行的，各轮的实验结果如表1所示。

表1　实验结果

轮次	实验次数	成功次数	失败次数	成功率	失败原因	解决方法
1	1	/	/	/	无法确定小车是否在充电	在小车上安装一个LED灯
2	10	2	8	20%	小车底盘过高，导致充电不稳定	选用底盘高度适中的小车模型
3	50	50	0	100%	/	/

三、研究小结及展望

（一）研究小结

本课题基于法拉第电磁感应原理论证了自动无线充电装置的工作原理及实施可行性；基于论证方案制作了相关组成部分的功能等效模型，并通过模型实验成功验证了工作原理的可行性。

本课题指出了模型实验对于充电速度、能量转换效率等性能指标不能或不能充分验证的局限性，可以作为后续深化研究的方向。

（二）后续研究展望

1. 底盘离地高度与充电效率问题

新能源汽车的底盘离地高度存在因品牌或车型不同而不同的现象，这意味着受电线圈与送电线圈的距离也会不同。而磁场强度与离开送电线圈回路的距离通常成平方反比关系，所以，受电线圈离送电线圈越远，所获得的感应电流越小，能量利用率越低，充电时间越长。

2. 充电设施利用率提升问题

为提高无线自动充电装置的设备利用率、摊薄经济成本投入，无线自动充电装置应尽可能集中布设，利用电磁场强度分布无特定方向性的特性，在一套充电桩装置周边布设多个送电器，同时给多辆汽车无线充电(一拖多)。如图 12 所示。

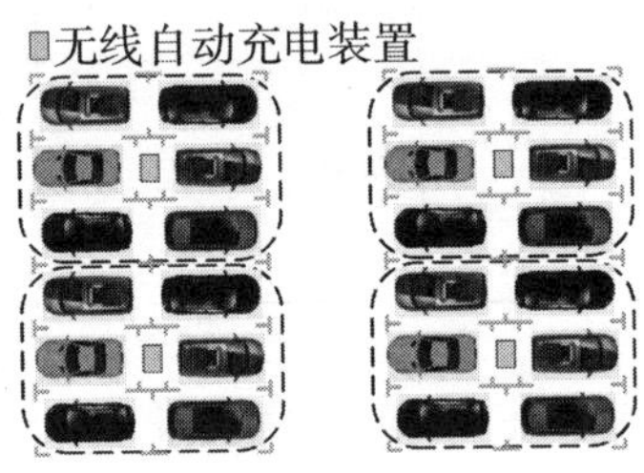

图 12　一根充电桩配置多个送电器示意图

3. 无线充电时的电磁辐射问题

工作原理决定了无线充电装置工作时必然存在电磁辐射，而且电磁辐射的强弱与充电功率呈正相关。当电磁辐射大到一定程度时，对人体及电气设备都会产生负面影响。

解决这个问题至少可考虑两个方向：一是使无线充电装置工作在对人体相对安全的低频非电离频率(110—205kHz)；二是给产生电磁波的送电线圈加个金属围罩，尽可能在无关方向上对电磁波进行屏蔽。

探究感想

研究一个微课题，比想象中要难许多。

从考虑选题开始，问题就接踵而至。最关键的是，我们到底要探究什么方面的问题，这对当时的我们来说是未知数。但我们深知，只有带着求索的心走进场馆亲身实践，才会获得灵感。果然，上海汽车博物馆的新能源汽车给了我们启发。经过一番思考，我们定下了课题。

在探究过程中，小组成员分工合作，配合默契。尤其是进行实验时，往往会有意想不到的问题暴露出来。每当这时，小组成员都会互相鼓励，一起思考，合力解决问题。这让我们意识到团队合作的力量与价值。与志同道合的人一同努力，这段研究过程也是高中生涯中的一段美好的回忆。

感谢“进馆有益”微课题活动提供给我们走进场馆、自主思考、深入探究的机会和展示、锻炼自我的平台，提高了我们的科学素养。也感谢我们的指导老师在我们困惑迷茫时给予我们启发，在我们遇到问题时给予我们帮助。

我们希望自己的课题终有一日能运用到现实生活中，真正达到节能环保的目的。我们对这一课题的研究不会停止，或许在今后的学习中又会受到启发而产生新的思考。在今后的生活中，我们也会保持着好奇心努力求索，做一个善于发现、勤于思考的人。

课题作者：上海市西南位育中学

曹君如　彭梓奕　郭语馨　郁恺芸

指导老师：马凌燕

分离玻璃

——影响分离夹有液体的玻璃所需力的参量研究

探究缘起

上海玻璃博物馆是以玻璃制作工艺、玻璃制作发展史、玻璃艺术与设计为主题的博物馆，步入展厅，各种玻璃制品在柔和灯光照射下显得晶莹剔透，色彩鲜艳，非常赏心悦目。听工作人员介绍，大型作品制作难度较高，报废率高。能不能把几个小型作品完美地衔接在一起，还能任意组合，变换成不同的作品，既能增加美观性，又有一定的实用性呢？

在两块玻璃之间滴加薄薄的一层水，两块玻璃会很难分离。由此猜想某种液体在一定条件下可以代替普通黏合剂使玻璃黏合在一起，为找出这种液体的性质，本课题将从实验数据分析和理论分析两个角度研究影响拉开玻璃所需力的参量。

300 多年前，马德堡半球实验证明了大气压存在且很大。本课题实验装置与马德堡半球有相似之处，可与之类比。将两块玻璃之间完全抽成真空是很难做到的，但是用水填补两块玻璃之间的缝隙，从而达到两块玻璃之间几乎没有空气的状态是可以实现的。平时生活中，铺桌布时人们往往会用水沾湿桌面从而使桌布能更好地贴合桌面，人们使用吸盘前也常会用水沾湿吸盘，因此用水代替真空似乎也不能算是空想。而且水具有真空所不具有的特性，如：惯性、黏滞性、压缩性、热胀性、受到表面张力等，特别是表面张力，这会使得影响拉开玻璃所需力的参量有更多的可能性。

关于固体与液体之间的黏附作用，已经有不少研究成果。P Lambert，A Alexandre Chau，A Delchambre，S Régnier 通过能量与静力学分析，对液体在固体表面产生的凹液面作了研究，并且证明了这两种方法是等效的。邢海根提出了拉开玻璃所需的力与大气压力和分子引力都有关系。曾鹏和王伟民提出了夹层有水玻璃难分开的主要原因不是分子引力。本课题将讨论：使得玻璃难以分开以及影响分离玻璃所需的力的根本原因是大气压力还是表面张力？

一、实验设计

（一）实验影响因子

玻璃之间水的体积、拉力方向、水的温度、玻璃板接触面积会影响拉开玻璃所需力的大小。

（二）实验装置与操作流程

将小玻璃与连接装置用胶水黏住，把细线绑在连接装置上。用数据线连接传感器、数据采集器、计算机。将细线另一头绑在传感器上，并绕过铁架台上的定滑轮。使大玻璃水平放置，并用干布擦拭以保持洁净。用烧杯盛放不同温度的水，用温度计测出水温，并记录。使用胶头滴管在小玻璃上滴加水，使得水尽可能均匀地布满小玻璃。将小玻璃扣在大玻璃上，调整细线与竖直平面的夹角。用力传感器拉小玻璃直至玻璃分离，记录拉起玻璃整个过程中力的最大值。多次重复同一实验，取平均值从而减少误差。改变玻璃板的接触面积、拉力与水平面的夹角、水层厚度、水温等变量进行多次实验。

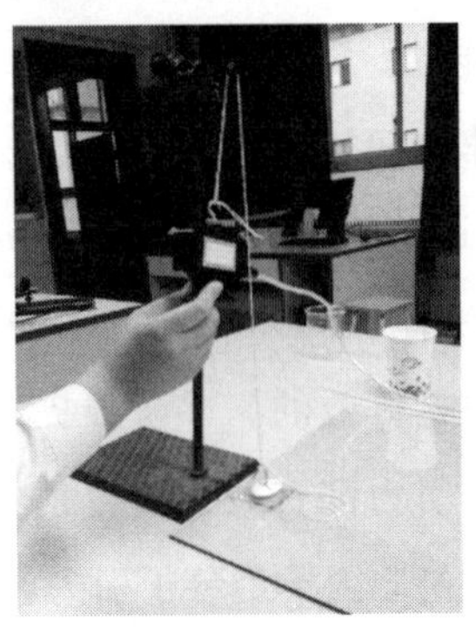

图 1 实验装置

二、实验数据及分析

(一) 前期准备

通过前期测量,得出用胶头滴管挤出的一滴水大约为 0.05 ml,大小为 3.5 cm×3.5 cm 的玻璃所受重力约为 0.23 N,大小为 4 cm ×4 cm 的玻璃所受重力约为 0.26 N,大小为 5 cm×5 cm 的玻璃所受重力约为 0.37 N。

(二) 拉开玻璃所需的力与速度的关系

实验初期,得到的数据非常零散,得不出结论,由此假设拉起玻璃的速度也会影响拉开玻璃所需的力,为验证这一假设,进行了实验,并得到如下数据:

表 1 拉开玻璃所需的力与速度的关系

拉起玻璃的速度	+	++	+++	++++
拉开玻璃所需的力	3.7 N	5.0 N	7.5 N	10.0 N

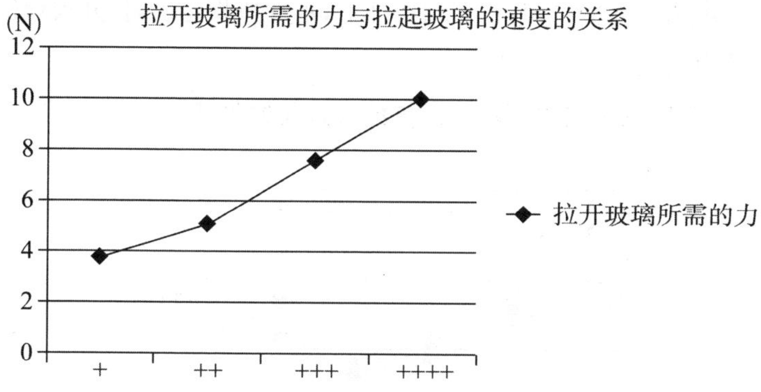

图 2　拉开玻璃所需的力与拉起玻璃的速度的关系

由于拉起玻璃的速度难以定量测量，所以只能用“＋”表示拉起速度的快慢。由上表数据可知，在相同条件下，拉起玻璃的速度越快，拉开玻璃所需的力越大。

为了减少误差，接下来的实验中都较缓慢地拉起玻璃，一方面尽量减小拉起玻璃的速度对拉开玻璃所需的力的影响，另一方面防止拉开玻璃的力会超出力传感器的量程。

（三）拉开玻璃所需的力与水的体积的关系

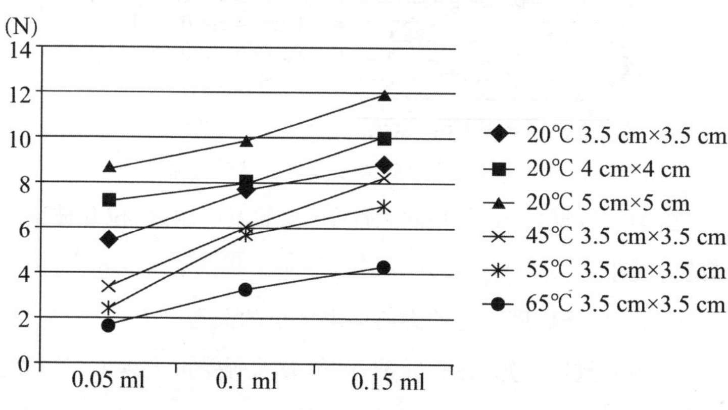

图 3　拉开玻璃所需的力与水的体积的关系

由图 3 数据可知，在相同条件下，水的体积越多，拉开玻璃所需的力越大。

（四）拉开玻璃所需的力与拉力方向的关系

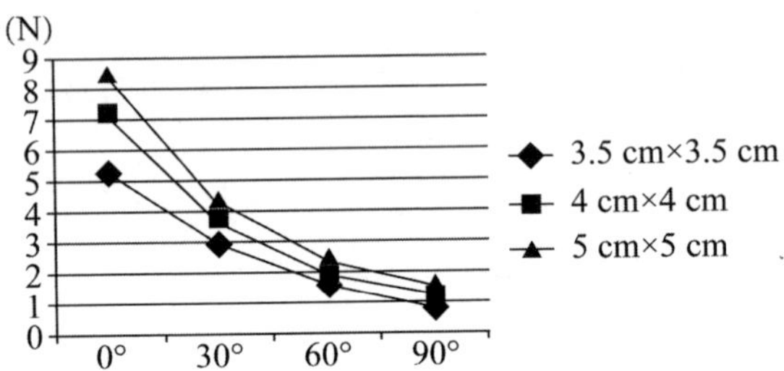

图 4 拉开玻璃所需的力与拉力方向的关系

由图 4 数据可知，在相同条件下，拉力方向与竖直方向的夹角越大，拉开玻璃所需的力越小。拉开玻璃所需的力随夹角增大的变化趋势趋缓，夹角越大，夹角的变化对拉开玻璃所需的力影响越小。

（五）拉开玻璃所需的力与水温的关系

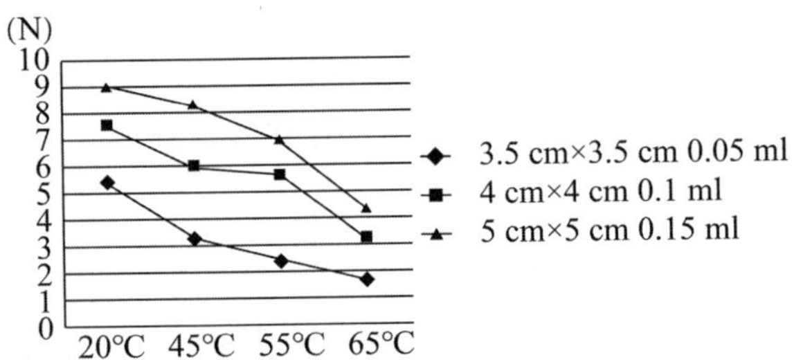

图 5 拉开玻璃所需的力与水温的关系

由图 5 数据可知，在相同条件下，水的温度越高，拉开玻璃所需的力越小。

（六）拉开玻璃所需的力与玻璃大小的关系

由图 6 数据可知，在相同条件下，玻璃所受重力越大、玻璃之间接触面积越大，拉开玻璃所需的力越大。

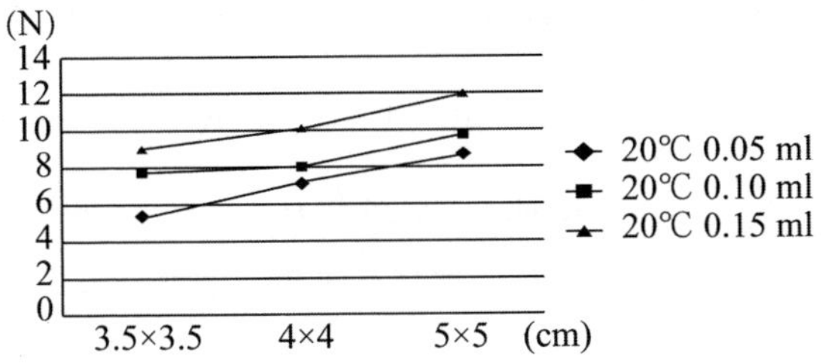

图 6　拉开玻璃所需的力与玻璃大小的关系

三、理论分析

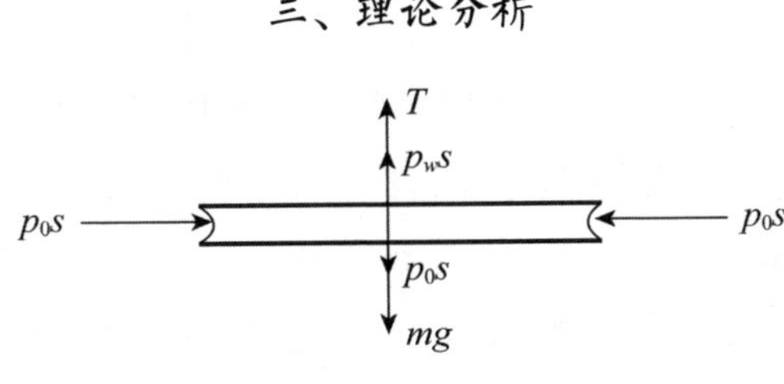

图 7　受力分析图

(一) 压强

由于玻璃之间的水填补了空气，上层玻璃下部只有水的压强的支持，而上部受到大气压，由于大气压存在且很大，使得玻璃内外产生了较大的压强差，所以玻璃难以分开，这一原理的确可以解释部分实验现象：

设 T 为拉开玻璃所需的力，p_w 为水层内部压强，p_0 为大气压强，m 为上层玻璃和连接装置的总质量，假设上层玻璃处于平衡状态，分析其受力情况，可得：

$$T + p_w s = p_0 s + mg \tag{1}$$

整理上式可得：

$$T = (p_0 - p_w)s + mg \tag{2}$$

设 p_w 为水层内部压强，由伯努利方程可得：

$$\frac{1}{2}\rho v^2+\rho gh+p_w=常量 \tag{3}$$

定理 1　伯努利方程

由于水层厚度很薄，h 的变化几乎可以忽略，整理上式可得：

$$\frac{1}{2}\rho v^2+\rho gh=常量 \tag{4}$$

当拉起玻璃的速度变大时，流速也会相应地变大，因此水层内部压强会变小，玻璃上下的压强差会变大，使拉开玻璃所需的力变大。

竖直向上拉起玻璃要克服大气压力和重力，而水平拉玻璃只需克服水的黏滞力，又因为水起到了润滑作用，所以拉力与竖直方向的夹角越大，拉开玻璃所需的力越小。

当 p_0、p_w、m 相同时，s 越大，T 越大，所以玻璃之间接触面积越大，拉开玻璃所需的力越大。

（二）表面张力

1. 弯曲表面的附加压力

仅仅根据大气压并不能解释为什么水的体积和水温也会影响拉开玻璃所需的力，通过查阅相关资料，发现使玻璃难以拉开还受到表面张力和界面张力的影响。

设 p_0 为大气压强，p_w 为水层内部压强与表面张力产生的压强，分析边缘液面的受力情况，由杨一拉普拉斯公式可得：

$$p_0-p_w=\sigma\left(\frac{1}{r_1}+\frac{1}{r_2}\right) \tag{5}$$

定理 2　杨一拉普拉斯公式

边缘液面可以近似地看作四个圆柱体曲面，则 $r_1=\infty$，上式可简化为：

$$p_0 - p_w = \frac{\sigma}{r_2} \tag{6}$$

分析上层玻璃的受力情况，可得：

$$T + p_w s = p_0 s + mg \tag{7}$$

两式联立可得：

$$T = \frac{\sigma s}{r_2} + mg \tag{8}$$

如果水均匀地布满小玻璃，那么随着水的体积的增加，曲率半径会增大，从而使拉开玻璃的力减小。但是实验结果却是随着水的体积的增加，拉开玻璃的力在增大。事实上，水并未完全布满小玻璃，因此增加水的体积实际上可以认为是增加了水的面积，受力面积增大，拉开玻璃所需的力也会随之增大，这和玻璃接触面积越大，拉开玻璃所需的力越大的原理是相似的。

为了验证在水均匀布满小玻璃的情况下，拉开玻璃所需的力会变小，进一步完善了实验，数据如下：

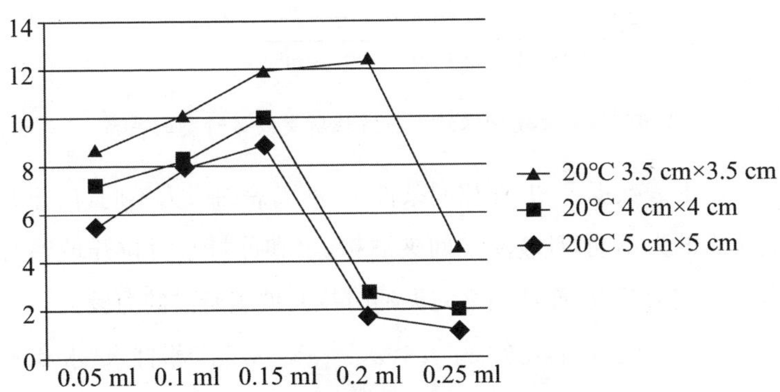

图 8　拉开玻璃所需的力与水的体积的关系

由于水是液体，难以控制它的形状，因此最多只滴了 0.25 ml 水，如果滴加更多的水，水会满溢出来，曲率半径也不会再增加。

由实验数据可知，随着水的体积的增加，拉开玻璃所需的力会先增大再减小，由此可以验证之前的结论：当水均匀布满玻璃后，拉开玻璃所需的力会随水的增加而减小。

当温度升高时，水的表面张力系数会减小，因此水温越高，拉开玻璃所需的力越小。

2. 接触角

由上述两点可知，液一气界面的表面张力对拉开玻璃所需的力有影响，为了探究表面张力是否是使玻璃难以拉开的重要因素，开展了进一步实验：用酒精、油和苏打水代替水滴加在两块玻璃之间，对比在相同条件下两块玻璃之间夹有不同液体时拉开玻璃所需的力。实验数据如下：

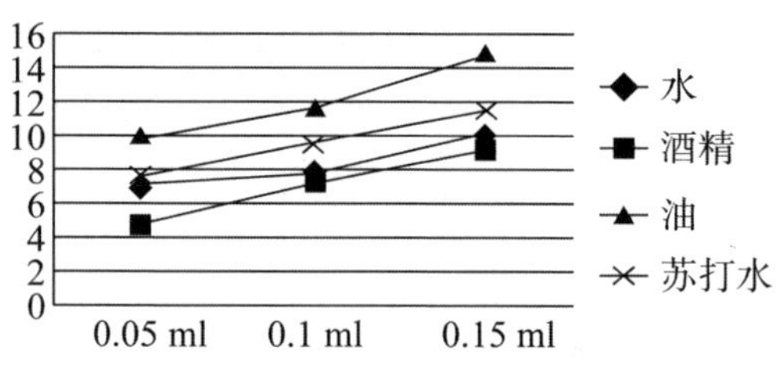

图 9 拉开玻璃所需的力与玻璃所夹液体种类的关系

由上表数据可知，在相同条件下，液面表面张力不同，拉开玻璃所需的力不同，且玻璃之间夹酒精、水和苏打水时拉开玻璃所需的力较为接近，而玻璃之间夹油时拉开玻璃所需的力较大。

通过查阅资料，得知 $\sigma_{苏打水} > \sigma_{水} > \sigma_{油} > \sigma_{酒精}$，苏打水、水和酒精的表面张力大小排序与上表数据相符，然而油的表面张力系数比水小，玻璃之间夹油时拉开玻璃所需的力却远大于水。由此可见，影响拉开玻璃所需的力的不只是液体表面张力大小，还有其他的原因。

在进行实验时，发现滴加在玻璃上的酒精、水和苏打水是成棱镜状地伏在玻璃上的，即部分润湿，而油是近乎成平底球状地立在玻璃上的，即不润湿。由此可见，上述实验没有控制浸润程度相同，从而导致实验结论与理论分析所得结论有矛盾。因此影响拉开玻璃所需力的大小的因素不仅仅是液一气界面的表面张力，还有固一气、固一液界面的表面张力。由此可以推测，如果改变了界面的种类，也会改变拉开玻璃所需力的大小。

四、总　　结

影响拉开夹有液体的玻璃所需的力的参量有：拉起玻璃的速度、水的面积、水层厚度、拉力方向、水的温度、玻璃板接触面积、液体种类，其中拉起玻璃的速度、水的面积、玻璃板接触面积与之正相关，拉力方向与竖直方向的夹角、水的温度、水层厚度与之负相关。表面张力是使玻璃难以拉起的根本原因和影响拉开玻璃所需力的大小的主导因素。

由于实验设备的限制，所有实验没有控制拉起玻璃的速度这一变量，也许能够定量地测量拉起玻璃的速度这一变量有助于发现更多的结论。另外，对于界面性质会改变拉起玻璃所需的力这一结论，支撑的实验数据很少。

“玻璃制品的组合”仍然只是一个设想，没有较为完整的构思方案，也没有通过实验验证其可行性，有待于继续完善，并且尝试制作成品。

参考文献

[1] Problems of IYPT. [E]. http://iypt. org/Problems. 2016. 07.04.

[2] 刘占孟,兰蔚:《流体力学》,北京:科学出版社,2017 年。

[3] P Lambert, A Alexandre Chau, A Delchambre, S Régnier. Comparison between Two Capillary Forces Models. Langmuir the Acs Journal of Surfaces & Colloids.2008, 24 (7) .

[4] 邢海根:《探究两玻璃间涂有液体很难拉开的原因》,《中学物理:初中版》,2009 年第 7 期。

[5] 曾鹏,王伟民:《夹层有水玻璃难分开的主要原因不是分子引力》,《物理教师》,2014 年第 9 期。

[6] 王少杰,顾牡,王祖源:《大学物理学》第 4 版,上海:同济大学出版社,2013 年。

[7] 姜茹,魏泽英:《物理化学》,北京:科学出版社,2017 年。

探究感想

参观了上海玻璃博物馆以后,我惊叹于玻璃工艺品的精巧,玻璃 DIY 的环节也让我感触很深,很希望自己也能做出大型的玻璃工艺品,但这对于我这种外行人来说是几乎不可能的,唯一的途径是通过拼搭零部件来制作大型工艺品。这又让我想到如果能实现这一设想,可能会对工业生产有益,也可能降低玻璃工艺品的报废率。玻璃博物馆的参观经历激发了我课题研究的兴趣。在刚刚接触课题研究时,我发现这是一个繁琐的工程,并且认为自己还只是一个高中生,应该不可能完成这一艰巨的任务。在研究过程中,我遇到了不少困难,一度想要放弃课题研究,但是我的指导老师一直鼓励着我,并且提出了不少建设性意见,帮助我渡过一个个难关,我的同学也向我伸出了援手,帮助我一起完成实验。在玻璃博物馆的参观经历总会浮现在我眼前,这让我不想在追求工艺美与科技美的道路上放弃,它是我研究道路上强劲的推进器。我真的非常享受做课题的过程,做课题对于我而言真的是非常可贵的一次经历,感谢玻璃博物馆给了我研究的灵感与动力。

课题作者:上海市控江中学

刘怡蕾

指导老师:金维中

东海近海常见海洋生物肌肉脂肪含量分析

探究缘起

脂肪，是人们日常饮食中不可避免的物质。不同的食物或多或少都有脂肪。人们追求食物口感时，脂肪就扮演了至关重要的角色。人们为了减肥，对高脂食物敬而远之，往往会选择低脂高蛋白食物进行食用，比如海鲜。人们对于海鲜的口感有着极高的追求。肝脏、肌肉和脂肪组织是鱼体的主要脂肪贮存部位。而肌肉的脂肪含量和肌肉的多汁程度与风味有关。脂肪是加热时产生香气成分的重要物质，尤其是饱和脂肪能显著增加香味。也就是说，人们所追求的口感与海洋生物脂肪含量密切相关。

在参观了上海海洋水族馆之后，我们对于里面的海洋生物极其感兴趣，便进行了这方面的课题研究。但那些海洋水产品大多难以获取。不过生活在上海的我们则较易获得东海近海的海洋生物。

目前，已有相关论文对于海洋生物肌肉脂肪含量进行分析，但其分析的大多海洋生物不为人们所熟悉。而本课题选用东海近海海洋生物进行肌肉脂肪含量分析，这些生物均为人们所熟知。

本报告选取东海近海常见海洋生物：鱼、虾、蟹、头足类等，分别对其进行形态特征描述及肌肉脂肪含量测定与分析，指出不同种群肌肉脂肪含量特征，并对未来的海洋生物肌肉脂肪研究提出展望。

一、研究内容及方法

（一）研究内容

常见鱼类、头足类和虾蟹类肌肉脂肪提取及含量分析。

（二）研究方法及实验步骤

1. 市场采购

前往芦潮港水产市场购买所需用的东海海产品，认识并拍摄各种海产品，购买当季常见鱼类、头足类和虾蟹类，描述其形态特征并绘制图像，了解其内外部结构特征，进行脂肪的测定。

2. 实验

通过团体实验，得出所需数据。

二、实验操作具体实施

（一）生物学测量

测量鱼类、头足类和虾蟹类的长度、体重数据，并记录在表中（测定精确至小数点后 1 位）。

（二）性别测定

将鱿鱼以“腹部向上，头朝自己”的位置摆放（如图 1），用剪刀从头与胴体的连接处将肚子慢慢剪开至顶端结束，根据体内是输卵管还是输精管判断雌雄；从肛门处沿腹部剪开鱼肚，判断雌雄与头足类判断方法一致；蟹类根据“肚脐”形状，圆为母蟹，尖为雄蟹；虾类根据头胸甲下第 5 对步足形态特征判定雌雄，有较长输精管即为雄。

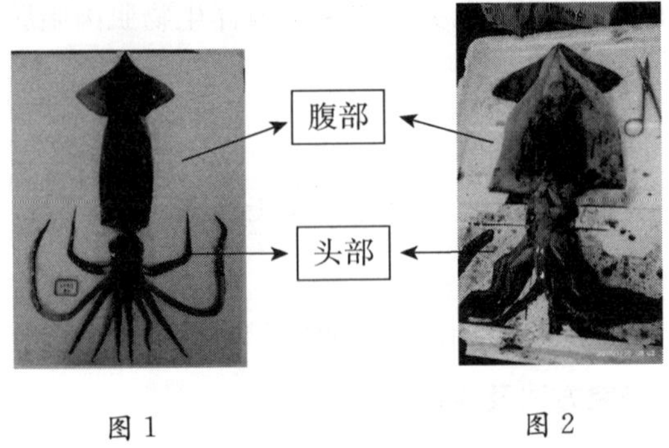

图 1　　　　图 2

（三）不同物种肌肉的取样方法

用剪刀在鱿鱼的腹部剪下长约 2 cm、宽约 2 cm 的肌肉。用镊子、解剖刀在鱼类背鳍基部取白色肌肉，去除鱼皮。虾类去除背部虾线，取腹部肌肉，蟹类取胸部附肢中的肌肉。样品用超纯水洗干净后装入样品管中，贴上标签，做好标记，以便接下来实验操作。

（四）肌肉脂肪含量测定

1. 准确称取 2 克肌肉湿重样品（精确至 0.01 克），装入 20 ml 的离心管中。加入 10 ml 三氯甲烷和 5 ml 甲醇，扣上盖后混合 2 分钟，静置，浸泡试样一小时于 60℃的水浴锅中。

2. 准确称取锡纸盘质量，记为 M_1，精确到 0.01 克。称量过程中，避免锡纸盘内被液体浸湿或其他污染，始终保持锡纸盘内干燥。

3. 以 3000 转/min 的速度离心浸泡后的试样 6 分钟，使三氯甲烷层澄清（见图 3）。准确吸取 10 ml 清液（三氯甲烷层）加入到锡纸盘中（见图 4）。将锡纸盘置于烘干箱，干燥 30 分钟，使样液蒸干。

图 3　离心

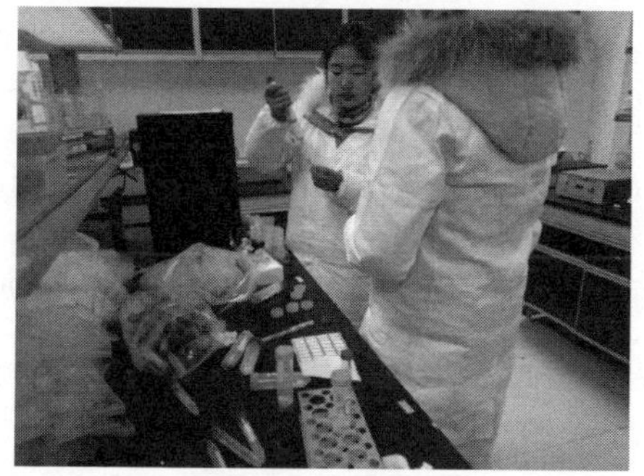

图 4　吸取 10 ml 清液

4. 将锡纸盘及蒸干物质取出放于干燥器中冷却，称取锡纸盘及蒸干物质的质量，记为 M_2，精确到 0.01 克(见图 5)。

图 5　离心后锡纸盘及蒸干物质

（五）计算总脂肪百分含量

$$W=\frac{(M_2-M_1)\times 1.5}{M\times 100\%}$$

上式中，W 为总脂肪含量，M 为肌肉试样实际测的质量，M_1 为锡纸盘的质量，M_2 为锡纸盘与及蒸干物质质量，从 15 ml 三氯甲烷一甲醇溶液中取 10 ml 进行干燥，故乘以系数 1.5。

三、实验结果

通过实验数据(表 1)，我们可以发现银鲳的肌肉脂肪含量远远高于其他两类鱼，我们无法排除实验过程中产生的数据误差，但这些误差并不能显著影响肌肉脂肪含量的测定。银鲳的肌肉脂肪含量高，高脂肪含量使得其口感更佳，获得人们的喜爱。

表 1　2018 年 1 月东海近海三种鱼类的肌肉脂肪含量

鱼类	全长（cm）	体长（cm）	体重（g）	纯重（g）	体高（cm）	肌肉脂肪含量（%）
鲈鱼	49.2	43	1257.15	1257.15	13.5	2.065
绿鳍马面鲀	30.2	26.5	280.14	280.14	9.7	1.7104
银鲳	19.6	14.5	85.12	85.12	8.6	5.445

表 2　2018 年 1 月东海近海两种虾类的肌肉脂肪含量

虾类	体长（mm）	头胸甲长（cm）	体重（g）	性别	肌肉脂肪含量（%）
哈氏仿对虾 1	127	4	14	雌	3.8743
哈氏仿对虾 2	111	3.8	13.37	雌	2.2828
安氏白虾	93	2.1	4.41	雌	2.1525

虾类均值处于2.2404%，不同虾类均值相差不大（表2）。

表3　2018年1月东海近海三疣梭子蟹的肌肉脂肪含量

蟹类	头胸甲长（mm）	头胸甲宽（mm）	腹部长（mm）	腹部宽（mm）	性别	肌肉脂肪含量（%）
三疣梭子蟹	180	90	60	60	雌	2.35

蟹类数据仅采集了一种，三疣梭子蟹肌肉脂肪含量少（见表3），属于低脂肪高蛋白物种，但胆固醇含量过高。

表4　2018年1月东海近海三种头足类的肌肉脂肪含量

头足类	胴长（cm）	胴宽（cm）	鳍长（cm）	鳍宽（cm）	头宽（cm）	体重（g）	性别	肌肉脂肪含量（%）
太平洋褶柔鱼1	24.5	8.5	10.5	14	4	323.74	雄	2.79
太平洋褶柔鱼2	19.7	8.1	9.4	12.4	4.6	287.9	雄	3.42
太平洋柔鱼1	31.9	9.5	13.5	19	8.7	887.98	雄	2.8893
太平洋柔鱼2	31.1	6.6	12.3	21.1	7.3	889.23	雄	2.7956
剑尖枪乌贼	17.5	4.5	11.5	8.5	3.5	130.89	雄	1.8908

实验选取了三种不同种类的头足类，得出五组数据，但不同种类的头足类所含的肌肉脂肪含量近似，均值为2.5385%。有人提出“一片鱿鱼的脂肪相当于三两肥肉”，或是“吃一口鱿鱼等于四十口肥肉”，把鱿鱼的脂肪含量表述得极高，但这其实是危言耸

听。从表中数据可见，头足类的肌肉脂肪含量都不是特别高，远低于银鲳的肌肉脂肪含量，与蟹类、虾类的脂肪含量相距不大，都在2%左右。

四、分析与展望

实验中选取了东海近海的常见海洋生物：鱼类、虾类、蟹类、头足类，通过肌肉脂肪含量测定，我们显然可以发现银鲳所含肌肉脂肪含量是其中最高的。而正因银鲳的脂肪含量高，使其口感更佳，饱受人们青睐。而剑尖枪乌贼的肌肉脂肪含量最低，而其他的海洋生物的肌肉脂肪含量均处于2%左右。

东海近海常见海洋生物绝大多数为低脂高蛋白食物，适量食用对人们的身体有益。如要追求口感，相对的高脂是不可避免的。

本报告仅仅是针对东海近海某个季节的常见海洋生物进行了测量与分析，但对于其他季节或是其他海域的海洋生物的测定与分析尚未进行。后续应增加样品采集数量以及种类，在不同季节采集样品，分析：季节对海洋生物脂肪含量是否有影响；不同海域对样品脂肪含量有何种影响；成长期的不同对其脂肪含量是否有影响。也可进一步对提取出的脂肪进行特定脂肪酸特征分析，了解不同种类间脂肪酸种类组成差异，进而剖析导致不同种类生活史过程中体脂差异的本质原因。

参考文献

[1] 艾庆辉，严晶，麦康森：《鱼类脂肪与脂肪酸的转运及调控研究进展》，《水生生物学报》，2016年第4期。

[2] 张雪琰，牟志春，高建国，等：《4种海水鱼肉中脂肪酸组成

分析及营养评价》,《食品研究与开发》,2013 年第 23 期。
[3] 张一华:《哈氏仿对虾、南美白对虾和日本沼虾营养与滋味的比较分析》,上海海洋大学硕士学位,2014 年。

探究感想

完成了整篇报告,我对整个课题的过程进行了反思,还是有很多不足。通过上述的数据表格,我们可以很容易地发现取材的数据太少,很多数据都无法避免误差;实验过程中,我原计划离心 5000 转/min,但由于设备问题,只能 3000 转/min,无法确定这是否对实验有影响;在吸取 10 ml 清液(三氯甲烷层)时,有些试样离心出清液不够,可能产生误差;在初次得出数据的过程中,我对于银鲳的高脂肪含量其实是不解的,我们认为这可能是实验的误差造成的,但导师指出了我的不足,可以看出作为高中生,我的知识储备还是很匮乏的。

很感谢李云凯老师和高小迪辅导员以及其他老师在整个过程中的帮助,带领着我深入了解近海海洋生物。在试验中,老师对我的问题都一一给予回应。同时也感谢上海海洋大学提供的设施,为实验提供了不少的便利。

课题作者:上海外国语大学附属大境中学
陈　慧
指导老师:李云凯　(上海海洋大学)

基于湿度传感器的家用智能无土栽培装置的设计和实验

探究缘起

传统农业的栽培管理常用人工管理，多是凭借经验完成的。当今，科技日新月异，加上国家鼓励传统农业向现代农业转型，智能化管理农田已经逐步开始应用了。随着人们对绿色、生态理念的认同和追求，阳台绿化、阳台种菜成为一种新时尚。在我们学校肖老师的研究课上，我们学习了现代农业的相关知识，我们在家中的阳台上也会种植一些蔬菜，但是会遇到很多问题，并且都不是很成功。暑假期间，我们小组参加了“进馆有益”微论文活动，参观了闵行区青少年实践基地的现代农业展教馆，我们对场馆里的管道水培很感兴趣。我们试图通过搭建简易管道水培装置来实施阳台种菜，并采用自动控制技术实现智能化控制。

智能化的意义和概念已经被人们熟知，并积极地提高着人们的生活质量。智能化的应用渗透到我们的衣食住行各个领域。智能家居满足了人们选择一个安全、舒适、便利的生活环境的这些要求。例如：现在市场上的智能空调配有智能家庭能源管理系统，实现节约能源的同时节省了一部分家庭花销；现在十分流行的智能手环通过一套智能化的程序来判断我们的健康指数和运动数据。

快节奏的现代生活使得人们没有足够的时间和精力亲自照顾花草，智能化也因此应用到植物栽培中。国内外市场上先后出现了多种不同形式的智能花盆。英国布鲁内尔大学女生娜塔莉·金发明了一种能自动感应土壤温度并能够通过灯光报警的花盆。在美国也出现了一种名为"Water Link"的产品,"Water Link"能够通过湿度传感器采集土壤的含水量,将土壤含水量的相关数据通过 WCDM 网络发送到用户,用户通过智能手机的客户端了解相关情况。

课题小组对某购物网站进行了家用水培装置的销售量调查。我们发现,在同样销售时间段内,倾斜式家用管道水培装置的销售量是 50 件,水平式家用管道水培装置的销售量是 28 件,箱式家用水培装置的销售量是 5 件,可见家用管道水培装置更受消费者的青睐。我们分析了其中的原因,家用管道水培较箱式水培更立体,所以它的栽种面积更大,而且家用管道水培的形式更多样、更灵活,它可以满足不同家庭阳台的布局和空间大小。因此,我们选择将家用管道水培装置改造成智能无土栽培装置。

一、阳台种植情况调查

现在阳台种菜已很常见,但是在种植过程中往往会存在困难。种植情况存在着许多差异,因此,我们小组制定了一份有关阳台种菜存在的问题的调查问卷。调查结果如下所示:

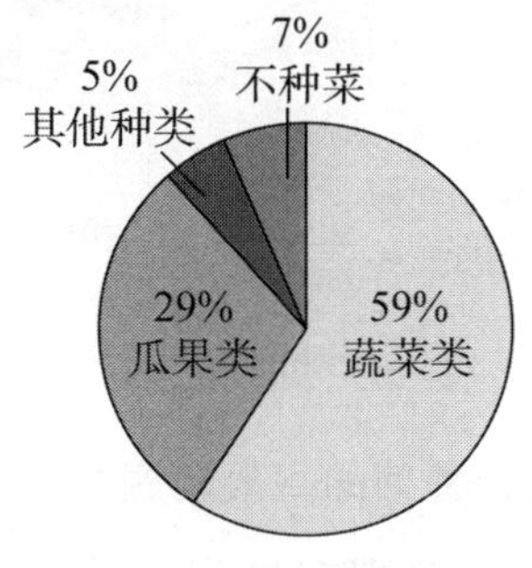

图 1　阳台种菜的种类

根据图 1 可知，阳台种菜的种类大部分为蔬菜类和瓜果类，也有其他种类，为我们接下来的研究提供了实验材料的参考依据。

调查数据显示，阳台种菜选择的土壤大部分为普通泥土，只有少部分的人选择使用营养土和定期施肥的土。普通泥土到处可见，有些人会选择在小区里的绿地上挖一些土直接种植。营养土含有多种矿质营养，疏松通气，保水保肥能力强，但却需要购买，为节省成本，大多数人选择到处可见、方便易得的普通泥土来种植。

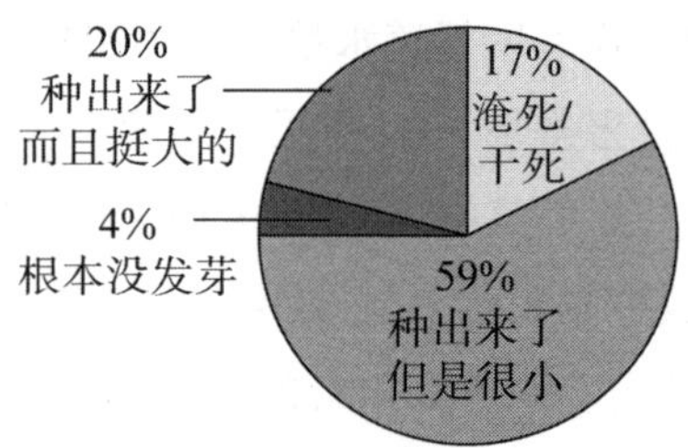

图 2　阳台种菜最终的结果

根据图 2 显示，阳台种菜的结果存在差异，大部分人种植成功，但种植出的农作物有些很大，有些很小，甚至有些直接干死或淹死。

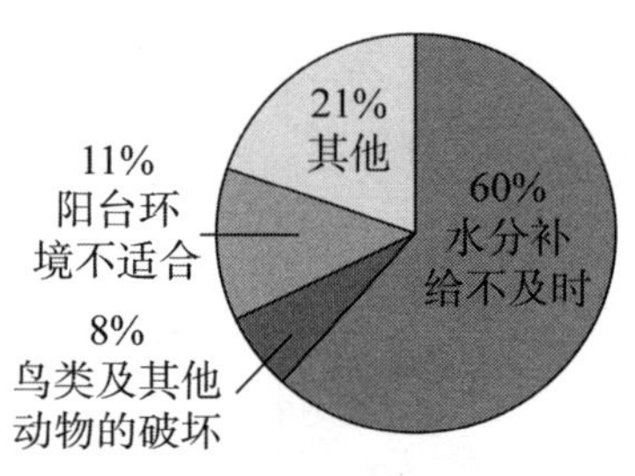

图 3　种植出现的问题

而根据图 3，阳台种菜的主要问题是水分补给不及时。我们分析了其中原因：一是现在快节奏生活使人们有心进行阳台种菜，但没有时间勤于管理；二是栽培蔬菜需要一些养护管理的经验，许多人阳台种菜失败的原因就是缺乏足够的种植经验。

根据调查和资料可得出，大多数家庭选择绿叶菜类作为阳台种菜的主要品种。阳台种植的方式还相当原始，大多数家庭阳台种菜不成功的原因主要是时间和水肥管理问题。因此，我们决定对家用管道式水培装置进行改造，增加单片机和传感器，制作成智能化供水、供肥的阳台种植装置。

二、智能装置设计与制作

（一）家用管道式水培装置存在的问题

我们购买了传统的倾斜式家用管道水培装置，根据说明书将支架和管道进行组装，并启动内置水泵检测。我们发现，家用管道水培装置的储水箱很小，一旦启动水泵供液，水泵会不断运转，装置虽然可以实现自动浇水和施肥，但它并不是智能的，不能根据植物实际需水量调整供液频率。而且，一旦储水箱内的水用完，水泵也不会停止，这样会造成植物干死，水泵由于空转而烧坏。因此，我们决定对原倾斜式家用管道水培装置进行改造，利用湿度传感器和单片机来给水培装置增加能够根据植物实际情况调整水泵运作的智能控制系统，利用蜂鸣器给原装置增加异常报警系统。

（二）智能板的制作

智能控制装置是这个课题必不可少的物品。我们选择了物理课上常用的插片式智能板，它由一块可编程的单片机构成，并在智能板上安装了显示器，用于直观地了解当前装置的状态，然后在智能板上安装湿度传感器的专用接口和蜂鸣器，如下图 4 所示。

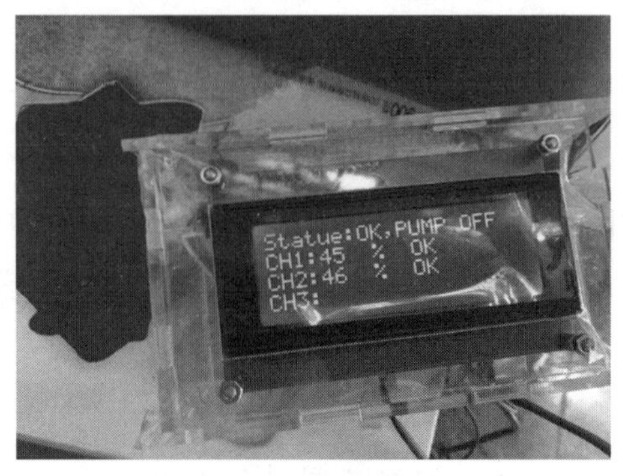

图 4 智能板

（三）程序编制

程序是这里面比较重要的一环。程序可以让整个装置“联动”起来。为了达到这个目的，我们需要设定湿度控制的范围和条件。

#define H_THRE 75	定义 H 为 75
#define THRE_HH 90	定义 HH 为 90
#define L_THRE 25	定义 L 为 25
#define THRE_LL 10	定义 LL 为 10

为了连接水泵、警报器（蜂鸣器）与湿度传感器，我们设置了 3 个传感器信道、1 个水泵通道和 1 个蜂鸣器通道。

#define PIN_SENSOR1 A1	定义 A1 通道为传感器 1
#define PIN_SENSOR2 A3	定义 A3 通道为传感器 2
#define PIN_PUMP 4	定义 4 通道为水泵
#define PIN_BEEP 2	定义 2 通道为蜂鸣器

接下来，进入初始化阶段，之后便是读取湿度与显示湿度了。

```
Void loop()
{
Val[0]=analogRead(PIN_SENSOR1)
Val[1]=analogRead(PIN_SENSOR2)
                                    读取传感器 1,2 的数值
For(int i=0;i<2;i++)
{
//100————100%
//1000————0%
Val[i]=(1000-val[i])/9          此段为转化数值为百分比
If(val[i]<0)val[i]=0;
Else if (val[i]>100)val[i]=100;
}
counterL=0;
counterH=0;
isHHact=false;
isLLact=false;
For(int i=0;i<2;i++)
{
lcd.setCursor(4,i+1)
Lcd.print("    ");
lcd.setCursor(4,i+1)                此段显示数据
Lcd.print("val[i]");
```

```
lcd.setCursor(8,i+1)
If (val[i]>THRE_HH)
{
IsHHact=true
Lcd.print("% HH");
}
```

显示并得到数据以后，就要及时地处理数据了。

```
If(is HHact==true && isLLact==true)
{
Lcd.setCursor(7,0);              此段为控制条件
Lcd.print("        ");
Lcd.setCursor(7,0);
Lcd.print("Too Diff");
digitalWrite(PIN_PUMP,LOW)
digitalWrite(PIN_PUMP,HIGH)
//isFault=true;
……
```

当含水量处于 HH 与 LL 时，蜂鸣器就会响起警报；当含水量处于一个 HH 或两个 H 时，水泵会停止供水；当含水量处于一个 LL 或两个 L 且水泵停止供水时，水泵会立即供水。

（四）智能装置安装

我们将原管道装置的两个固定架固定好，连接好供排液管，将定植钵插入插孔中，并在定植钵中塞入海绵。随后，我们将两个湿度传感器连接到智能板上，并将其中一个湿度传感器插到最上面一层管子的定植钵的海绵内，将另一个插到最下面一层管子

的定植钵的海绵内。

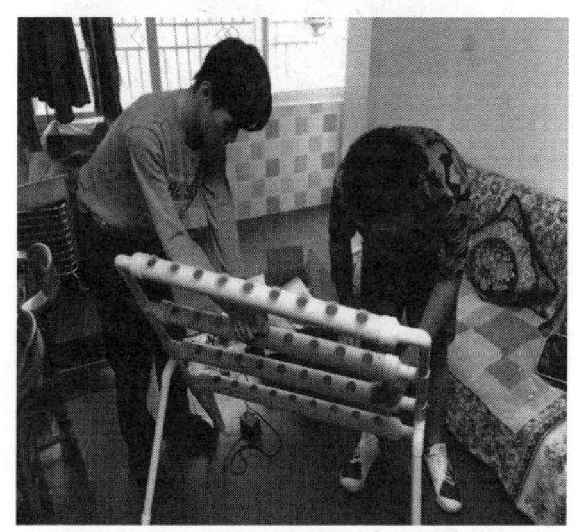

图 5　安装智能装置

（五）栽培实验

实验材料：营养液、海绵、青菜幼苗。

我们利用海绵，因为它的吸水性较强，便于测定湿度，可以减少误差。

1. 营养液配制

我们取硝酸钙 95 g，硝酸钾 81 g，先后溶解到清水中，并将溶液稀释成 500 ml 的液体，为 A 液；取磷酸二氢铵 15.5 g，硫酸镁 50 g，先后溶解到清水中，并将溶液稀释成 500 ml 的液体，为 B 液；将硫酸亚铁 13.9 g、乙二胺四乙酸二钠 18.6 g、硫酸锌 0.22 g、硼酸 2.86 g、硫酸锰 2.13 g、硫酸铜 0.08 g，先后溶解成 1000 ml 溶液，成 C 液。最后取 A 液 100 ml、B 液 100 ml 和 C 液 5 ml，加水配制成 10 L 的营养液，装入储水箱备用。

图 6 营养液的配置

2. 验证、导入程序

我们将程序导入 arduino 编程软件,完成库。随后,通过验证菜单栏进行程序的验证。程序验证成功后,通过 USB 数据线将智能板与电脑连接,把程序上传至智能板上。

面板专用编程程序编出了定义,初始化,获取读数,转化读数为数字,显示出数字和控制条件。当设备搭建完毕后,开始逐步缩小范围,刚开始 30—70 这样很大的范围逐渐变成 44—46 这样精确的范围。在确定范围时,我们经历了好几次植物枯萎。但是,在换上 3 次植物后,得到了最合适的水分。我们将程序导入智能板中。

3. 青菜种植实验

我们将装置和智能板接通电源,湿度传感器接收到海绵湿度,并转化为信号发送给智能板,智能板根据既定程序启动水泵供液。装置利用液体压强,先将塑料管道通入最上层,水被吸入最上层,水不断向下一层流,直到最底层。两个湿度传感器同时接收当下海绵湿度,并转化为信号发送给智能板,智能板根据既定程序关闭水泵，停止供液。当两个湿度传感器同时低于湿度低阈值时，启动水泵；当两个湿度传感器同时高于湿度高阈值时，水泵停止供液；当一个湿度传感器出现高高阈值，一个出现低低阈值，则智能板发出蜂鸣警报。最后，我们将培养好的青菜苗放入栽培装置中。

起初，我们设置的湿度低阈值是30，湿度高阈值是70，即：海绵湿度低于30时，水泵启动供液，防止植物枯死；海绵湿度高于70时，水泵关闭，停止供液，防止水分过多而烂根。为了找到青菜的最佳湿度高低阈值，我们逐渐缩小高低阈值的范围。我们经历了好几次青菜种植实验，最后确定40为青菜种植最佳低阈值，50为青菜种植最佳高阈值。实验数据如下：

表1　湿度阈值对照

日期	低阈值	高阈值	植物状态	供液时间	原因分析
7/15—21	30	70	叶子枯黄	5分26秒	供液不足，且供液时间长，未在最佳阈值
7/22—28	40	70	良好	4分38秒	供液时间长，未在最佳阈值
7/29—8/4	40	60	良好	3分16秒	供液时间较长，未在最佳阈值
8/5—11	40	50	良好	1分50秒	供液时间较短，最佳阈值

4. 实验分析

青菜的生长受到了许多外界因素的影响，在本次实验中，主要研究的是水分对于植物生长的影响，排除光照、温度等非人为因素。在夏季高温的环境下，水分蒸发快。我们进行了最佳湿度阈值的种植实验，发现湿度在40—50，植物生长得最好；过多水分会使植物根须腐烂，并且植物生长较慢；过少水分，会使植物枯萎。本实验证明，利用单片机和传感器制作智能栽培装置，有利于植物的优质生长。

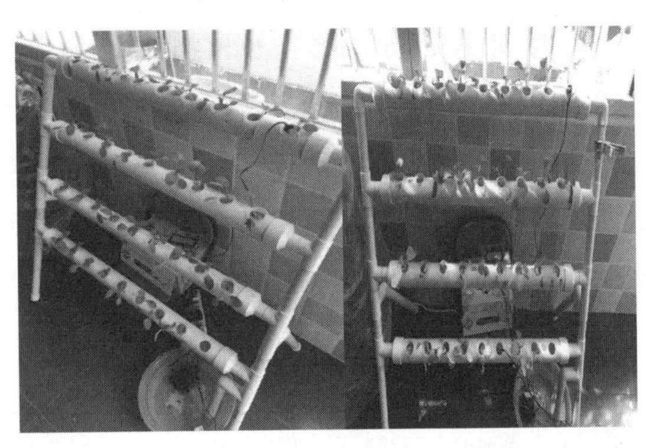

图7 实验装置

三、实验小结

通过一段时间的观察研究，我们发现种小青菜最合适的湿度是在40—50之间。通过智能装置能够更加有效和快速地种植小青菜，大大减少了人工管理的工作，有效地节省了时间。从种植的情况以及总的数据来看，我们的智能装置是十分方便操作的，这有助于阳台种植的开展，并且节省了一定的经费，有很大的可利用性。搭建的装置可以测定含水量的高低，通过智能装置自动吸水来补充水分，无须人工测量，并且保证了小青菜的生长。总而言之，这项智能装置自动化地测量了种植小青菜最合适的水分，并且保持了水源的供给，大大提升了种植效率。

参考文献

[1] 张鹏,张青青,赵新风:《养分与水分添加对荒漠草地植物钠猪毛菜功能性状的影响》,《植物生态学报》,2014 年第 2 期。

[2] 蒋静,张超波,张雪彪:《土壤水分对植物根系固土力学性能的影响综述》,《中国农学通报》,2015 年第 11 期。

[3] 迟天阳,杨方,果莉:《节水灌溉中土壤湿度传感器的应用》,《东北农业大学学报》, 2006 年第 1 期。

[4] 周巍:《阳台种植瓜类蔬菜的关键技术》,《现代园艺》,2014 年第 15 期。

探究感想

我们很高兴能参加这次“进馆有益”的微课题活动,这次活动丰富了我们的暑期生活,这两个月我们可以做除了学习之外更加有趣的事情。我们刚开始对课题研究是有点畏惧的,因为没有接触过而不知道从何下手,可当真正开始接触并且实际去研究的时候,这个过程给我们带来了有趣和新奇的感受。

在此过程中,指导老师的帮助是必不可少的,为了让我们完成得更好,先是在智能装置编程这一块,我们及时发现了装置的故障,场馆的老师帮我们仔细地检查了装置,最后通过我们共同的努力完成了智能装置的编程。再接着我们的指导老师给我们看了许多对课题研究有帮助的事例,并且教我们怎么制作 PPT、怎么写好论文,也让我们受益匪浅。

研究过程固然是辛苦的,从刚开始的三不知到最后得出结论确实花费了不少时间和精力。但是,这让我们懂得了想要得出结论就要付出努力,只有实践才能够得到我们想要的结果。课题研究培养出我们的探究能力,让我们注重过程,能够和同伴相互合作且独立性地思考和发现问题，这也提升了我们的表达和沟通能力，很好地促进了同学间的友谊。回想我们的研究过程，我们感到特别充实和满足，增强了探究新事物的兴趣。得出结论后，我们感到有种成就感激励着自己。感谢这次微课题的研究让我们成长了不少。

课题组成员：上海中医药附属浦江高级中学

丁逸豪　严玮奇　姚　瑶

指导老师：茅天翼　肖惠瑗

进馆参观学习

鉴别真假蚕丝的方法比较

探究缘起

早在2000年前,丝织品作为丝绸之路上的重要商品,便是东西方文明交流的纽带。而当今社会,蚕丝走入了寻常百姓家,蚕丝被、蚕丝枕、蚕丝衣、蚕丝制品以其丝滑触感和保健功效受到了人们的追捧。但是,人造纤维大行其道,在蚕丝制品中掺杂化纤的事件已屡见不鲜,价格低廉的棉掺杂在蚕丝被芯中的新闻也不少,真假蚕丝成了人们常常谈起的话题。另外,上海纺织博物馆有趣的知识讲座也使我们对纺织这个行业产生了浓厚的兴趣。我们想通过总结归纳前人鉴别蚕丝的方法,从现有的鉴别真假蚕丝方法中找出较优方案,使人们在家中也能够轻松地鉴别蚕丝,不再盲目地使用一些不科学的鉴别方法。

纺织纤维主要分为三大类,分别为蛋白质纤维、纤维素纤维和合成纤维。其中,日常生活中常见的蚕丝、羊毛为蛋白质纤维;棉、麻为纤维素纤维;涤纶、氨纶等化纤为合成纤维。

蚕丝在蛋白质纤维中有着重要的地位,它是一种平滑的长纤维,主要由丝质蛋白组成,其中丝质蛋白承载蚕丝的主要性能。另外蚕丝还含有一些其余的有机物,作为面料具有较佳的透气性,极顺滑的手感,作为精细化学品又有着优良的生物相容性。蚕丝主要是通过蚕结茧之后所分泌的丝液凝固而成,是一种天然且性能极佳的高档丝织品,倍受人们的喜爱,且在医学,化学品,食品方面有着广泛的应用。

棉的化学成分主要为纤维素，且其含量普遍占到棉纤维的90%以上，且随着棉花的不断生长，纤维素在其中的占比也会逐渐提高。棉中的蛋白质在加工过程中容易形成氯胺，使棉纤维泛黄。因为纤维素分子排列紧密且分子大的缘故，棉常被用做衣料，因为它透气、保暖。

涤纶是一种合成纤维，主要成分是聚对苯二甲酸乙二醇酯和PET。涤纶耐水性好、强度大、耐磨、密度大，因而广泛应用于渔网制作。但是，涤纶透气性不好，不宜制成贴身穿戴的衣物或床上用品。

一、实验设计

（一）实验设想

我们将做现有的一些鉴别蚕丝的实验来观察已有研究中所描述的现象是否明显，操作是否简便，特别研究一下手感目测法、显微镜法、染色法和燃烧法。我们会根据实验的过程和结果做出相应的总结与归纳。

由于材料有限，我们所说的蚕丝是指桑蚕丝，有关桑蚕丝与其他种类的蚕丝之间的鉴别，我们的课题并未涉及。

（二）实验器材准备

表1　实验材料及器材

待测物	化学试剂	实验仪器
桑蚕丝（取自家用100%蚕丝被）、纯棉、纯涤纶	碘固体 碘化钾固体	煤气灯、坩埚、镊子、玻璃棒、光学显微镜、载玻片、胶头滴管、量筒、烧杯、天平、称量纸

二、实验测试及结果

(一) 手感目测法

1. 材料准备

单一成分的纤维(棉、蚕丝、涤纶),见图 1。

棉

蚕丝

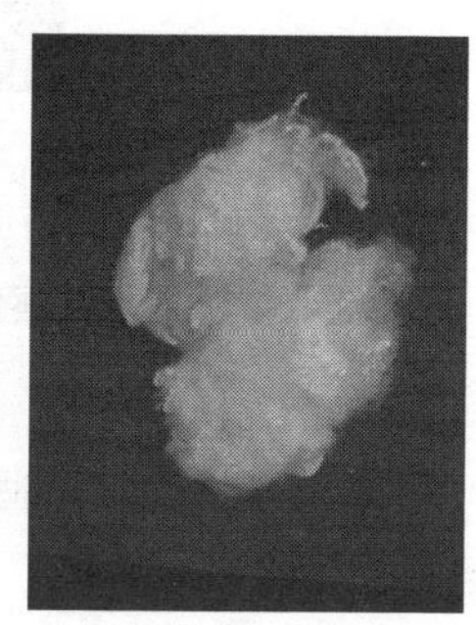

涤纶

图 1　单一成分的纤维样本

2. 实验步骤

取样三种材质的纤维,手摸及目测。

3. 实验原理

根据不同纤维的宏观结构不同来区别纤维。

4. 实验现象

棉:呈天然卷曲状,弹性比较好,纤维又细又短,手感柔软但较为粗糙,光泽较暗淡。

蚕丝:和棉一样天然卷曲,弹性较好,纤维长度很长,手感温暖,表面是三种检测纤维中最光滑的,色泽暗淡。

涤纶:弹性最好,卷曲,纤维长度较长,表面粗糙,柔软,色泽比较亮。

图 2 为手感目测实验结果显示,从左至右纤维分别为棉、涤纶、蚕丝。

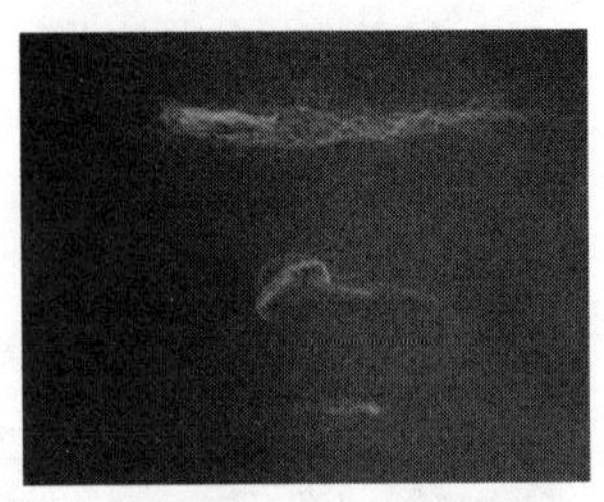

图 2　手感目测实验结果

(二) 显微镜观察法

1. 准备材料

单一成分的纤维(棉、蚕丝、涤纶),光学显微镜、载玻片、镊子。

2. 实验步骤

取样三种材质的纤维丝状物,制成临时装片,在光学显微镜下进行观察,先从 10×10 的放大倍数开始,在粗准焦螺旋和细准焦螺旋的调节下,最后于放大倍数为 10×40 的情况下,进一步观察并且拍照记录,分析。

3. 实验原理

根据不同纤维的微观结构不同来区别纤维。

4. 实验现象

表 2 为显微镜观察结果,因为我们只用了光学显微镜进行观察,又由于能力有限,无法切割纤维,故横向形态观察不到。

表 2　显微镜观察结果

纤维类别	纵向形态(光学显微镜放大倍数为 10×40)
棉	有明显卷曲状
蚕丝	纤维平滑,长直
涤纶	平滑并带有细微光泽

图 3 为实验中的显微镜下三种纤维的图片。

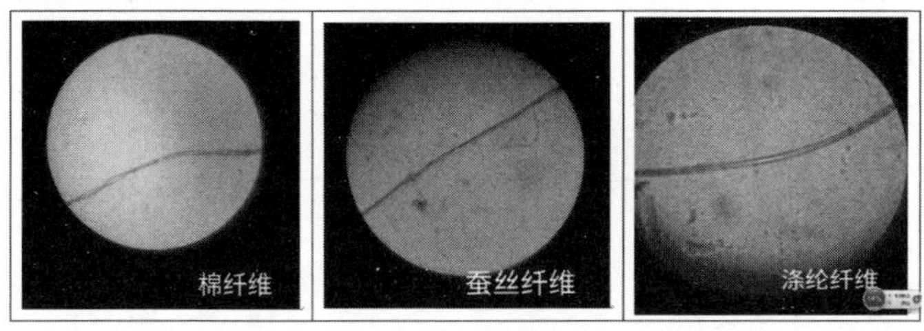

图 3　显微镜下各种纤维的纵向形态

(三) 着色法

1. 准备材料

单一成分的纤维(棉、蚕丝、涤纶),碘—碘化钾溶液、蒸馏水、量筒、玻璃棒、烧杯、天平、称量纸。

2. 实验步骤

(1) 制碘、碘化钾溶液:用天平取碘化钾 4 g,蒸馏水 50 ml,再将碘化钾溶于蒸馏水中,用玻璃棒先进行充分搅拌;再用电子天平称量碘 0.5 g,将其也加入刚配出的碘化钾溶液中,再次进行充分搅拌,使溶质充分溶解。图 4 显示碘—碘化钾溶液颜色以及着色过程。

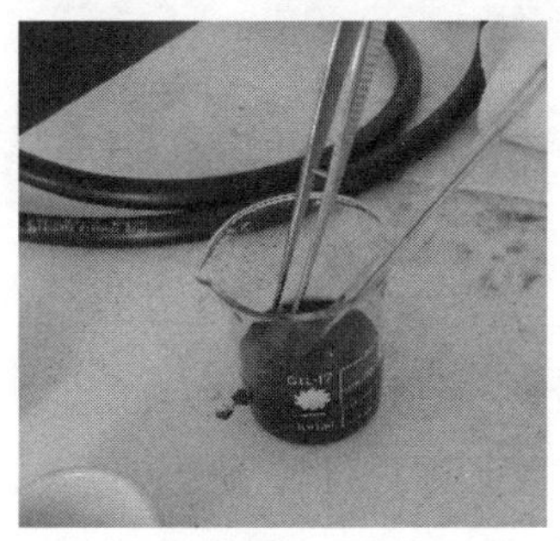

图 4　碘—碘化钾溶液及着色过程

(2) 进行染色:分别将棉、蚕丝和涤纶浸入配置的碘、碘化钾溶液中,在试剂中浸泡 1.5 分钟,再取出纤维,将其晾干后观察三种纤维的染色情况,进行对比与分析。

3. 实验原理

着色法是根据纤维对某种化学药品着色性能不同来迅速鉴别纤维。

4. 实验现象

如表 3 所示。

表 3 纤维着色对比结果

纤维类别	碘—碘化钾溶液
棉	棉外部被染成红棕色,但棉里面未被染色
蚕丝	橘红色
涤纶	基本未染色,有些部分成淡黄色

图 5 为实验图片。

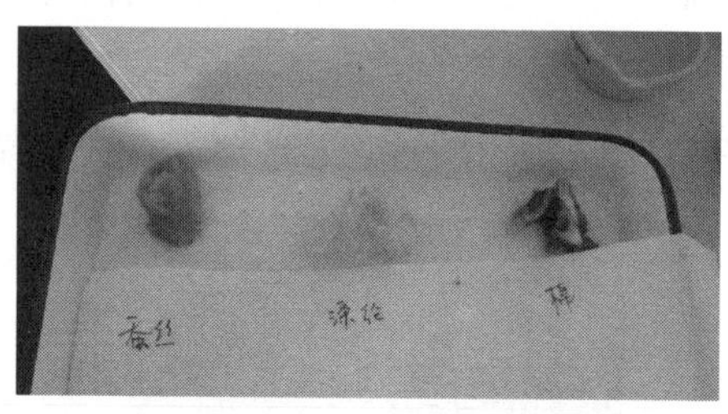

图 5 用碘—碘化钾溶液染色后的结果

5. 实验结果分析

赵荣曾对各类纤维进行过类似的着色实验,其中棉不染色,蚕丝呈淡黄色,涤纶不染色。三种纤维着色后的结果与之不符,我们有以下猜想:我们制作的碘一碘化钾溶液浓度不太对,而且标准着色法需要标准比色卡，即对同一种织物纤维着色，使用一定配比的溶液就会对应一种颜色，溶液配比略微改变，着色后颜色就会改变；或者我们未完全干燥这些纤维，导致有误差存在；又或者我们的着色时间存在不合理的地方。因此，我们认为在日常生活中，采用着色法来鉴别真假蚕丝是难以操作的。

（四）燃烧法

1. 准备材料

单一成分的纤维织物（棉、蚕丝、涤纶），煤气灯、镊子、坩埚。

2. 实验步骤

用镊子夹取等量的三种纤维，分别在接近煤气灯火焰，在火焰中和离开火焰这三种情况下进行观察，燃烧冷却后将残留物放入不同的坩埚中，对其形态和气味作出比较与对照。

3. 实验原理

棉的主要成分为纤维素，蚕丝的主要成分为蛋白质，涤纶主要成分是聚对苯二甲酸乙二醇酯和聚酯纤维（PET），是人工合成的纤维。正因为组成成分不同，所以燃烧时的现象也有所不同。

4. 实验现象

表 4 记录了三种纤维燃烧过程中观察到的现象，表 5 列出了三种纤维在燃烧过程中的气味及燃烧残留物形态。

表 4　三种纤维燃烧特征

纤维类别	棉	蚕丝	涤纶
接近火焰	不熔不缩	明显收缩	收缩、熔融
在火焰中	迅速燃烧，燃烧剧烈	逐渐燃烧	熔融燃烧，大量黑烟
离开火焰后	继续燃烧	不易延烧	继续燃烧，自行熄灭

表 5　三种纤维燃烧物气味与形态

纤维类别	棉	蚕丝	涤纶
气味	烧纸味、烧香味	烧毛发臭味	气味较臭
残留物形态	细腻灰黑色	松脆黑灰，成炭粉状	燃烧时伴有黑色黏稠物滴下，冷却后结为硬块

5. 实验结果分析

通过燃烧中的各种现象和残留物的气味与形态这两方面就可以很快地鉴别蚕丝，在离开火焰后蚕丝会立即停止燃烧，而另两种纤维会明显继续进行延烧。在残留物方面，由于高温，蚕丝的空间结构被破坏，所以完全变为炭粉状，是松脆的黑粉末。而其他两种纤维：棉的残留物形状并没有什么变化，颜色呈灰黑色；涤纶则是完全变成硬块，在燃烧时还会有黏稠物滴下。

另外，至于为什么我们的实验结果中棉燃烧后残留物是灰黑色，而赵荣的实验结果显示为灰白色？我们猜想：煤气灯燃烧温度过高，棉纤维素中的水分都蒸发掉了，只剩下黑色的炭。

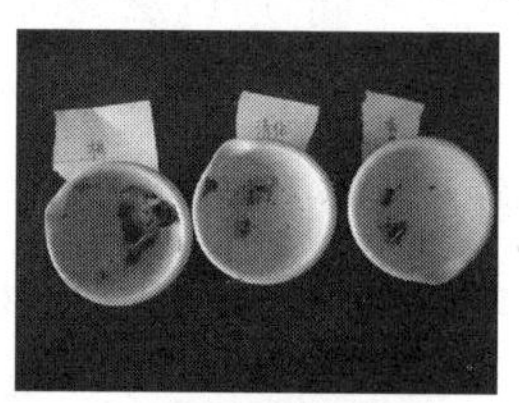

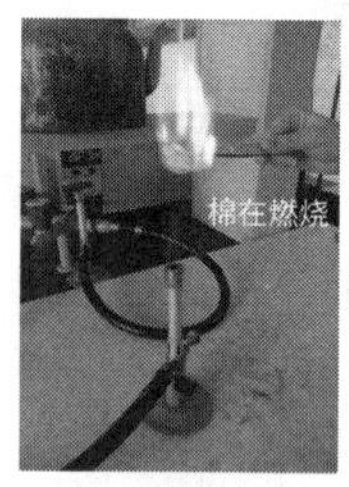

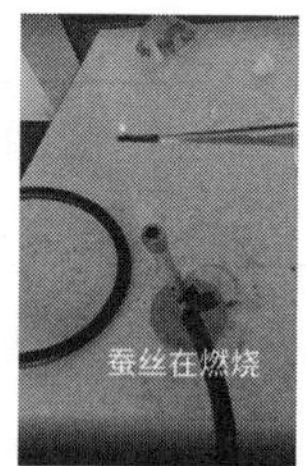

图 6　三种纤维燃烧的状态及燃烧后的结果

三、总结和展望

我们进行了两个简易的物理实验、两个简易的化学实验。可以看到，物理实验的结果与我们所找到的资料吻合，而化学实验的结果与我们所找到的资料却不是完全一样的，因此复杂的化学方法在平时生活中不易操作，并且容易产生误差。所以，我们建议人们若要鉴别蚕丝的话，最好的方法是看、闻、摸，看到的若是淡黄色、色泽较暗的纤维，没闻到什么化工产品的气味，而且摸上去柔软细腻、纤维长度很长，就很有可能是蚕丝。然后再取样烧一烧，若闻到烧焦毛发的味道，就可以确认为蚕丝。

我们对此次实验的展望有：我们想基于染色法研制便携式、绿色环保试剂，比如制成便携小喷雾，方便民众快速通过颜色进行鉴别。另外由于实验条件的限制，我们并没有深入去鉴别桑蚕丝和柞蚕丝的区别，在未来我们希望在这方面开展相应的研究，并能将这些实用且效果明显的方法推广至社会，造福更多的人。

参考文献

[1] 邓婷婷：《家蚕丝、野桑蚕丝及琥珀蚕丝的结构和性能研究》，西南大学硕士学位论文，2017 年。

[2] 宁晚娥，蒋芳，林海涛，陶立全：《3 种蚕丝结构与性能初探》，《上海纺织科技》，2018 年第 5 期。

[3] 罗忻，李朋，叶曦雯，史建峰，牛增元：《棉纤维微观结构及其性能概述》，《中国棉花》，2018 年第 4 期。

[4] 国家标准局纤维检验局：《棉花纤维检验学》，北京：中国国家标准出版社，1984 年。

[5] 王显楼：《涤纶单丝生产工艺对其结构和性质的影响》，《合成纤维》，1986 年第 2 期。

[6] 赵荣:《基于溶解法鉴别羊毛/蚕丝及多组分纤维混合物的研究》,苏州大学硕士学位论文,2017年。

探究感想

在做这个课题的时候,我们体会到做科学研究的艰辛,也体会到了研究过程中的快乐。虽然整个课题还有瑕疵与不足,但我们经历了一次宝贵的进馆研究的过程,拥有了做科研的思维方式,这已经让专业知识有限的我们收获颇丰,倍感欣喜了。同时,正是因为有这样的平台,才让我们更加了解各式的博物馆,让我们在平时生活中更加愿意走进多彩的博物馆,去了解一段段不曾熟悉的历史,去领略在生活之中的科学魅力。

我们在做课题的过程中,学会了与他人沟通。从一开始联系博物馆的老师,到联系提供给我们织物纤维的纺织厂负责人,再到后来联系能给我们提供实验资源的老师……我们渐渐学会如何与人有效沟通,如何快速准确地表达出自己的想法……这些经历让我们在平时与别人相处时,表现得更为成熟和稳重。

在完成课题的过程之中,我们更是明白了如何分工协作。从一开始的查阅文献,到实验设想,到实验落实,到进一步完善,我们通过合理的分工,利用个人的特长提高了效率,并且通过这次活动我们也收获了更加深厚的友谊。

总之,我们做完这篇论文时,发现自己变得更成熟也更坚强了。或许在本次活动之后我们仍不知道自己未来确切的目标,但我们通过这次宝贵的经历知道,做一切事情都很不容易,特别是要有所突破的话,需要的是加倍的努力和强大的内心。

同时,我们希望,我们简明的实验过程、结论,能让普通市民看得懂;希望我们的成果能为人们所采纳,能为社会献力。这是我们的初衷。

感谢同济大学环境科学学院的唐贤春老师,她为我们提供了做实验的场所、药品,感谢她给予我们的耐心指导。感谢纺织博物馆的段玲老师,她给我们作了翔实又有趣的报告,激发了我们对这个课题的兴趣。感谢我们学校化学老师杨海艳,她给我们论文的结构和内容安排提供了宝贵的建议。感谢我们学校语文组张翔老师对我们论文答辩讲稿和 PPT 的悉心指导。感谢江苏靖江裕纶纺织厂陈汉涛厂长,他提供给我们充足的棉纤维和涤纶纤维,带我们参观了纺织厂。

课题组成员:复旦大学附属中学　高二(5)班

邱叶红　赵青韵

指导老师:段　玲(纺织博物馆)

张　翔　杨海艳

在实验中

馆陈设计

陵园文化景观设计特色与精神传承之初探

——以龙华烈士陵园为例

探究缘起

我曾参观过延安黄帝陵、南京雨花台烈士陵园，去过法国巴黎拉雪兹公墓。两年前，我亲爱的外公长眠于青浦福寿园，在参观和祭扫亲人的同时，我发现现代陵园并不像想象中那样阴森荒凉，而是风景优美、宁静祥和、肃穆又温馨的人文纪念公园。一向对园林建筑布局颇感兴趣的我，关注到陵园这个比较特殊的地方，了解到现代陵园的文化和精神影响力已大大超越往昔，其规划设计的策略和方法都颇有讲究，从空间结构到整体环境艺术性的巧妙结合，使陵园文化景观的纪念功能、生态功能、游赏功能都得以更好发挥。

陵园文化景观设计特色与精神传承之间到底有怎样的关联？为此我深入考察了家门口的好场馆——上海市龙华烈士陵园，想从中找出答案。

龙华烈士陵园占地面积逾19万平方米，是一座集陵园、纪念馆、遗址为一体的上海规模最大的红色胜地，国家4A级景区。通过参观考察陵园建筑艺术特色、园中雕塑艺术的呈现、园内园林规划布局特点、场馆现代化改建与创新四个方面，我发现龙华烈士陵园总体规划设计营造的文化景观特色具有很强的吸引力和感染力，从而使陵园的纪念功能、生态功能、游赏功能大大增强，有效弘扬了龙华英烈不朽的精神，传承了红色基因。

一、龙华烈士陵园建筑布局特色

陵园整体建筑格局严谨有序，功能结构上主副轴特点鲜明，凸显了陵园“过去”“现在”“未来”交替的主题。

陵园建有南北向主轴和东西向副轴，从主轴走入陵园，道路越来越宽阔，中心纪念广场平台有三层，并逐层升高，拾阶而上，空间视觉立体感强烈，让我感受到从黑暗一步步走向光明的神圣。广场开阔，气势宏大，最高层的主纪念碑凌空被鲜花花坛托起，仰望“丹心碧血为人民”几个大字，敬仰和崇敬之情油然而生。

主碑石后一座金字塔形的蓝色玻璃幕墙矗立在蓝天白云下，这就是陵园主建筑场馆——龙华烈士纪念馆。整体建筑以素色花岗石阶梯与金字塔形的蓝色玻璃幕墙组合，设计独特，于凝重中透出明朗，吻合从过去迈入今天、走向未来的主题。

东西副轴上最有特色的是碑林区，建有两座碑亭、四座碑廊、两座碑墙，中央有序安放设置了雕塑和喷泉。有镌刻烈士们诗文的几十米的碑壁，上面的书法艺术风格各异。有百字龙碑，有赵朴初先生的题诗：桃花红雨英雄血，碧海丹霞志士心。今日神州看奋起，陵园千古慰忠魂。

副轴的西北和东北处，分别是烈士墓区和遗址区。烈士墓区分布在绿色坡地上，卧式墓碑用印度红花岗石筑成。烈士纪念堂圆形的顶部是钢架玻璃天棚的结构，墙面内外有三块“百年英烈历史浮雕”。先烈们的英灵荡涤着我们的灵魂，唯有铭记奋斗才能告慰英魂，于静静默哀中我有了成长的觉醒。

最令我难忘的是遗址区内的看守所、监狱和刑场。一排高高的白色建筑就是看守所和监狱，周围弥漫着阴森恐怖的气氛。门内男女牢房阴暗简陋，牢墙高处仅有小气窗透气。走过地下通道就是烈士就义的刑场，原景的重现仿佛让人回到了那个腥风血雨的白色恐怖时期，英雄们舍生取义、抛洒热血的崇高信仰令人折服。

二、龙华烈士陵园的雕塑艺术特色

法国拉雪兹神父公墓雕塑堪称经典，其园内有各种形式、风格、材质制成的墓园雕塑，从雕塑旁走过，思绪会与雕塑的情态一同波动，庄严肃穆，温暖希冀，对死者的深情怀念转化为对生者的珍重，从历史变幻中感悟人生的真谛。

龙华烈士陵园的雕塑有着同样的艺术感染力，园内主题雕塑和各功能展区的雕塑，有花岗岩、汉白玉、铜等材料，有圆雕、浮雕、透雕等形态，艺术地凸现了历史史实和英烈事迹，给参观者强烈的视觉上的冲击，情感上的共鸣，思想上的感悟。

最令我震撼的是无名烈士雕塑，这是一尊白色花岗石的巨型塑像，不同于一般塑像，无基座，一名烈士侧倒着，结实伟岸的身躯和大地融为一体，有力的臂膀坚定地伸向蓝天，顽强托起苍穹，在绿色的草坪和松柏间是那么雄伟、庄严、神圣！正是无数无名烈士不计得失毅然献出生命，默默守护，才有了今天的幸福。雕塑前方燃着一支“长明火”火炬，这圣火象征着先烈们的生命之火，生生不息，是后人永恒的怀念！

三、龙华烈士陵园绿化设计特色

陵园整体规划设计中，绿化设计是不可或缺的一部分。龙华烈士陵园的绿化设计特色是把纪念建筑群与植物配置相结合，以相应的植物风姿来烘托景区的主题内涵，深化纪念意义。

陵园整体绿化布局，南北主轴线两侧是高大密集的龙柏，走在其间庄严肃穆。靠外两侧是雪松和枫树，下层种植杜鹃花，红绿错层分布，很好地体现了陵园的主体意境。东西副轴向林荫道两旁，树种以广玉兰为主，配置茶花、八仙花等灌木，层层向上。碑林区全部种植竹丛，刚竹和慈孝竹成片成丛，两座碑亭掩映在翠竹之中，是参观者休憩的好场所。碑文和翠竹和谐交融，使文化和生态有效统一。

陵园绿化以空间合理有效利用和选择经典植物为原则。空间合理有效利用，以大门两侧香樟林作为“框景”，隐约透出陵园主轴线的空间布局。周围散布龙柏、罗汉松等大树，下层配冬青等小灌木，植物群层次丰富。陵园大门东侧有大片桃树林，应和了“龙华千古仰高风，壮士身亡志未穷，墙外桃花墙里血，一般鲜艳一般红”的烈士诗句，桃花和陵园连为一体，烘托了烈士们的崇高精神。

四、龙华烈士纪念馆的科技创新特色

纪念馆是陵园的主题展馆，其功能的持续有效发挥是陵园的灵魂所在。2017 年 10 月 16 日，龙华烈士纪念馆在完成全面改造提升，创新理念和现代化技术的运用在纪念馆中堪称经典。

高科技手段的植入：纪念馆处处呈现了现代高科技手段的展陈方式。比如序厅“照亮英雄的殿堂”，展厅正中整组雕塑为全国纪念馆首个动态雕塑，采用了声光电等多媒体手段营造出庄严的氛围。雕塑剧场运用全息技术，让我们全心投入，看、听、感受英雄们鞠躬尽瘁、慨然赴死的气节，这些技术手段在国内首屈一指。再如，运用更多的数字展示、飞鹰行动之密室疑云、永不消逝的电波互动游戏。还有环幕影片、魔屏、多媒体空间互动红色讲堂等。

艺术作品丰富多彩：龙华烈士纪念馆更具艺术性，有用贝壳材料制作的螺钿画、漆刻画、玻璃刻画、铜雕作品，有油画作品，有大型模型制作……在艺术品的创作上，着意刻画细节，表现气氛，向参观者传递了历史的残酷、英雄的气节，为纪念馆增添了艺术感染力，让观者深入探寻烈士的精神世界。

布展人文理念的创新：布展手段上，龙华烈士纪念馆使用照片1500余张、实物400余件、艺术品100余件。在布展的人文理念上更是做了创新，依据“以史叙事、以事带人、以人见精神”的布展理念，工作人员跨越9省市，80多个区县，采访近百位展陈英烈的亲人、朋友，录制剪辑了总时长11小时31分的口述史影像资料，分69块屏幕在展厅播放。让我们走近烈士，深切感受到他们也是普通人，他们有痛苦、迷茫、悲伤、低落，他们有亲情友情，然而坚定的信仰和顽强的意志力成就了他们的英雄壮歌，让展陈更具说服力和感染力。

纪念馆作为弘扬红色精神的园地，让我的心灵受到洗礼。在出口殷红的桃花树下，我用红色丝带郑重系上寄语卡：铭记英烈，努力学习，爱国奉献！

龙华烈士纪念馆馆长薛峰说：“我们非常期待市民们走进全新的龙华烈士纪念馆，展览不再是枯燥的，跟随着科技的进步，我们希望把烈士的精神传递得更远。”

五、针对龙华烈士纪念馆的改进建议

通过对龙华烈士陵园的多次参观考察，结合参观其他纪念地的感受，我对烈士陵园提出一些粗浅的意见和建议：

（一）提高纪念馆自助电子导览系统的使用度

纪念馆场馆面积大，馆藏资料丰富，呈现方式多，目前纪念馆有接待团队预约讲解方式和提供定时讲解的方式。此外在纸质参观门票上印有纪念馆微信公众号二维码，手机扫码关注后可以听语音讲解，并能使用蓝牙导览连接耳机，搜索感兴趣的主题内容自主学习。对个人参观者而言，关注的角度和兴趣点不同，运用电子导览和讲解器，能方便个人自主选择参观点，提升参观者的体验和感受，更有效地了解历史史实，学习并弘扬烈士事迹和精神。纪念馆的展陈工作原本做得很到位，但是我在参观中发现非常多的个人参观者并未及时发现和使用扫码关注的导览功能，馆内工作人员也未能适时对个人运用导览参观进行宣传和指导，希望能在这方面加以改进，将红色精神传承得更好。

（二）加强烈士陵园的宣传工作，吸引更多市民和来上海的游客参观游览学习

龙华烈士陵园毗邻龙华旅游景区，陵园本身文化和生态价值都很高，又为国家4A级景区。尤其是全面改造提升后的龙华烈士纪念馆综合功能大大提升，参观学习的体验感受也都非常好，对市民和游客来说绝对不虚此行。建议加大宣传力度，多途径传播烈士陵园特色，可以在电视、电台以及公交、地铁的车载电视上适时做好公益宣传；在各旅行网站的上海短途游中将烈士陵园列为主要红色旅游景区，与一大会址等景点连接设计成上海红色一日游；在园内开展亲子参观学习活动，让“好家风”代代传承。烈士陵园是青少年活动基地、党团员教育场所、红色旅游观光景点，还是普通市民参观学习园地，增加宣传引导，才能让后人更好地传承英烈精神，自觉为祖国繁荣富强而努力。

（三）注重陵园整体维护和绿化的更新养护

随着龙华烈士陵园综合功能的开发，园内环境整洁优美，吸引了周围老年居民进行晨练等文娱活动。龙华烈士陵园曾被报道居民在园内大跳广场舞，甚至屡禁不止。作为上海最大的革命烈士陵园和纪念场所，陵园承载着祭扫、缅怀、教育的职能，维护好陵园是全社会的责任，陵园方更应联系其他监管部门，做好教育管理劝导工作，保障园内庄严肃穆、和谐有序。街道等相关部门须尽力给居民们提供合适的锻炼活动场所，同时教育引导居民们共同维护陵园环境。此外，我多次参观后发现，陵园主要道路绿化错落有致整洁美观，但是部分园内的小路上落叶枯枝稍多，植物的养护有所欠缺，希望园方能更注重细节管理维护，以细节见品质，让环境生态更具吸引力。

综上所述，陵园文化景观的设计具有特殊性，尤其现代陵园的公园化、人文纪念化的设计理念广泛应用，使陵园富有特色的设计建造能够有效发挥其文化性、纪念性、公益性、经济性的综合功能。

查阅资料时，我看到携程网游友对龙华烈士陵园的点评，感同身受："烈士陵园，今天是人民乐园，睹物思今，感慨万千，在长明火前向烈士献束花鞠个躬，从烈士墓碑前走过，净化心灵珍惜当下""这是一个宁静的地方，任由思绪飘扬。走过的每一寸土地，都深藏着可能不为人知却令人感动的故事""看到静卧在这里的一个个年轻的生命，没有理由不珍惜今天的美好与幸福"……

可见，陵园特别是烈士陵园，其特色鲜明的设计能将人文纪念等综合功能与陵园传统文化有效结合，从而吸引市民参观、游览、学习、体验，自觉接受教育洗礼，发自内心地弘扬英烈精神，传承红色基因。

参考文献

[1] 马妍：《现代城市陵园景观研究——以福州市为例》，福建林业大学硕士学位论文，2015 年。

[2] 范浩宇：《现代烈士陵园景观设计园林化实践研究——以保定烈士陵园景观设计为例》，河北工业大学硕士学位论文，2014 年。

[3] 孙江超:《烈士陵园园林绿化植物配置探讨》,《现代园艺》,2017 年第 12 期。

[4] 辛晶:《广州起义烈士陵园使用状况研究》,《广东园林》,2009 年第 3 期。

[5] 吴燊涛:《上海市徐汇区公园绿地植物景观质量评价及优化研究》,华东理工大学硕士学位论文,2017 年。

探究感想

此次参加“进馆有益”微论文征集活动,我就想到了家门口的好场馆——龙华烈士陵园,将探究的主旨确定为陵园文化景观设计特色与精神传承的关联。

在探究过程中,我查阅了不少陵园景观设计的文章,加上本身就对园林设计感兴趣,在学习中对陵园这个特殊场所有了一定的了解和相关知识的积累。

在参观考察探究对象龙华烈士陵园时,我得到陵园工作人员和纪念馆负责老师们的帮助与指导,致电咨询参观事项时接线人员也非常热情,有问必答。撰写论文过程中,龚建丽老师悉心指导,让我对论文撰写的基本思路,研究过程的制定和达成,研究成果的表达等有了较清晰的认识,并积极实施,收获颇丰。

参加论文答辩活动,又让我得到锻炼,积累了新的经验,相信在今后的探究项目中我会做得更扎实,表现更好。

课题作者:上海市西南位育中学

汪铭扬

指导老师:龚建丽

博物馆陈列中的序厅设计研究
——以上海博物馆、上海市历史博物馆为例

探究缘起

博物馆是传承文化、展示文明的一个重要载体，人民群众参观场馆的热情日益高涨，这时，博物馆的陈列——尤其是序厅设计就显得尤为重要。暑假，我来到上海博物馆和上海市历史博物馆参观，两个博物馆风格迥异的序厅给了我很大的触动并让我决定对序厅设计进行深入的研究。序厅是一个展馆精华的浓缩，遗憾的是，许多博物馆的序厅设计并未能充分反映展馆的优势。本文旨在研究分析博物馆中序厅设计的长处和不足，并提出改进措施，从而提升群众的参观体验。

目前我能检索到的资料，对于博物馆陈列中序厅部分的研究还不够深入、不够完善；关于国内外博物馆序厅的分析对比及经验吸取、设计改进的研究也是少之又少，尤其缺乏从观众角度探讨的研究。

由于博物馆陈设和设计都是专业性较强的学科，本文将弱化学科特性，着重从观展者的角度入手，思考研究博物馆序厅设计中的文字内容和灯光。我认为，文字是整个场馆内容精华的直接体现，一段简洁、传神的文字能在短时间内提升观众的观展动力

和兴趣。而灯光则决定了展厅氛围和所需要表达的意义，从而调节观众的情绪。“博物馆的陈列设计师不大可能成为光学研究者，但随着光学研究的发展，陈列设计者有了愈来愈大的创造空间，有了发挥想象与才能的无限可能。”由此可见，灯光是博物馆陈列设计的“重头戏”之一。

一、序厅的形成和发展

序厅是博物馆学中的专有名词，指的是展览场馆从入口到正式展示厅之间的空间。序厅中的“序”字说明了它的用途——对整个博物馆展览陈列进行高度概括，通过序言让观众对展出内容有提前预知，以更好的心态去参观展览。

50 多年来，我国博物馆陈列随着社会的发展而不断地更新、进步，博物馆展览对国民精神生活的影响也在不断加深。根据国家文物局统计，截至 2014 年年底，我国博物馆总数达到 4510 家，全年接待观众数量超过 6 亿人次。

序厅也随着陈列的进步而不断发展。1949 年到 1978 年是序厅产生的萌芽阶段，从最初的“导语”“引言”，过渡到“序幕屏”，最终发展成序厅。随着改革开放的推进，社会经济与文化日益繁荣，博物馆也随之发展起来，进入了繁荣时期。

二、上海博物馆、上海市历史博物馆序厅设计分析

本文以上海博物馆、上海市历史博物馆为例，研究目前博物馆中序厅设计的利与弊。

（一）上海博物馆

表 1　上海博物馆各主题馆序厅情况

主题馆名称	序厅	前言内容	优缺点	方便程度
雕塑馆		综述→发展历史（主体）	整体非常昏暗，几乎看不清前言内容。由于开放展品使用射灯照明，灯光投射在墙壁上，导致地面和观展者活动区相对较暗。文字内容清楚。刻着英文的石碑是躺着的，给外国游客带来阅读困扰。	一般
青铜馆		综述→启发性论述	整体昏暗，序厅位置过于靠后。 前言板块光束照耀不匀称，有一段文字看不清楚。	一般
书法馆		定义→发展历史（主体）	序厅灯光柔和明亮，亮度适中，文字清晰。 位置比较隐蔽，容易被忽略。	较方便
印章馆		发展历史	位置显眼，文字内容完整，缺点在于灯光十分刺眼。	一般

（续表）

主题馆名称	序厅	前言内容	优缺点	方便程度
绘画馆		综述→捐赠人→历史	古色古香，整体比较暗，文字内容完整。英文部分灯光太亮，给外国游客带来困扰。	较方便
家居馆		发展历史（主体）→捐赠人	整体明亮，亮度适中，文字清晰。展牌设计与主题十分相符。文字内容略少。	较方便
陶瓷馆		综述→历史（主体）→影响	树木丛生、光影交错，意境很好。整体较昏暗，展板材质有些反光，影响阅读文字。	较方便
玉器馆		发展历史→作用用途	展板外形便是一枚玉器，直入主题。整体昏暗，打光光束亮度过高，使得文字不是很清晰。	一般
钱币馆		发展历史→影响	整体昏暗。展板设计令人对展馆的主题一目了然，灯光也恰到好处，方便阅读文字。	较方便
少数民族服饰馆		综述→影响	整体昏暗，展板装饰花纹贴切主题。使用灯光柔和且明亮，方便阅读文字。文字内容较少。	较方便

（二）上海市历史博物馆

表 2　上海市历史博物馆序厅情况

场馆名称	序厅	优缺点	方便程度
上海市历史博物馆独立序厅		空间很大，有多媒体互动设备和代表性文物。整体明亮，让人感觉很舒适。	方便

三、问卷调查、随机采访及分析

（一）问卷问题及数据分析

定下课题后，我决定设计问卷进行预先调查。调查结果显示，很多观展者没有注意到博物馆中的序厅。

诚然，有部分观展者会认真阅读序厅的内容（实地考察时得到了证实），不过这毕竟是一小部分。大部分人不会关注“浓缩精华”的序厅内容，绝大部分观展者觉得参观博物馆只是来看展品的，抱着“赏心悦目”的目的走马观花。另外，部分观展者也未特别留意过场馆的灯光效果。

（二）采访及分析

我随机采访了几位观展者，询问他们观展后的感想。采访过程中，通过上下文引导采访对象从序厅有无、灯光设置、文字内容的角度来讨论。考虑到个人隐私问题，只作即时笔录。

通过对采访记录的分析，我得到了以下结论：序厅展板亮度普遍较低，有些序厅的灯光又过于亮眼，给观展带来了一定的困扰。另一方面，关于序厅，采访对象全部表示不会在意前言内容。

我认为，博物馆的设立目的并不只是陈设展品，更重要的是传递实质性的知识。如果大多数观众走马观花，根本注意不到序厅，也就不能真正体会展览的精华所在。

本次采访也暴露出传统序厅的一个缺点——缺少互动性和身临其境之感。

（三）场馆对比及优缺点分析

上海博物馆与上海市历史博物馆都有序厅，但是经上文分析对比后发现，上海博物馆的序厅空间普遍较小，观赏体验不佳，序厅设计单一，以展板为主。而上海市历史博物馆有单独的展厅，空间充足，并且设置了多媒体设备。这从侧面表现出当代博物馆陈列设计正在不断发展。

造成如此差异的原因是：上海博物馆建于 1996 年，修成至今已有 20 多年时间。而上海市历史博物馆是新建成的博物馆，各类设施较新较优。设计师们不断摸索，使得新博物馆序厅能给观众带来更好的体验。生活水平的提高使得人们不再只追求“温饱”，而是进一步追求“精神食粮”。这方面的需求日益增大，推动了博物馆陈列设计行业的发展和设计师们在序厅设计方面的进步。

四、小　　结

序厅作为连接场馆内外的空间，能帮助参观者明确展览的主题，将整个展览的精华提炼浓缩，对于陈列展览至关重要，对于文化的保存与发扬也有一定的作用。但是传统序厅过于“死板”，灯光也过于刺眼，缺少互动性，让观众丧失阅读的兴趣，让序厅设计成为可有可无的摆设。我个人认为，设计者可以将序厅设计得更具有灵活性和互动性，提高观众的积极性。

元代散曲家乔吉曾在写作方面提倡“凤头、猪肚、豹尾”六字。

其实这六字也适用于博物馆陈列设计。序厅设计应该成为“凤头”,像凤凰的头部一样美丽。一个理想的博物馆序厅,应该有适当的空间,有能高度概括主题的文字和亮度适中的灯光,并且有能够让观众参与互动的设置。这样,观众才能更有积极性,序厅的作用才能发挥到最大。

苏州城墙博物馆和马耳他的 Knights the Hospitallers 博物馆序厅里别具一格的物品引人入胜。苏州城墙博物馆序厅的正前方是一段城墙。整个序厅宛若一段时光隧道,两侧的照片展示苏州城墙的形成历史和发展历程。具有代表性的文物展示,见证了苏州城墙 2500 年的历史。整个序厅十分明亮,元素也与主题相符,很容易让观众进入到城墙的世界之中,为之后的展览做好铺垫。马耳他 Knights the Hospitallers 博物馆一进门就是一个等身大模型,给人以一种威严和压抑之感,同时也点明了参观的主题——医院骑士团。这样的序厅能够很好地引领观众调整好情绪进行接下来的游览。

序厅设计是一个系统的过程。从平面布局,到深入挖掘其中的情感和精神,将它们整合起来最终传达给观众,无疑是博物馆中必不可少的部分。整合的形式可以多样化,可以从感官着手,以多媒体设备为辅助,让序厅“活”起来,也可以用带有特色的物品烘托出氛围。另外,我认为展馆灯光设置上要突出重点。光色过于明亮的场馆可以将白光替换成桔色光,比较护眼。

参考文献

[1] 顾征祥:《博物馆陈列展览的结构问题》,《博物馆研究》,1987 年第 2 期。

[2] 董松:《博物馆陈列中的序厅设计研究》,清华大学硕士学位

论文,2007 年。

[3] 赵冬霞:《我国博物馆序厅设计研究》,南京艺术学院硕士学位论文,2010 年。

[4] 陈同乐:《光的艺术:光在陈列艺术中的应用与研究》,北京:文物出版社,2006 年。

探究感想

通过这次“进馆有益”活动,我明白了序厅的重要性。观众来参观展馆是一次心灵的净化,而不是来接受刻板的教育。所以序厅设计一定要有亮点,也一定要有互动性,观众心情愉悦,才能在之后的参观中吸收更多的知识。

我要感谢给予我指导与帮助的吴笛老师,感谢支持我的父母。感谢上海博物馆、上海市历史博物馆。

课题作者:上海市延安中学

杨思越

指导老师:吴 笛

上海市历史博物馆的观众疲劳程度调查及解决方法

探究缘起

在我们参观上海的各类博物馆时，发现不同的观众，有的对于展馆充满尊重感；有的将博物馆当休息之地，甚至在博物馆里打盹；有的沉迷手机或做一些与参观无关的事情。博物馆，本是一座城市的精气神所在，是城市文化与历史的交汇之所，每个人来到博物馆，都应该对其充满敬重。出现适当的疲劳，乃情理之中的事，但博物馆应当尽力帮助观众提升兴趣，缓解疲劳，提供更好的服务及参观体验。经过我们细致的观察与后期进一步的访谈，我们小组根据这一问题，选择上海市历史博物馆作为研究对象，展开了研究与调查。

一、研究方法

上海市历史博物馆展厅中有近千件文物，每件文物都包含众多信息，如果观众想参观完大部分的文物，需长时间站立并接收大量信息，这会使观众感到疲劳。

我们主要采用观众访谈的形式，为保证数据的准确、可靠性，我们采访了来参观上海市历史博物馆的各年龄层的不同人群。

首先，我们找到参观博物馆的不同人群，获得参观者的许可，跟在他们身边同时不打扰其参观过程，观察并记录他们在何时何处出现疲劳，记录其参观时长，在他们出现疲劳或参观完后进行访谈。

其次，不同人群参观博物馆的目的不同，这也会影响其参观兴趣。因此，我们须询问对方来参观的目的。

当人们参观到没兴趣或疲劳时，会表现出随意游荡，参观速度加快或者休息，甚至离开，但这只是我们的观察与推测，还需询问对方是否疲劳。从客观与主观两方面共同分析，使调查结果更可靠。若对方感到疲劳，则需分析其疲劳的原因，因此，需询问他感到疲劳的原因。

我们按以上问题对不同人群进行访谈，从多方面多角度分析参观疲劳现象，且同类人群寻找三对或三对以上，将访谈结果相互比较，剔除特殊的个人因素，同时整理制成表格，便于分析情况，做出结论。

二、调查结果与分析

（一）同龄人娱乐

此类别中我们采访到的大部分是青年朋友，年龄在20—30岁之间。青年朋友对于展馆内容的兴趣不是很大，在参观过程中注意力不集中，偶尔会在自己感兴趣的地方停留一会儿，没有什么特别关注的展品。

由于当下科技发展等因素，快节奏的碎片式手机阅读已经让一部分青年人失去了耐心。他们无法在博物馆这样高强度的知识信息接收中调整好自己，主要目的也不是来接收历史知识的，所以他们不仅在参观过程中时常看手机，同时也容易产生精神疲劳。

（二）同龄人学习

此类别中我们采访了三对，基本都是朋友，年龄在20—30岁之间。据访谈结果，参观者们对一楼的花轿和二楼的明清瓷器印象最深,说明最开始参观的展品更易吸引人,对自己较感兴趣的展馆印象更深。相比之下,其他的展馆就容易令他们感到疲劳。访谈的几位都是为了学习,因此专程前来的人对博物馆本身有兴趣,在参观的过程中也不会感到疲倦(身体原因除外)。

表 1　同龄人参观情况

同龄人	目的	参观时长	是否感到疲劳	感到疲劳的原因	对本馆的建议
1 非配偶	娱乐	0.5 h	否	无	无
2 非配偶	学习	1 h	否	无	增加新上海展厅的展品
3 非配偶	学习	1.5 h	否	无	无
4 非配偶	娱乐	0.5 h	是	对展品不感兴趣	无
5 非配偶	学习	1 h	是	长时间的参观路程让其感到疲劳	增加休息区及座位
6 配偶	娱乐	1 h	否	无	无

(三) 带未成年孩子

此类别中我们采访到的大部分是三口及以上的家庭。据访谈,几家参观者对于大型的展品如一楼的花轿、二楼的船模等印象深刻,对小型展品则没什么印象。其原因可能是因为大型展品画面感更强,且多数儿童对于颜色暗淡、略显陈旧的展品不感兴趣,在展馆中会奔跑玩耍,家长为看顾孩子而无法观赏小型展品,导致对于这类展品印象不深。

家庭参观者的目的基本上是为了使孩子了解更多的历史文化知识,少数是一家三口都对历史很感兴趣而来参观。在参观过程中,孩子即使有兴趣了解,但因为年纪过小,无法全部理解,会比家长更易分心,孩子的分心导致家长看顾的难度提升,使家长精神疲劳加快。总体来说家庭参观者会比个人和同龄人更难集中注意力。

(四) 带老年父母

我们采访到一位成年的女儿带母亲参观历史博物馆，了解上海的历史。两人一开始情绪很高，每一个展品都细细浏览，但在参观了一段时间后，女儿首先感到疲劳，这是高强度的知识吸收带来的精神疲劳，而较为年长的母亲表示未有疲劳感，可能是因为这个年龄段的人对上海历史很有感怀，兴趣更大。

她们整个参观时间超过一个半小时，每个展厅都认真参观，而在长时间的漫步中，一些动作使肌肉保持高度紧张状态——身体前倾、弯腰、半蹲、仰视等动作容易引发疲劳，但有时为了看清展品，不得不反复做这些动作。这也是造成她们疲劳的主要原因。

表 2 家庭参观情况

家庭	目的	参观时长	最喜欢的展品	是否感到疲劳	感到疲劳的原因	对本馆的建议
1	学习	1 h	触屏互动区域	是	家长因为带孩子而感到疲劳	无
2	学习	1 h	船只模型	是	孩子年幼，体力不支	无
3	学习	1 h	戏服、古玉、打字机	否	无	增加展品的趣味性，让孩子更容易理解
4	娱乐	1.5 h	无	否	无	无

（续表）

家庭	目的	参观时长	最喜欢的展品	是否感到疲劳	感到疲劳的原因	对本馆的建议
5	娱乐	0.5 h	花轿、鼎	是	长时间的参观路程让其感到疲惫	增加休息区及座位
6	娱乐 学习	1.5 h	古代馆	是	孩子体力不支	希望展馆间区分明晰，以防想回去再看找不到

（五）个人

单人来参观博物馆的人数相对来说很少，我们采访到的三位都是中年男性，年龄在40—50岁之间。从访谈结果来看，人们在单独参观的时候会更偏重博物馆较重点且自己较感兴趣的展馆，相比之下，在其他的展馆就更容易显得疲劳或失去耐心；除此以外，参观的时间也会对疲劳程度有所影响，三位参观者都花费一个多小时参观完所有展厅，都在四楼出现了时间或长或短的疲劳期，因为审美疲劳或知识汲取过量造成的，但也不排除个人体力因素。

表3　个人参观情况

个人	目的	参观时长	最喜欢的展品	是否感到疲劳	感到疲劳的原因	对本馆的建议
1	学习	1.5 h	戏服	是	长时间的参观让其感到疲劳	加强各展馆的主题性，增加休息区域

（续表）

个人	目的	参观时长	最喜欢的展品	是否感到疲劳	感到疲劳的原因	对本馆的建议
2	学习	2 h	青铜器、陶罐、淞沪抗战展厅	是	长时间的参观让其感到疲劳	刀枪旗子太少，整个展馆略显文气
3	学习	1.5 h	鲸鱼骨	是	长时间的参观让其感到疲劳	无

（六）上海人带外地人

以带外地朋友游玩为目的来参观博物馆的人可以说是一个有趣的特例，我们采访到的两位年轻女生，年龄在16—19岁之间。

我们认为对于参观的准备工作或重视程度，会对参观体验及疲劳感有极大的影响。两位女生专程前来，在对博物馆本身有兴趣的同时，上海女生以东道主的身份，做好前期准备工作保证了参观质量，而外地女生作为来客，面对朋友的诚意，参观较仔细，并且博物馆也同时满足了其学习、娱乐、社交多重目的。

（七）原因分析

以下是对所有人群产生博物馆疲劳的原因进行的总述，便于从相似的切入点进行深入研究。

1. 参观的热情和兴趣方面

（1）对展品兴趣不大。

（2）参观时间较长时，参观热情和兴趣逐渐减少。

（3）在四楼的参观中，新鲜有趣的事物少，可能会丧失兴趣。

（4）对相对次要且没兴趣的展品感到精神疲劳。

(5) 信息量大,高强度吸收知识后带来的精神疲劳,导致对展品的兴趣降低。

(6) 遇到与伙伴共同感兴趣的展馆时,会交流分享个人观点,阐述共同话题,对话增多,有益于消解疲劳。

2. 体力不支,身体疲劳方面

(1) 有些家庭参观时,在互动板块停留时间较久,排队耗时耗力。

(2) 参观后期体力不支而身体疲劳。

(3) 团体参观比个人参观更注重休息。

(4) 家长需要照看奔跑玩耍的孩子,身体疲劳。

3. 参观目的不同,专注度方面

(1) 专程前来的游客本身已对展馆有兴趣,参观专注度更高;而顺便参观的游客可能只是走马观花式地了解一个大概,自身对展品的兴趣也没有前者的兴趣浓厚,就相对容易疲劳。

(2) 带朋友参观时,邀请人对参观的内容了解准备充分,受邀人投入同等的专注,因而不易感到疲劳。

4. 各个展厅之间区分不分明,绕路寻找路线,造成身体疲劳。

5. 为了看清展品,不得不反复做半蹲、仰视、弯腰等易产生疲劳的动作。

三、对历史博物馆提出的建议

增加馆内可供休息的座位,方便观众在长时间的参观后能够坐下休息一段时间,以恢复体力继续参观。

开发一些益智的互动项目,吸引年轻游客。现有的互动项目的适合人群是 14 岁以下儿童,对青少年和青年人群没有太大的吸引力,不能达到娱乐互动消除疲劳感的作用。

将展品布置得更加生动,易于孩子理解。年龄比较小的孩子由于知识储备量较小,基础知识薄弱,不能理解展品信息,因为看不懂而感到无趣,不愿意认真参观,要适当考虑小观众的认识水平与理解能力。

各个展厅之间作出明显的区分标识、界线等。如果各个展厅之间没有明显的界线,会造成游客漏参观一些展品,看不全所有展厅,并且再不方便返回参观自己特别喜欢的展品。

参考文献

[1] 孔艺冰:《浅析博物馆观众疲劳度的调节——以陕西历史博物馆临时展厅为例》,《陕西历史博物馆馆刊》,2015 年第 22 期。

[2] 陈红京:《关于博物馆观众参观疲劳问题的探索》,《东南文化》,1982 年第 6 期。

[3] 卢玥颖:《浅议博物馆观众的系统研究——以四川博物院“大三国志”展为中心博物》,《中国博物馆》,2016 年第 3 期。

[4] 周玫:《博物馆视觉环境与观众视觉疲劳》,《东南文化》,1988 年第 1 期。

[5] 本杰明·伊夫斯·吉尔曼:《理想的博物馆:目标与方法》,1923 年。

[6] Gareth Davey,What is Museum Fatigue?,2005.

[7] Stephen Bitgood, Museum Fatigue: A Critical Review, Jacksonville State University, Jacksonville, Alabama, USA,2009.

探究感想

这次的课题活动历时三个月，从暑假初入场馆调查到后来一步一步确定课题、确定研究方向、将观众以目的进行区分，再到后面的预访谈、访谈，我们小组成员都亲力亲为；开题报告、中期报告、结课题，我们见证了课题的形成，也见证了自身的不断成长。这个课题虽小，但是它的现实意义是不可被小看的。博物馆参观疲劳这个现象一直存在，却被人们忽略，我们想通过自己微薄的力量，让人们在博物馆得到更好的服务体验，为上海这座充满活力的城市，贡献我们的绵薄之力。

课题组成员：上海市南洋中学　高一（四）班

沈荻华　鲁依祺　张心茗　黄沁琪　葛燕莎

周翊萱

指导老师：楼佳如　孙辰希

活动指导

珍惜“进馆有益”实践平台，提升学生人文创新素养

从“走近博物馆”到“走进博物馆”

与孩子们一起“进馆有益”

珍惜“进馆有益”实践平台，提升学生人文创新素养

上海市市西中学　方秀红

上海市校外联办支持、上海市中小学德育研究协会主办的“进馆有益”微论文评选活动已经第五届了。市西中学敏锐把握“进馆有益”这个非常有意义的实践平台，积极组织发动学生参与，从第一届的一个学生课题参与获得 1 个一等奖，到 2017 年十几个学生课题参与获得了 5 个一等奖和若干个二、三等奖，再到 2018 年二十几个学生课题参与获得了 2 个一等奖、8 个二等奖和 14 个三等奖。当然，除了获奖以外，更重要的是该活动实实在在推进校内外课程联动，促进学生的研究性学习，在提升学生人文素养、创新精神和实践能力的同时，增强了学生的社会责任感。

一、明确活动价值，学校发动宣传

市西中学早在 20 世纪 90 年代就在全市首创了研究型课程，组织指导学生开展研究性学习，培养创新精神和实践能力。所以，当市校外联办、市中小学德育研究协会推出“进馆有益”微论文活动时，市西中学就敏锐意识到其重要价值，既是学生研究性学习的重要延伸和促进，更给学生研究性学习提供了很好的课程资源。“进馆有益”活动列出了一系列场馆名单，类型多元，富有特色。这些推荐的场馆不仅侧重于文化历史，还涉及自然科学，可供学生选择的空间很大。学生可依据自身的兴趣爱好与研究方向，选择各自感兴趣的场馆，进馆考察调研。在近两个月的实

地考察过程中，学生学会了用眼睛去观察，用心灵去感受，用头脑去思考，近距离地感受博大的中国文化，增强了自觉传承中国传统历史文化的使命感和责任意识。

学校及时向全校师生发布了本项活动信息，要求研拓教研组、年级组和学生发展处共同负责此事，组织指导学生积极参与。学校非常重视相关活动成果的宣传激励，利用升旗仪式隆重举行校内的再颁奖，在教工大会上让“进馆有益”微论文活动指导教师分享交流，利用学校宣传橱窗展示获奖师生风采，并组织获奖学生给下一届学生交流经验，给予了师生积极的鼓励。

二、珍惜机会平台，学生积极投入

在市西中学“好学力行”优秀学校文化传统熏陶下，市西学生自主学习实践研究意识强，很珍惜各种提升能力、促进发展、展示风采的机会和平台。所以，学校发布有关“进馆有益”微论文活动信息后，不少学生甚至是高三的学生也积极行动起来，自主根据兴趣三五成群组建团队，初拟研究项目，并主动寻找指导老师。在这一过程中，他们自主联系场馆辅导老师，冒着酷暑一次次跑场馆。社科类的课题，学生还要上街进行问卷调查、采访调研，可能会被拒绝、被误解，但学生在一次次碰壁的挫败中总结经验、调整策略，逐渐学会了运用不同策略及适当的方式去化解调研过程中所遇到的问题。有很多的普通市民或游客被我们学生真诚的态度和执着的精神所打动，积极配合学生的调研工作，认真参与到调查采访中，学生最终成功获得了第一手的研究数据，也得到了很好的历练。虽然因为新高考，重要考试几乎贯穿高中三年，学业繁忙，但学生对“进馆有益”乐此不疲，秉承市西“活动即课程，实践即学习，经历即收获”的理念，走出课堂、走进社会，团结协作，收获了不少荣誉，更收获了成长和综合能力。

三、关注长远发展，教师倾力支持

市西中学一贯倡导“好学力行的教师才能培育好学力行的学生”“学生高水平自主发展的背后一定有高水平的教师指导”，“进馆有益”活动亦是如此。市西学生在“进馆有益”微课题活动中的颇丰收获，都离不开市西教师的悉心指导。活动开展第一年，老师们不是很了解活动怎么开展，收到学校发布的有关活动通知后，一两个研拓课教师试水，组织指导学生参加。虽然当年只有两个课题参加，但其中一个获得了一等奖。随后，第二、第三年，学校一发布“进馆有益”相关活动信息，不少老师就自发积极行动起来。有的是想参加微课题活动的学生主动去找老师指导，老师欣然同意；有的是教师意识到这是促进学生发展的好机会，主动去动员组织学生团队参加；有的老师甚至发动组织了好几个学生课题组。有的是学科教师指导，也有的是班主任积极组织班级学生参加的。2016 年，我校高三班主任王巍老师组织班级学生参加，获得了 3 个一等奖的好成绩，2017 年，他又在高一学生中刮起“进馆有益”的旋风。还有的是年级组长积极组织发动本年级学生参加，在全校范围内组织老师指导，2017 年我们高二年级组长杨俊杰老师就是这样做的，结果高二年级成果斐然。

市西教师深知“进馆有益”是课内外衔接、是学生学以致用并关注思考社会的有益平台。学生带着问题带着思考走出课堂，走出校园，走进场馆，走进社会，自己独立去考察，去发现，去调研，去求证，还要在研究过程中不断地反思和调整，最后在指导教师的帮助下对自己的课题不断完善，不断改进。一系列活动开展之后，我们就会发现学生的视野得以开阔，自习自研能力得到提升，也从中增强了社会责任感。所以，市西老师不辞辛劳，给予学生悉心的指导。既指导学生选题开题结题，还带着学生一起跑场馆、访问场馆辅导老师，关注研究的全过程。指导教师除了思路的指点和具体知识、方法的帮助外，更要鼓励学生去探索去攻克难关，做好学生团队研究过程中的一次次平衡与协调，让他们知道每一次成功，每一次失败，都是研究过程中必须要经历的一部分。同时，教师在课题的指导过程中也要及时对学生的水平做出评估，把各具特长的学生安排在适合的岗位中，人尽其才，这样才能充分发挥学生的热情和专长。当然，教师在课题指导中，也需要补充大量的专业知识，不断提高自己的专业素养。微课题的指导工作是教师与学生以及学生之间合作学习的重要途径，教师指导能力得到提高，学生的研究能力也会迅速增长。教师与学生间，学生与学生间融洽的学习氛围，团结互助的精神也会促进优秀研究团队和集体的创建。

总之，“进馆有益”微课题活动是一项非常有意义的活动，市西师生都从中受益良多。衷心感谢上海市校外联办的支持和上海市中小学德育研究协会领导和组织实施，也感谢众多场馆辅导老师的辛勤付出。市西中学将继续珍惜并用好这个实践平台，更好地促进学生素养和能力的提升，更好地锤炼教师队伍。

从“走近博物馆”到“走进博物馆”

上海市延安中学　吴　笛

转眼间，我作为上海市“进馆有益”微课题活动的指导老师已有5年，可以说，我与学生一样，与这项活动共成长。

我校学生从5年前参加微论文征文活动以来，在场馆和学校的支持下，取得的成绩越来越丰硕。我作为指导老师，也在不断积累经验，思考如何以学生为本位，激发他们探究的兴趣、研究的潜能，孕育出好题目、好论文，而不是单纯地仅从论文技巧出发，以获奖为功利性的目的。我逐渐领悟到，与取得的成绩相比，更为难能可贵的，是老师与学生以此博物馆学习平台为契机，不断学习，在专业知识上积淀人文素养，在学术研究方法上养成科学精神，这比起获奖本身价值更高。

这里，我主要来谈一谈作为微课题探究指导老师，在指导过程中的一些感悟。

如果仅就探究前的指导而言，似乎只要暑假两个月就行了。然而，前期对学生的知识储备、技能指导是在平时就已“粮草先行”的。这里，我主要谈谈我在这方面所作的两个工作。

一、走近博物馆

在现在学生课业压力较大的现实环境中，让学生在双休日、寒暑假经常参观场馆，是较为不现实的。加上学生往往会对博物馆产生“曲高和寡”“阳春白雪”的误解，对之有高不可攀的疏离感，即使在课余时间，博物馆考察也往往不是学生们的首选活动。然而事实上，上海的许多场馆都非常亲切和友好。要让学生切身感受博物馆的氛围，首先并不是刻意让他们“走进”场馆，而是先“走近”，从心态上亲近、从知识上了解。

为此，我在我们学校开设了“走近博物馆”课程，每周两个课时，编入学校“人文讲座”的范畴。在这一课程中，老师通过介绍世界和中国的著名博物馆，让学生充分领略不同文化背景下的各国、各地区历史背景和风土人情。通过介绍青铜器、瓷器等不同类型文物的沿革，让学生了解博物馆文物鉴赏的技巧和方法。但是，这一课堂不是老师的一言堂，更重要的是将讲坛交给学生，请学生畅谈他们所参观的博物馆，与同学分享参观感受。通过这一课堂，学生可以更亲近博物馆，更了解博物馆，学会怎样更好地参观博物馆。让“进馆”不再成为一个形式，而是一种实实在在的学习方式和机会。在与学生的交往、对话过程中，知识的传递不是“老师到学生”单向度的传达，而是互相学习、互相交流。老师的博物馆参观经历毕竟有限，学生通过旅行、志愿者活动等渠道所参观的场馆，大大补充了我的不足，让我在这门课堂上也获益颇多。可以说，在这门课上，每个人都是老师，每个人也都是学生。

即使在课程的教学上，我也注意由表及里、深入浅出地介绍博物馆及其藏品。而这种方法，让学生不仅观察到事物的表象，也深入到器物之下的实质和器物所包含的历史大环境。有学生曾对我说：“通过课上所介绍的大明成化瓷，我看到了一个鲜活的成化皇帝站在我面前。”我想，她的话证明了“走近博物馆”的课程任务很好地完成了。

二、走进博物馆

当学生真正愿意走进场馆，并且有一定知识储备和方法掌握的前提下，我们以 Hi，Story 历史学社（History 为历史的英语单词，学生将其拆分为 Hi、story 两个单词，即“你好，故事”，别有一番深意）的社团活动为契机，组织学生利用双休日时间，前往上海各地进行参观考察。我们的社团先后组织了 15 次校外活动。活动遍及上海各个角落，北至吴淞口、安亭，南至松江、金山，每一次活动，都给我们带来了不少的收获与启迪。

“五千年看西安，五百年看北京，一百年看上海。”我们身处上海，是何等幸运，她是西学东渐的桥头堡、工业发展的排头兵、红色革命的发祥地，也是西方殖民侵略和中国不屈抗争的缩影。因此，历史学社的这十几次活动，都围绕上海的城市历史特点，自定若干板块，如：“文化之根”“西学东渐”“开放窗口”“工业重镇”“不屈象征”“红色城市”“包容精神”等。

表 1　上海市延安中学(高中)历史学社活动一览

主题	前往场馆
上海之根	松江博物馆、嘉定博物馆、秋霞圃、州桥古镇、金山博物馆、戚墅墩遗址……
西学东渐	徐家汇藏书楼、徐光启墓、土山湾博物馆、徐家汇教堂、圣母堂……
开放窗口	上海外滩美术馆、电讯博物馆、邮政博物馆、上海档案馆……
工业重镇	电影博物馆、汽车博物馆、玻璃博物馆、杨树浦水厂……
不屈象征	淞沪抗战纪念馆、金山卫抗战纪念馆、慰安妇纪念馆、四行仓库遗址纪念馆……
红色城市	国旗国歌纪念馆、劳动组合书记部旧址……
包容精神	行走武康路、行走霍山路、犹太难民纪念馆……

在这些活动中，我们首先发现了“物”。平时课堂上，我们都读“有字之书”，是平面、单调、乏味的，是脱离实际、无法形成通感与同感的。亲临实地，我们翻开了“无字之书”，它是立体的、生动的，学生们亲眼所见、亲身经历，书本上的历史事件如同亲临，书本上的历史人物款款向我们走来。我们在四行仓库看到了“弹孔墙”，如同见证了八百壮士的悲壮；我们在犹太难民纪念馆看到了“生还碑”，如同感受到犹太难民对“上海方舟”的感恩和上海市民的博爱与悲悯。

在看到“物”的同时，我们也遇到了“人”。我们与路人接触、与讲解员对话，更与历史人物神交。在松江醉白池，我们偶遇书法家，他无私地向我们介绍中国书法的神韵。在宋庆龄故居，讲解员带我们走入她的日常生活。在徐光启墓的墓碑前，我们似乎看到了徐光启翻译《几何原本》的身影。遇见即是缘分，我们是何等有缘，又是何等幸运。

每一次活动，我们都是自己策划、实施、安排线路。遇到困难，我们都会团结一致，积极变更行程，克服艰难险阻。我们也勇于探索，利用各种交通工具，包括高铁、自行车等，而更多的则是利用双腿行走“江湖”。

所有的这些活动，学生自主设计，教师本着对学生的问题引导而不主导，对学生活动具体实践的指导到位而不越位，对学生的行程安排参谋而不代谋的原则。在此过程中，充分发挥学生的能动性，培养了学生的策划能力和交流沟通能力。这些能力，将在“进馆有益”的微论文的研究中具有举足轻重的作用。

学生们有了之前两步的丰厚积累，具体的课题撰写就是厚积薄发。在暑假中，学生利用相关场馆的资源，辅以图书馆、档案馆的资料，自行完成课题。老师则集中对学生的学术规范和论文科学性进行审核和把关。可以说，一篇好的微论文的准备是长期的，完全得益于学生自己的长期积累和储备。

当然，我在这方面的工作虽然有一定成绩，但还做得不够。许多客观条件也限制了我们的活动范围。也由于专业限制，老师的指导也可能略有片面。我们决心克服困难，为学生提供更为全面和科学的指导，我们也期待馆校之间能够有更多的互动，老师也能通过这些竞赛和场馆的考察，增加阅历与知识。

我们相信，“进馆有益”微课题探究活动一定会让更多的中学生重视并喜爱博物馆学习，在学习探究活动中也会有更多优秀作品涌现，共同见证进馆有益。

与孩子们一起“进馆有益”

曹杨第二中学附属学校　冯柳慧

进入学校任教的第二年，我便开始参与由市校外联办支持、市中小学德育研究协会主办的“文化根·民族魂·中国梦”——“进馆有益”中学生微课题研究论文征集活动，指导学生参与这项活动。这一活动要求学生进入本市优秀场馆，选择合适的题目开展研究，最后撰写有质量的论文。在我看来，依托博物馆学习这种生动的形式开展研究，真的能够让学生感受中国优秀文化的魅力，激发他们的文化创新活力。目前，我已带领学生参加了三届微课题探究活动，均取得了佳绩。同时，在指导学生的过程中，我也获益匪浅。下面，我把三次指导学生微课题论文的经验作一分享。

一、以兴趣为本，符合时代性

选题之初，学生们对于做哪方面的微课题会讨论很久，主要是他们会顾及我的想法，怕被我否定而无法大胆思考。等课题指南一发布，我便让他们自由选择感兴趣的课题。兴趣是成功的催化剂，我一直坚信只有孩子们真正对某件事产生兴趣，才可以做得更好。2016 年暑期，学生选择与“冰淇淋”相关的主题，来到益民一厂历史展示馆。企业馆本身就是一个“时光机”，学生们通过了解“光明”的发展情况来领略民族企业的前世今生，感受“光明牌”始终践行“民以食为天，我以民为先”的经营理念，体悟“光明牌”致力于改革创新、勇往直前的文化精神。2017 年暑期，恰逢全国上下喜迎十九大的热烈氛围，我们选择了体现社会主义核心价值观的“红色革命文化”的主题，来到国歌展示馆学习参观，撰写了主题为红色经典革命歌曲的微课题论文。此次微课题活动不仅让学生们欣赏了“红歌”之美，而且让他们真切感悟到以国歌为代表的红色革命歌曲所传递的独立自主、开拓进取、忧患自救、团结拼搏等精神文化内涵，也让他们明确了自己肩负推广和弘扬“红色经典革命文化”的使命。2018 年暑假，我带领学生来到了中国航海博物馆。习总书记指出“海上丝绸之路”的意义在于构建和平稳定的周边环境、深化改革开放。因此，这次的微课题主题与“一带一路”的政策相关。参观当日恰逢一年一度的“航海日”，博物馆的活动丰富多彩。学生们参加了“CHINA 与世界——海上丝绸之路沉船与贸易瓷器大展”，充分了解了古代中国通过海上丝绸之路，繁荣了海上贸易，发展了与外界的密切来往。此外，学生们通过问卷发现上海市民对于海上丝绸之路及上海建成国际航运中心的认知情况并不理想，于是开始尝试探讨相关的宣传方式，从中感悟古代先民不畏艰险、勇于开拓的航海精神。

二、运用新技术，提高调查研究效率

依稀记得在我学生时代，为了完成论文所需要的数据，我们都会印大量的调查问卷，走到大街上发放和回收。这样做不仅浪费大量人力物力，得到的数据真实性也不高。“问卷星”系统的出现大大地改善了这一情况，用户不仅可以在线设计问卷，而且数据图表可以自动生成，便于分析。我们在研究过程中也充分利用了这一平台。我让学生先自行设计问题，并给予指导与补充，之后在“问卷星”平台上发布问卷，并通过社交平台，如微信、QQ 等进行转发，回收有效问卷。对于学生们来说，这是一次全新的尝试与体验，为今后论文的撰写奠定了技术基础。回收问卷后，问卷星后台就会自动生成调查结果，并以各类图表的形式呈现，供学生们选择。此外，我还指导学生如何描述图表中的数据，并从数据中寻找问题的根源所在，从而培养他们的探究能力。问卷星的使用大大提高了调查研究的效率。

三、论文答辩，心态的比拼与思维的碰撞

我所指导的三届学生最早的一届是九年级，三位学生之前参加过类似的比赛，所以相对成熟稳重，但到了现场进行答辩，他们表现得依然很紧张。第二次我指导的是八年级的学生。答辩那天，他们很早就到比赛现场进行准备。为了取得更好的效果，他们还准备了两首红歌准备在答辩现场唱一段。最终由于时间有限，这一愿望没有实现，但学生们的热情和活力感染到每一位在座的评委老师。第三次我所指导的学生年纪最小，刚升七年级。然而，他们在答辩当天表现相当出色，毫不怯场，对于评委老师所提的问题，他们会认真思考，并且对答如流，也会相互之间进行补充。答辩后这三位学生还接受了《学生导报》编辑的采访，表示这样的社会实践活动具有挑战性，他们能够学到课本以外的知识，非常珍惜这样宝贵的机会。我认为论文答辩比拼的就是学生对论文的理解和临场的心态、表达力。这和活动的参与程度及年龄、阅历有很大的关系，我指导的三届学生虽然年龄小，但他们经过决赛前的“预答辩”演练，即使面对很棘手的问题，也能够沉下心来仔细思考，从容淡定，并作出最佳陈述。每次微课题答辩现场，可谓高手如林，无论是学生还是指导老师都面临巨大的挑战与压力。学生们可以开阔眼界，明白“天外有天，楼外有楼”，因为

进行角逐的学生各有千秋：有的学生论文写得很扎实，格式规范，逻辑清晰；有的学生的研究成果与生活紧密联系，一些创造发明让评委老师们眼前一亮；还有的学生在答辩过程中能够冷静清晰地陈述自己的研究意义和研究过程；有些小组还采用了分工答辩的形式，非常精彩；而学生在答辩的同时，指导老师们也能发现自己研究视野的局限性，在后期论文修改中，可以有的放矢对学生进行指导。

带领学生做课题的过程虽然艰辛，但精神与情感的丰富将让我们终身受益，让我这名年轻的共产党员不忘初心，牢记自己“以德育人”的使命。我坚信，当年轻一代的社会责任和创新活力被激发，就可以进一步推动优秀文化的传承和社会主义核心价值观的培育和践行。我在每次微课题活动中能够进一步了解学生们喜欢的事物，这样也可以拉近我和他们之间的关系，也开始懂得不要过多限制孩子们天马行空的思维，要善于引导他们观察生活，发现问题，能够探究其背后的原因。与学生们共同成长，何乐而不为呢？

图书在版编目（CIP）数据

文化根　民族魂　中国梦：第五届上海市中学生“进馆有益”微课题论文荟萃 / 上海市中小学德育研究协会主编. — 上海:上海教育出版社, 2019.3
ISBN 978-7-5444-8987-4

Ⅰ. ①文… Ⅱ. ①上… Ⅲ. ①社会科学－文集 Ⅳ. ①C53

中国版本图书馆CIP数据核字(2019)第044749号

责任编辑　戴燕玲　邹　楠
封面设计　金一哲
封面供图　龙华烈士纪念馆

文化根　民族魂　中国梦
——第五届上海市中学生“进馆有益”微课题论文荟萃
上海市中小学德育研究协会　主编

出版发行　上海教育出版社有限公司
官　　网　www.seph.com.cn
地　　址　上海市永福路123号
邮　　编　200031
印　　刷　上海叶大印务发展有限公司
开　　本　889 × 1194　1/32　印张 10.125
字　　数　225 千字
版　　次　2019年3月第1版
印　　次　2019年3月第1次印刷
书　　号　ISBN 978-7-5444-8987-4/G·7436
定　　价　43.00 元

如发现质量问题，读者可向本社调换　电话：021-64377165